外国代理人法
比较研究

江辉 / 著

中国民主法制出版社

图书在版编目（CIP）数据

外国代理人法比较研究/江辉著. —北京：中国
民主法制出版社，2025.4. —ISBN 978 - 7 - 5162 - 3826 - 4

Ⅰ. D913.104

中国国家版本馆 CIP 数据核字第 2025 YC8960 号

图书出品人：刘海涛
出 版 统 筹：贾兵伟
图 书 策 划：张　涛
责 任 编 辑：周冠宇

书名/ 外国代理人法比较研究
作者/ 江　辉　著

出版·发行/ 中国民主法制出版社
地址/ 北京市丰台区右安门外玉林里 7 号 （100069）
电话/ （010）63055259 （总编室）　　83910658　63056573 （人大系统发行）
传真/ （010）63055259
http：//www.npcpub.com
E-mail：mzfz@ npcpub.com
经销/ 新华书店
开本/ 16 开　710 毫米×1000 毫米
印张/ 13　字数/ 196 千字
版本/ 2025 年 4 月第 1 版　2025 年 4 月第 1 次印刷
印刷/ 三河市宏图印务有限公司

书号/ ISBN 978 - 7 - 5162 - 3826 - 4
定价/ 68.00 元
出版声明/ 版权所有，侵权必究。

（如有缺页或倒装，本社负责退换）

·目　录·

绪　　论

外国代理人法是一种新兴的法律制度。虽然早在 1938 年美国即制定了外国代理人法，但此后相当长时期内并没有其他国家效仿跟进，美国的执法活动亦长期处于半休眠状态。近些年，因为国际形势中的对抗因素增加，外国代理人法逐渐成为一项具有广泛影响力的法律制度。随着制定外国代理人法的国家越来越多，相关执法活动变得越来越频繁，外国代理人法已经逐渐对中国产生了影响。2017 年以来，美国陆续要求新华社、中国环球电视网、《星岛日报》等驻美机构登记为外国代理人；澳大利亚制定外国代理人法后，申报登记的外国代理人及其活动超过五分之一与中国有关；英国政府在向议会提请审议外国代理人法前，刻意以涉中国案件进行媒体宣传以营造舆论氛围。① 为此，无论是从应对相关国家的执法挑战，还是从中国建立类似制度角度，都有必要对域外外国代理人法进行研究。本书将从中国视角开展比较研究。

一、外国代理人法的内涵与特征

"外国代理人"并不是一个新鲜的词汇，20 世纪 40 年代在中文报纸中即有出现。② 近些年，随着国际形势的变化，新闻报道中出现"外国代理人"的频次越来越高。不过，日常用语中的外国代理人，与作为一项法律制度的外国代理人法中的"外国代理人"，含义虽然在大部分场景下是一致的，但并不完全一致。外国代理人法中的外国代理人，具有特定含义，通常是指代理外国势力影响政治决策的个人和组织。其中的政治决策主要

---

① Gordon Corera & Jennifer Scott, "MI5 warning over 'Chinese agent' in Parliament", *BBC*, https://www.bbc.com/news/uk-politics-59984380. （除非另有说明，本书网络文献最后访问日期均为 2024 年 7 月 1 日）

② 在 1947 年《人民日报》的报道中提到，戴高尔和法国共产党互相指责对方为外国代理人。参见：《比道尔外交违反人民利益　法共书记猛予攻击　意共领袖指斥政府外交政策》，载《人民日报》1947 年 8 月 8 日第 3 版。

包括意识形态、内外政策和政治官员选任。除少数例外情形外,"政治性"是外国代理人法中的外国代理人的重要特征。外国代理人法是调整外国代理人及其活动的法律制度的统称。在一国法律体系中,外国代理人法既可能以一部单一的法律形式存在(如美国、澳大利亚),亦可能分散在若干不同的法律中(如俄罗斯),还可能是一部法律中的部分内容(如英国)。

综观各国外国代理人法,虽然在细节上各有差异,但一般都具有中介性、政治性和中立性的基本特征。这些基本特征,不仅框定了外国代理人法的调整范围,决定了外国代理人法以信息披露作为核心制度,亦是外国代理人法与其他相关法律的区别。

首先,外国代理人法具有明显的中介性特征。外国代理人法调整的是代理人与外国势力之间的代理关系。只有存在代理这一中介关系,才可能落入外国代理人法的调整范围。如果外国势力直接在一国开展活动,通常不属于外国代理人法调整,而属于其他相关法律调整。有些西方学者认为,中国于 2016 年制定的《中华人民共和国境外非政府组织境内活动管理法》(以下简称《境外非政府组织境内活动管理法》),属于全球加强外国代理人监管立法趋势的一部分。[①] 但是,中国的《境外非政府组织境内活动管理法》本质上是国家对外国势力在我国境内活动直接进行监督管理的法律,监督管理的重点并不是境外非政府组织以掩盖身份的方式在我国境内活动。因此,《境外非政府组织境内活动管理法》并不具有中介性特征,使得《境外非政府组织境内活动管理法》与外国代理人法的基本逻辑、监管机制、适用范围和具体制度等方面均存在不同,并不属于外国代理人法的范畴。[②]

其次,外国代理人法具有明显的政治性特征。外国代理人法一般只调整个人或组织代理外国势力从事政治活动而产生的法律关系。如果个人或组织代理外国势力从事纯粹的经济活动、艺术活动、宗教活动、科学活动等,则不属于外国代理人法的调整范围。俄罗斯的外国代理人法虽然将外

---

① Jacqueline Van De Velde, "The Foreign Agent Problem: an International Legal Solution to Domestic Restrictions on Non-Governmental Organizations", (2018) 40 *Cardozo Law Review* 687, pp. 689-691; Chris Draffen and Yee-Fui Ng, "Foreign Agent Registration Schemes In Australia And The United States: The Scope, Risks And Limitations Of Transparency", (2020) 43 *UNSW Law Journal* 1101, p. 1110.

② 江辉:《外国代理人法的域外经验与启示》,载《国际法研究》2022 年第 1 期,第 81—82 页。

国代理人法细微地扩展到非政治活动领域（扩展到军事和军事技术信息收集领域），但其核心调整范围仍是政治活动。英国将外国代理人法扩展为外交斗争工具而规定了所谓"升级层次"的外国代理人，明确覆盖包括商业活动的领域，但"升级层次"的外国代理人仅适用于内政部指定的外国势力，不是外国代理人的普遍形态。① 因此，总的来说，政治性仍然是外国代理人法的核心特征。

外国代理人法的政治性特征，使它与一些类似法律制度能够区别开来。在美国，有一项法律制度经常与外国代理人法相混淆。美国在外国代理人法之外，由《美国法典》第 18 编第 951 条规定了外国政府雇员（Agents of Foreign Government）通知制度（以下简称《外国政府雇员通知法》）。《外国政府雇员通知法》要求，任何个人若受外国政府的指示或控制而在美国境内活动，除非该人为外国政府的外交官员、公开的外国政府官方雇员、从事合法商业交易的人，否则应当通知美国司法部。当事人可以通过传真、信件等方式通知美国司法部，完成外国代理人注册即可视为完成通知。如果未通知美国司法部而从事外国政府所指示或控制的活动，则构成犯罪，除被处以罚款外，还可以被单处或并处不超过 10 年的监禁。因为该制度使用"agent"和"foreign"等概念，并且其核心制度亦是向政府部门报告的制度，因此常与外国代理人法相混淆。② 但是《外国政府雇员通知法》并没有政治性特征，凡是受外国政府控制的人员（外国政府雇员）在美国从事任何活动均需要依照该法进行登记报告。不需要政治活动的要素，使该法经常用于打击"间谍"活动。在美国，间谍类罪与我国相似，通常需要危害国家安全的构成要件，但危害国家安全往往难以证明。相关人员与外国政府之间的控制关系证明起来并不困难，因此《外国政府雇员通知法》常被用于打击"间谍"活动。相较之下，外国代理人法所要求的政治性，证明起来并不容易，因而未像《外国政府雇员通知法》那样

---

① Draft guidance on the Foreign Influence Registration Scheme（updated 12 February 2024），https：//www. gov. uk/government/consultations/foreign-influence-registration-scheme-draft-guidance/draft-guidance-on-the-foreign-influence-registration-scheme-accessible#：~：text = The% 20Foreign% 20Influence% 20Registration% 20Scheme% 20（FIRS）% 20is% 20a% 20two% 2D，the% 20UK's% 20safety% 20and% 20interests.

② Matthew Kahn，"No，Mariia Butina Wasn't Charged With Violating FARA"，*Lawfare*，https：//www. lawfareblog. com/no-mariia-butina-wasnt-charged-violating-fara.

常被用于打击"间谍"活动。

最后，中立性。外国代理人法本身并不禁止或限制代理人或外国势力从事任何活动，这是由外国代理人法的中立性所决定的。外国代理人法调整的代理人所从事活动，既可能有利于本国，亦可能有害于本国，在危害性方面是中立的。例如，中华人民共和国委托美国说客就其外交政策进行游说，游说的结果对中华人民共和国有利，但并不必然危害美国利益。正是英国，英国政府在制定外国代理人法时明确提出，"世界各国政府，包括英国，都通过游说和影响其他国家来推进其利益"①。因此，外国政府对本国政治过程的影响本身，并不必然是有害的，也并不必然是要禁止的。外国如果代理人所从事的活动必然危害本国利益，则属于本国应当采取立法措施予以禁止或者限制的活动，并不落入外国代理人法的调整范围。

外国代理人法的中立性，使其区别于反间谍法。根据我国反间谍法的规定，间谍行为是指间谍组织及其代理人实施或者指使、资助他人实施，或者境内外机构、组织、个人与其相勾结实施的危害中华人民共和国国家安全的活动；参加间谍组织或者接受间谍组织及其代理人的任务的；间谍组织及其代理人以外的其他境外机构、组织、个人实施或者指使、资助他人实施，或者境内机构、组织、个人与其相勾结实施的窃取、刺探、收买或者非法提供国家秘密或者情报，或者策动、引诱、收买国家工作人员叛变的活动；为敌人指示攻击目标的；进行其他间谍活动的。在这一定义中，对中华人民共和国国家安全存在危害是核心要素。相较之下，外国代理人法中代理人所从事的活动，本身并不必然危害国家安全。论证外国代理人法正当性的国家安全，通常是指外国势力通过代理人影响一国政治决策时，其未披露身份可能对一国政治决策产生误导从而危害一国的国家安全。不论是外国势力还是代理人，影响一国政治决策本身并不必然危害一国国家安全。

中介性、政治性和中立性，是外国代理人法的基本特征。本书在对域外法进行比较研究时，将按照这三个基本特征判断相关法律是否属于外国代理人法，同时满足这三个基本特征的法律即属于外国代理人法，而不论相关法律的正式名称是什么。

---

① National Security Bill（17 November 2022）Explanatory Notes，para. 24，https：//bills. parliament. uk/publications/48582/documents/2477.

二、外国代理人法的全球立法趋势

世界上最早开展外国代理人监管立法的国家是美国。[①] 1938 年，为防止纳粹势力等在美国以隐藏身份的方式开展政治宣传动员，美国制定了《1938 年外国代理人登记法》（*Foreign Agents Registration Act of* 1938），[②] 建立了外国代理人信息披露制度。[③] 然而，此后相当长时期，美国的相关执法处于半休眠状态，全球范围内也无其他国家跟进类似的外国代理人监管立法。大多数国家仍然主要通过反间谍制度和监管游说活动等方式防范外国势力对本国政治决策的不当干预。例如，除《游说法》（*Lobbying Act*）外，加拿大并没有专门法律规制外国势力通过代理人影响加拿大的政治决策。[④]

进入 21 世纪后，形势发生了变化。《人权维护者宣言》签订生效后，受外国势力资助的非政府组织在本国参与政治活动越来越多。不少国家认为其政治安全受到威胁。因此，纷纷立法加强对非政府组织的监管。2004年，津巴布韦着手立法禁止接受外国资助的本国非政府组织影响本国的国家治理。[⑤] 2009 年，埃塞俄比亚制定《慈善组织和社团法》（*Charities and Societies Proclamation*）禁止受外国势力资助的本国非政府组织在本国境内

---

① Jacqueline Van De Velde, "The Foreign Agent Problem: an International Legal Solution to Domestic Restrictions on Non-Governmental Organizations", (2018) 40 *Cardozo Law Review* 687, p. 698.

② 该法制定后经历了若干次修改。目前最新的文本汇编于《美国法典》第 22 编第 11 章第 611—621 条。

③ Cynthia Brown, "The Foreign Agents Registration Act (FARA): A Legal Overview", *Congressional Research Service Report*, No R45037, 4 December 2017, pp. 1-2, available at https://fas.org/sgp/crs/misc/IF11439. pdf.

④ Cat Barker *et al.*, "Bills Digest: Foreign Influence Transparency Scheme Bill 2017 and Foreign Influence Transparency Scheme (Charges Imposition) Bill 2017", 16 MARCH 2018, *Bills Digest*, https://parlinfo. aph. gov. au/parlInfo/download/legislation/billsdgs/5849247/upload _ binary/5849247. pdf; fileType = application/pdf.

⑤ Jacqueline Van De Velde, "The Foreign Agent Problem: an International Legal Solution to Domestic Restrictions on Non-Governmental Organizations", (2018) 40 *Cardozo Law Review* 687, p. 698. 津巴布韦议会表决通过了《非政府组织法（草案）》，但该国总统未签署批准，因此该草案未成为法律。

参与推动人权、民主、平等、残疾人保护等活动。① 乌干达②、南苏丹③、阿塞拜疆、墨西哥、巴基斯坦、乌兹别克斯坦等国均有类似立法。④ 此类立法对非政府组织的监管措施之一，是要求非政府组织担任外国代理人时进行额外申报和披露。因此，有人认为它们属于外国代理人法。⑤

近些年，随着美国在国际交往中频频使用外国代理人制度，不少国家不仅在监管本国非政府组织时借鉴美国的外国代理人制度，而且更为全面地借鉴并予以"升级"，以信息披露制度为核心制定各自的外国代理人法。俄罗斯自 2012 年开始通过若干次立法逐步建立和丰富了自己的外国代理人法。⑥ 以色列则于 2016 年制定了《外国实体资助社团透明要求法》，⑦ 澳大利亚则于 2018 年制定了《2018 年外国影响透明机制法》，⑧ 尼加拉瓜于 2020 年制定了《外国代理人法》，⑨ 新加坡于 2021 年制定了《2021 年反外国干涉法》。⑩ 2023 年 7 月，英国通过的《2023 年国家安全法》第四编规

---

① 详见该法第 2 条和第 14（4）条，https：//chilot. files. wordpress. com/2011/02/charities20 and20societies20proclamation. pdf.

② 乌干达《2016 年非政府组织法》（*The Non-Governmental Organizations Act*，2016），https：//www. mia. go. ug/sites/default/files/download/The-Non-Governmental-Organisations-Act-2016%20comp. pdf.

③ 南苏丹《2015 年非政府组织法》（*Non-Government Organizations Act*，2015），https：//www. icnl. org/wp-content/uploads/South-Sudan_ Lawofss. pdf。该法第 31 条规定，非政府组织中的外籍工作人员不得超过 20%。

④ Jacqueline Van De Velde，"The Foreign Agent Problem：an International Legal Solution to Domestic Restrictions on Non-Governmental Organizations"，（2018）40 *Cardozo Law Review* 687，p. 692. 文中提到，这些国家均立法限制外国势力资助本国非政府组织参与政治活动。

⑤ Jacqueline Van De Velde，"The Foreign Agent Problem：an International Legal Solution to Domestic Restrictions on Non-Governmental Organizations"，（2018）40 *Cardozo Law Review* 687，p. 692.

⑥ 详见第五章。

⑦ 《外国实体资助社团透明要求法》（*Transparency Requirements for Parties Supported by Foreign State Entities Act*）规定，非政府组织如有超过 50% 的经费来源于外国政府，则应当向司法部特别申报，司法部将制作专门名单；在名单中的非政府组织应当在其网站标明其处于司法部名单中，且在任何公开活动中均应标明身份。See "Knesset passes NGO transparency law"，*Knesset* https：//m. knesset. gov. il/en/news/pressreleases/pages/pr12164_ pg. aspx.

⑧ 《外国实体资助社团透明要求法》（*Transparency Requirements for Parties Supported by Foreign State Entities Act*）文本见：https：//www. legislation. gov. au/Details/C2019C00133.

⑨ 《外国代理人监管法》（*Foreign Agents Regulation Law*）的文本见：https：//cse. gob. ni/es/documentos/marco-juridico-vigente/ley-1040-ley-de-regulacion-de-agentes-extranjeros.

⑩ 《2021 年反外国干涉法》［*Foreign Interference（Countermeasures）Act 2021*］的文本见：https：//sso. agc. gov. sg/Acts-Supp/28-2021/Published/20211125？DocDate = 20211125.

定了外国代理人法。① 2024 年 4 月，吉尔吉斯斯坦通过《关于修改非营利组织法的法律》制定了其《外国代理人法》。② 2024 年 4 月开始，格鲁吉亚在 2023 年因为推进外国代理人法导致首都骚乱后，继续推进外国代理人法的制定。③

加拿大早在 2021 年即有议员提出制定美国和澳大利亚模式的外国代理人法的议案，④ 2024 年 6 月，相关立法已经进入立法程序。⑤ 柬埔寨很可能全盘引进新加坡的外国代理人法。⑥ 西欧国家曾经整体对外国代理人法持以抵触情绪，匈牙利不甚严厉的初级版本的外国代理人法（《受外国资助组织透明法》）甚至被欧盟法院认定违反《欧盟运作条约》和《欧洲联盟基本权利宪章》。但近些年，法国、欧盟均在推进外国代理人法的制定。⑦ 我国台湾地区"立法院"亦有"立法委员"自 2019 年至 2022 年提出称为"境外势力影响透明法草案"的外国代理人法草案，但因国民党党团反对，民进党党团暂不作为优先事项处理而未能进入实质审议。⑧

三、外国代理人法的研究现状与本书安排

目前，国内外对外国代理人法的研究处于起步阶段。实践总体上走在

---

① 《2023 年国家安全法》第四编（Part 4 of the National Security Act 2023），最新官方文本见：https：//www. legislation. gov. uk/ukpga/2023/32/contents.

② http：//minjust. gov. kg/ru/news/view/id/3506/，该法文本可参见以下链接：https：//kenesh. kg/ru/bills/634426.

③ "Georgia's Ruling Party To Reintroduce Controversial 'Foreign Agent' Bill"，https：//www. rferl. org/a/georgia-foreign-agent-bill-reintroduced/32889191. html.

④ 该议案中赵锦荣（KENNY CHIU）议员于 2021 年 4 月提出，议案性质为"议员法案"，进入正式立法程序的可能性较低，但也代表了一种趋势。相关议案信息可见加拿大议会网站：https：//www. parl. ca/LegisInfo/en/bill/43-2/C-282.

⑤ https：//www. ctvnews. ca/politics/senators-approve-bill-to-fight-foreign-interference-after-voting-down-amendment-1. 6934263.

⑥ Mech Dara, "Cambodia Pursues Foreign Interference Law Inspired by Singapore, Angkorian-Era Invasions"，*VOD*，https：//vodenglish. ncws/opinion-dont-spread-singapores-repressive-foreign-interference-law/.

⑦ Keti Khutsishvili, Differences Between the GD'S Draft Law on Foreign Influence and Draft Laws of France and the European Union，https：//mythdetector. ge/en/gd-s-draft-law-of-on-foreign-influence/.

⑧ 相关议案情况见 https：//lis. ly. gov. tw/lylgmeetc/lgmeetkm？\$ \$ APIINTPRO!! XX% 28% E5% A2% 83% E5% A4% 96% E5% 8A% BF% E5% 8A% 9B% 29；未通过原因见：https：//lis. ly. gov. tw/lgcgi/lypdftxt？xdd！cec9cbc8cfcbcdc8c7c781cececfcfc7cecfcec4cfcfcdc6c4cfcfcccf；媒体报道分析见：《国民党反对，民进党也不赞同，多个"台独法案"退回》，台海网，http：//www. taihainet. com/news/twnews/twdnsz/2021-03-15/2488353. html.

理论之前。就国内而言，目前仅有零星研究，有研究国际政治的学者对美国和俄罗斯的外国代理人法分别作了介绍，[①] 还有个别学者对中国在监管外国代理人方面所面临的实际困难和法律缺位作了初步分析。[②] 外国代理人法的研究在国外也属于新兴领域。美国针对外国代理人法的执法行动在2017 年以前有相当长时期并不活跃，而其他国家制定和实施外国代理人法并在国际上产生影响是自 2012 年俄罗斯制定外国代理人法开始。因此，国外学界对外国代理人法的研究时间亦不长。目前，相关研究主要集中于两个领域：一是对有关国家立法和执法实践的国别研究或比较研究，如澳大利亚莫奈仕大学的克莉丝（Chris Draffen）等人对美国和澳大利亚外国代理人法作了比较研究；[③] 哈佛大学的塞缪尔（Samuel Rebo）对美国和俄罗斯的比较研究。[④] 二是对外国代理人法可能侵害国际公约保护的人权及本国宪法保护的基本权利展开研究，如耶鲁大学的杰奎琳（Jacqueline Van De Veldet）对外国代理人法限制非政府组织活动与保护人权的国际公约之间的冲突所作的研究（2018 年），[⑤] 哈佛大学的尼克（Nick Robinson）对外国代理人法限制宪法基本权利展开的研究（2020 年）。[⑥]

为掌握域外制定和实施外国代理人法的情况，也为考虑我国制定外国代理人法的必要性、可行性及具体制度设计等，本书对域外外国代理人法进行了综合比较研究。初步来看，中国制定外国代理人法具有现实必要性。一方面，外国代理人法是加强涉外立法的重要项目。中央多次强调要完善涉外立法，统筹推进国内法治和涉外法治。而外国代理人法的核心作用是反外国干涉，同时具有反制裁、反长臂管辖的功能。制定外国代理人

---

① 罗辉：《从〈外国代理人登记法〉的演变看美国如何管控外国影响力》，载《国际关系研究》2021 年第 2 期；齐鑫：《美国〈外国代理人登记法〉及其影响》，载《美国研究》2020 年第 1 期；马强：《俄罗斯〈外国代理人法〉及其法律和政治实践》，载《俄罗斯研究》2021 年第 1 期。

② 毛欣娟等：《美俄外国代理人管理制度及启示》，载《中国人民公安大学学报（社会科学版）》2021 年第 5 期。

③ Chris Draffen and Yee-Fui Ng，"Foreign Agent Registration Schemes in Australia and The United States：The Scope，Risks And Limitations Of Transparency"，（2020）43 *UNSW Law Journal* 1101.

④ Samuel Rebo，"FARA in Focus：What Can Russia's Foreign Agent Law Tell Us About America's?"，（2021）12 *Journal of National Security Law & Policy* 277.

⑤ Jacqueline Van De Velde，"The Foreign Agent Problem：an International Legal Solution to Domestic Restrictions on Non-Governmental Organizations"，（2018）40 *Cardozo Law Review* 687.

⑥ Nick Robinson，"'Foreign Agents' in an Interconnected World：FARA and the Weaponization of Transparency"，（2020）69 *Duke Law Journal* 1075，p. 1081.

法，有利于充实对外斗争的法律工具箱。另一方面，外国代理人法具有维护国家安全（特别是意识形态安全和国家权力运行安全）的重要功能。境外势力委托代理人影响干涉我国意识形态和政治决策时有发生，对我国政治安全及其他方面的国家安全造成严重威胁，有必要及时研究制定外国代理人法以防范风险。

需要特别指出的是，目前中国尚无类似制度。有些西方学者认为，中国于 2016 年制定的《中华人民共和国境外非政府组织境内活动管理法》（以下简称《境外非政府组织境内活动管理法》），属于全球加强外国代理人监管立法趋势的一部分。[①] 虽然该法确有防范外国势力不当干预中国政治活动，确保政治安全的功能，但该法与外国代理人法的基本逻辑、监管机制、适用范围和具体制度等方面均存在不同：第一，基本逻辑不同。《境外非政府组织境内活动管理法》正如其法律名称所体现，是一部管理法，核心是建立一套对境外非政府组织在我国境内开展活动进行管理的制度，通过许可与各项具体行政措施，直接对境外非政府组织的活动予以干涉。与此不同，外国代理人法正如有些国家法律名称所体现的，是一部"透明法"，核心是保证本国政府和公民知情权的信息披露制度，监管机构并不直接干涉外国代理人从事的各项活动。第二，监管机制存在差异。《境外非政府组织境内活动管理法》是通过事前许可、事中监管、事后追责实现监管效果。而外国代理人法，实现本国政府和公民的知情权即完成了使命；其通过本国政府和公民对外国势力的天然警惕而产生的污名化效应，以及持续信息披露对部分中小组织产生的额外成本，产生禁止和限制外国代理人在本国从事政治活动的附带效果。只是这种附带效果可以被本国政府利用。第三，适用范围存在区别。《境外非政府组织境内活动管理法》的适用对象主要是境外非政府组织，但外国代理人法的适用对象较此更宽，既包括境外非政府组织在本国注册的代表机构，也包括外国企业、外国政府在本国注册的实体，还包括本国法人、非法人组织和公民及他们在本国注册的实体，甚至包括在本国境内从事活动的外国法人、非法人组

---

① Jacqueline Van De Velde, "The Foreign Agent Problem: an International Legal Solution to Domestic Restrictions on Non-Governmental Organizations", (2018) 40 *Cardozo Law Review* 687, pp. 689-691; Chris Draffen and Yee-Fui Ng, "Foreign Agent Registration Schemes In Australia And The United States: The Scope, Risks And Limitations Of Transparency", (2020) 43 *UNSW Law Journal* 1101, p. 1110.

织和居民等。《境外非政府组织境内活动管理法》的适用不以境外非政府组织从事政治活动为前提，从事学术活动等亦应当遵守该法；但外国代理人法，则一般以外国代理人从事政治活动为前提。第四，其他具体制度存在不同。因基本逻辑、监管机制、适用范围不同等，产生了许多具体制度上的不同。比如，违反《境外非政府组织境内活动管理法》本身通常并不构成刑事犯罪，但未根据外国代理人法主动和如实披露至少在文本上可能构成较为严重的刑事犯罪。第五，实施效果存在不同。境外非政府组织境内代表机构不具有负面评价的效果，因此客观上无法成为对外斗争的工具；但外国代理人天然具有的污名化效果，因此可以被武器化。也正因此，二者在实践中的实施频率也相应地存在差别。外国代理人法虽然适用对象较宽，但适用范围限于从事政治活动，并且因客观上可能产生的污名化效应，因此实施频率总体上较低。相较之下，《境外非政府组织境内活动管理法》实施频率则明显较高，2021 年 7 月 17 日，在公安部境外非政府组织办事服务平台上登记注册的境外非政府组织共 604 个，临时活动 3598 场。[①] 如果以俄罗斯的外国代理人名单作为可比对象，数量有 10 倍之差。总的来说，《境外非政府组织境内活动管理法》与外国代理人法是不同的制度，无法代替外国代理人法。

本书对域外外国代理人法进行综合比较研究过程中，重点对美国、澳大利亚、俄罗斯、新加坡和英国五个国家的情况进行了考察，在特定内容部分亦对匈牙利、吉尔吉斯斯坦、格鲁吉亚等国家的外国代理人法或外国代理人法草案作了分析。重点选择美国、澳大利亚、俄罗斯、新加坡和英国五个国家的原因主要在于：第一，它们具有代表性，基本能够代表已有外国代理人法的主要内容和立法模式选择。第二，它们的制度内容各有特色，美国是最早立法的国家，框定了外国代理人监管制度的基调和基本结构。俄罗斯立法，受与美国对抗的因素影响很大，不少制度是以反制措施形式出现，并且在世界范围内产生了一定的引领作用，近些年其"身份法"模式亦十分明显，个人或组织成为外国代理人后受到的行为限制越来越多。澳大利亚立法较新，是美国积极推动的结果，代表着美国及其盟友下一步的立法趋势，并且在一些制度上作了突破，对新加坡、英国等国立

---

① 详见 https：//ngo.mps.gov.cn/ngo/portal/toInfogs.do.

法产生了直接影响。新加坡立法亦很新，它将外国代理人法实施过程中的选择性执法在立法中制度化，明确赋予主管机关等的权衡权力，具有鲜明特色，对中国立法具有重要借鉴意义。英国的外国代理人法刚于2023年年中通过，虽然受美国和澳大利亚影响很深，在一定程度上综合了澳大利亚与新加坡法的制度，但亦有自己的特色，其特别强调外国代理人法的外交斗争属性。英国外国代理人法刚制定完，澳大利亚即在考虑借鉴英国的相关制度创新。

从全书结构来说，除绪论外，本书共九章。第一章通过分析各国外国代理人法对外国代理人法的立法目的作了提炼。第二章简要介绍了各国外国代理人法共同的核心制度，即信息披露制度；同时对当今世界范围内形成的三种立法模式作了提炼总结，并讨论了中国未来制定外国代理人法的模式选择。第三章至第七章则分别介绍了美国、澳大利亚、俄罗斯、新加坡和英国五个国家的外国代理人法，每章将对相关国家外国代理人法的法律渊源构成、制度框架、制度特点、产生的影响、具体制度内容等作介绍。第八章是对外国代理人法实施情况和客观效果的总结分析。第九章则是对外国代理人法涉及的基本权利（人权）争议进行了梳理总结，并呈现了部分典型案例。

第一章　外国代理人法的立法目的

外国代理人法的主要立法目的是维护国家安全，特别是其中的政治安全，具体包括维护意识形态安全和维护国家权力运行安全。同时，因为美国等国家在外交交往中频繁将外国代理人法作为外交斗争的武器，以俄罗斯为代表的后发国家将外交斗争（包括外交反制）作为外国代理人法十分重要的立法目的。英国在外国代理人法中规定指定外国势力制度，使得外国代理人法的外交斗争工具属性被进一步强化。

第一节　维护意识形态安全

意识形态安全是政治安全的重要内容。而所谓意识形态安全，通常是指国家的主流意识形态被广泛认同而处于相对稳定的状态。国家的指导思想、政治体制、文化价值等是意识形态最为重要的内容，其被广泛认同和处于相对稳定状态，对于一个国家在整体上处于安全稳定状态至关重要。因此，各个国家都将意识形态安全视为其国家安全、政治安全十分重要的内容。而外国代理人法的核心目的之一即维护意识形态安全。

作为最早制定外国代理人法的美国，其制定该法的直接诱因是美国认为其意识形态安全受到威胁。第一次世界大战后，纳粹主义在德国逐渐占据主导地位，并逐渐产生了一定的外溢效应。在美国，陆续开始出现纳粹追随者。不过，希特勒掌权以前，美国的纳粹追随者总体上限于在美国的德国人。[①] 随着1932年希特勒领导的纳粹党在选举中取得多数党地位和1933年希特勒被任命为德国总理，情况发生了急剧的变化。1934年3月20日，美国国会辩论时有议员提出：

---

① 78 *Congressional Record* 4937（1934），available at https：//www.congress.gov/bound-congressional-record/1934/03/20/house-section.

随着希特勒上台，在美国的纳粹追随者，按照柏林的指示，为了美化和掩饰他们在美国的活动，将自己的名字从纳粹改为"新德国之友"。根据移民和归化委员会已经收集的证据，纳粹追随者扩大了自己的影响范围，不再限于在美国的德国人，而是试图影响在美国本土出生和已经归化的美国人。我们委员会已经收集的证据表明，纳粹追随者在美国的活动直接违反并试图颠覆我国的政治体制，他们的活动已经渗透到我国的每一个有一定德裔人口的地区。纳粹追随者采取所有可能的伎俩在美国推广和分发纳粹宣传，这些宣传材料和言论中的观点是要将美国转变为纳粹主义并推翻我国的政治体制。除了美国各地众多的"新德国之友"组织积极地传播纳粹宣传外，还有不少出版物公开宣扬纳粹主义，这些出版物甚至根据我国相关规定得以优惠邮资邮寄。①

在这样的背景下，美国认为其主流意识形态，即美国宪法确定的政治体制及其中的民主、自由等价值观念，受到严重挑战。② 于是，1934 年 3 月 20 日，美国众议院通过第 198 号决议。该决议授权众议院议长成立一个由 7 名议员组成的特别委员会着手调查："（1）纳粹在美国的宣传活动的范围、性质和对象，（2）受外国鼓动和煽动的那些试图颠覆及攻击我国宪法保障的政治体制的宣传在我国境内的传播情况，以及（3）与此相关的所有其他有助于国会采取立法补救措施的问题。"③ 据此成立的委员会经过近一年的调查，于 1935 年 2 月 15 日向国会提交了正式的报告。报告认定，大量证据很清楚地表明，外国政府已经采取并正在采取措施试图以纳粹主义、法西斯主义和共产主义影响美国人民的政治观点。④ 委员会措辞强硬地认为："必须保护美国公民的宪法权利和自由不受共产主义、法西斯主义和纳粹主义的影响。这个国家唯一的'主义'应该是'美国主义'（Americanism）。对于真正的美国人来说，共产主义、纳粹主义和法西斯主

① 78 *Congressional Record* 4937 (1934), available at https：//www. congress. gov/bound-congres-sional-record/1934/03/20/house-section.

② 78 *Congressional Record* 4937 (1934), available at https：//www. congress. gov/bound-congres-sional-record/1934/03/20/house-section.

③ 78 *Congressional Record* 4934 (1934), available at https：//www. congress. gov/bound-congres-sional-record/1934/03/20/house-section.

④ Investigation of Nazi and Other Propaganda, House of Representative Report No. 153, 74th Con-gress, p. 22, available at https：//www. caplindrysdale. com/files/24383_ h. _ rep. _ no. _ 74-153_ 1935. pdf.

义之于美国体制是同样危险、同样陌生和同样不可接受的。"① 报告在清楚地阐明宪法保护的言论自由不允许任何人煽动他人以暴力形式推翻美国现行宪法体制，并重申已有相关法律可以规制的同时，明确建议制定外国代理人法："国会应当制定一项法律，要求所有代表任何外国政府、外国政党或外国工商业组织在我国境内从事宣传活动或公共关系活动的代理人或机构，应当向国务院注册，并且披露他们背后的外国势力，他们拟从事的活动，已经及将取得的报偿。"②

根据特别调查委员会的报告，美国国会于 1938 年 6 月制定了第一版的《外国代理人注册法》。③ 该法的长标题开宗明义地明确其立法宗旨为"要求那些代理外国势力在美国散发政治宣传的人和组织进行注册登记"④。众议院司法委员会就该法在审议阶段向全院委员会提交的审议报告中，更为明确地阐明该法的立法目的是维护美国意识形态安全：

基于（特别委员会调查）所呈现的诸多证据，本法案被提请审议。本法的目的是要求任何在美国从事政治宣传的人和组织都应当在国务院登记，并提交他们宣传时使用的材料和信息，披露他们背后的外国势力以及相关合约。而政治宣传是指那些试图在美国建立一套外来政治体制，或要求采取一系列与我国政治体制不相符的行动，或任何有政治宣传目的行为。

本法规定的注册登记要求，将使那些外国的政治宣传者颠覆我国政治体制及类似活动得以公开，从而使美国人民可以知道哪些人受外国势力安排而在我国宣传那些与我们的民主体制不相符的政治原则，以及试图就特定政治问题影响美国的社会公众舆论。⑤

① Investigation of Nazi and Other Propaganda, House of Representative Report No. 153, 74th Congress, p. 23, available at https：//www. caplindrysdale. com/files/24383_ h. _ rep. _ no. _ 74-153_ 1935. pdf.

② Investigation of Nazi and Other Propaganda, House of Representative Report No. 153, 74th Congress, p. 23, available at https：//www. caplindrysdale. com/files/24383_ h. _ rep. _ no. _ 74-153_ 1935. pdf.

③ 众议院司法委员会就该法在审议阶段向全院委员会提交的审议报告明确提到，该法是根据特别委员会的调查报告提出，详见美国第 75 届国会众议院司法委员会第 1381 号报告。该报告可从以下网址获取：http：//www. caplindrysdale. com/files/24384_ h. _ rep. _ no. _ 75-1381_ 1937. pdf.

④ 52 Stat. 631.

⑤ 详见美国第 75 届国会众议院司法委员会第 1381 号报告第 2 页。该报告可从以下网址获取：http：//www. caplindrysdale. com/files/24384_ h. _ rep. _ no. _ 75-1381_ 1937. pdf.

美国的外国代理人法，后来扩充了维护政治决策安全的立法目的并相应扩展了相关内容，但维护意识形态安全一直是其最为重要的目的。而21世纪以来各国的外国代理人立法，均将维护意识形态安全作为其主要的立法目的之一。

俄罗斯的外国代理人监管立法，主要的立法目的之一是维护俄罗斯的意识形态安全，防范颜色革命的发生。受苏联解体，以及2003年至2007年在格鲁吉亚和乌克兰等苏联成员发生颜色革命影响，俄罗斯对"颜色革命"一直十分警惕。[①] 2011年至2012年选举期间，俄罗斯发生了声势浩大的反对派运动。在这场运动中，因观察和监督选举的非营利组织"声音"联合其他组织制作了"舞弊地图"和选举舞弊视频。选举前它们在互联网和社交媒体上广泛传播，激起了民众的愤怒。俄民众以示威游行集会的形式抗议官方宣布的投票结果，最终发展成为声势浩大的反对派运动。受此影响，俄罗斯为了防范外国势力资助俄罗斯非营利组织开展"颜色革命"，其制定了第一个版本的外国代理人法。俄罗斯国家杜马议员、俄罗斯第一版外国代理人法起草者亚历山大·西迪亚基（Aleksandr Sidyakin）指出其外国代理人监管立法的背景是："（外国势力）资助非营利组织的最终目标，是作为一种软实力，推动颜色革命。这并不是政府宣传的神秘事物。而是一种政治现实。美国一直试图影响俄罗斯政治。"[②] 有学者亦指出，俄罗斯制定外国代理人法，是为了应对美国的"民主输出政策"（democratic promotion policy）。[③]

新加坡的外国代理人监管立法，则以维护其意识形态安全作为首要立法目的。新加坡议会一读《2021年反外国干涉法（草案）》时，内政部在对该法案背景的介绍中，作了生动阐述：

外国干涉对我们的政治主权和国家安全构成严重威胁。当外国敌对势力开展敌意宣传攻势时，他们将试图在政治问题上误导新加坡人，通过渲染种族和宗教等有争议的问题煽动异议和造成冲突，或试图破坏人民对公共机

---

① 马强："俄罗斯《外国代理人法》及其法律和政治实践"，载《俄罗斯研究》2021年第1期，第140—141页。

② https：//www.nytimes.com/2012/07/03/world/europe/russia-introduces-law-limiting-aid-for-nonprofits.html.

③ Vijay Kumar, "Russia's 'Foreign Agent' Law: A Response to American Democratic Promotion Policy", 18 СРАВНИТЕЛЬНАЯ ПОЛИТИКА, 2015（1），pp.90-100.

构的信心和信任。例如，当新加坡在 2018 年底和 2019 年面临与另一个国家的双边问题时，社交媒体上对新加坡的批评出现了异常激增。这些由大量匿名账户发布的帖子，试图营造一种反对新加坡立场的人为印象。2018 年议会在线虚假信息特别委员会警告说，外国国家主导网络虚假信息活动可能已经在新加坡发生。……该法案将加强我们对抗外国干涉的能力，并确保新加坡人能够继续就我们应该如何治理国家和生活作出自己的选择。①

草案二读时，内政部部长更清晰地提出，新加坡因其特殊的种族和宗教信仰结构，极容易被外国势力利用。外国势力正在利用一种独特的叙事，逐渐引导新加坡人不再以新加坡人的身份认同而是以一种更大的种族身份认同思考问题。这对新加坡而言，是十分严重而又被忽视的问题。②正因如此，新加坡的《2021 年反外国干涉法》主要篇幅是用于规定大量制度以防范外国势力利用网络传媒在新加坡开展政治宣传。

第二节　维护国家权力运行安全

国家权力运行安全，是指本国的内外政策和政治官员，由本国政府和公民通过本国政治体制下的政治运行机制独立自主地完成决策和选任的状态，这是国家主权原则的应有之义。但是，国际交往的存在，使本国内外政策不可避免地受到外国势力的影响。为保证国际交往顺利进行，国际交往规则一般不禁止外国势力影响本国的内外政策。可是，如果外国势力通过代理人以隐蔽方式影响本国的内外政策，则可能导致本国政府及公民因无法知悉代理人背后的外国势力身份而无法准确把握其中的利益衡量，从而作出错误或不当选择，进而威胁本国政治、经济、军事、文化和社会等相关领域的安全。为此，不少国家通过制定和实施外国代理人法，维护国家权力运行安全。

---

① 详见新加坡内政部在向国会提请审议《2021 年反外国干涉法（草案）》后发表的媒体声明第 5 段和第 6 段，"First Reading of Foreign Interference（Countermeasures）Bill"，*Website of Ministry of Home Affairs Singapore*，https：//www.mha.gov.sg/mediaroom/press-releases/first-reading-of-foreign-interference-countermeasures-bill。

② 内政部部长在《2021 年反外国干涉法（草案）》二读时的发言，详见新加坡第十四届国会第一次会期 2020 年 10 月 4 日国会议事录，总第 95 卷第 39 期，https：//sprs.parl.gov.sg/search/fullreport？sittingdate＝04-10-2021。

美国于 1966 年修改其外国代理人法，增加了维护国家权力运行安全的立法目的。《1938 年外国代理人登记法》制定后，美国于 1939 年、1942 年、1940 年、1956 年和 1961 年对该法作了局部修改完善。但该法仍然以维护其意识形态安全为核心目的，主要是防范外国势力通过代理人在美国开展政治宣传颠覆其政治体制和民主自由等核心价值观。[1] 不过，因为美国国际地位和国际形势变化，美国于 1966 年修改外国代理人法，将维护其国家权力运行安全作为外国代理人法的另一个核心目的。第 89 届国会参议院外交关系委员会向参议院全院委员会提交的修改草案审议报告作了明确说明：

……现在的外国代理人，主要是那些律师-游说者和公共关系顾问。他们的目的不再是颠覆或推翻美国政府，而是根据其外国客户的要求影响美国政府的政策。

自第二次世界大战以来，尤其是朝鲜战争结束以来，美国在政治和经济方面的海外影响显著增加。因此，外国政府为了它们的政治和商业利益，开始积极影响我国的政策方向。最早它们侧重于影响国务院。然而，在过去十年中，随着国会越来越多地直接参与特定的外交政策事务，外国政府已经开始越来越多试图影响国会。就国会而言，传统上更多地回应公众舆论，因此大众媒体在政策制定过程中将产生重要的影响。

……委员会的听证表明，美国人代理外国势力而从事的不负责任的行动（即游说政治决策的行动），对美国的政策利益造成了威胁。

……原来的外国代理人法太过宽泛，有关披露要求也太过严苛地限定在那些从事颠覆政治体制的代理活动方面，无法满足当下的现实需要。本次修改有两大目的：一是重申本法的重心应调整为保证我国政治决策过程的完整性（integrity，指本国政策由本国决策）；二是确保社会公众能够知道政治宣传背后的外国势力身份……[2]

众议院司法委员会向全院委员会提交的法案审议报告也作了相同的说明

①　Sen. James Fulbright，"Amendment of Foreign Agents Registration Act，"Senate debate，*Congressional Record*，vol. 111，part 5（April 5，1965），p. 6984. available at https：//www. congress. gov/bound-congressional-record/1965/04/05/senate-section.

②　Senate Committee on Foreign Relations' Report on Foreign Agent Registration Act Amendments，Report No. 143，April 1，1965，pp. 4-5，available at https：//www. caplindrysdale. com/files/24386_s. _ rep. _ no. _ 89-143_ 1965. pdf.

"本法意在使那些为了外国势力的利益而从事政治活动的人和组织应当进行完全的公开披露,以保护美国的利益。外国代理人的公开披露,可以使美国政府和美国人民知悉外国代理人背后的身份信息和从事的具体活动,从而在政治决策时更好地评估外国代理人所从事的活动及它们的目的。"①

后来制定外国代理人法的国家,不像美国经历了从维护意识形态安全扩展到维护国家权力运行安全的过程,而是立法之初就同时强调维护意识形态安全和维护国家权力运行安全的共同立法目的。

俄罗斯在 2012 年第一次开展外国代理人监管立法的导火索,即防范外国势力对俄罗斯选举的干涉。② 2011 年至 2012 年选举期间,俄民众以示威游行集会的形式抗议官方宣布的投票结果。时任俄罗斯总理普京于 2011 年 11 月 27 日在国会的讲话中宣称,此次运动是由美国煽动,受到国外资助的俄罗斯个人和组织,正在根据外国政府的指示干涉俄罗斯大选,"来自国外的金钱资助试图影响我国的选举是绝对不可接受的,而数以百万计的资金正试图影响我国的选举。我们需要找到办法保护我国的主权,防止来自外国的干涉"。③ 受此影响,为了"防止外国势力影响俄罗斯内政",俄罗斯于 2012 年 7 月通过了第一个版本的外国代理人法。④

澳大利亚制定外国代理人法的首要目的则是维护国家权力运行安全。这可以在它的外国代理人法草案的说明中看到:

外国势力的影响,可能对政治主权和国家政策产生严重影响,因为它可能导致外国利益优先于本国利益。例如,如果外国委托人聘请中间人代

---

① House Committee on the Judiciary's Report on Foreign Agents Registration Act Amendments, Report No. 1470, May 3, 1966, p. 2, available at https://www. caplindrysdale. com/files/24387_ h. _ rep. _ no. _ 89-1470_ 1966. pdf. s. , May 1966, House Report. 1470, Washington:GPO, 1966, p. 2.

② 马强:"俄罗斯《外国代理人法》及其法律和政治实践",载《俄罗斯研究》2021 年第 1 期,第 141 页;Samuel Rebo, "FARA in Focus:What Can Russia's Foreign Agent Law Tell Us about America's?", 12 Journal of National Security Law & Policy 277 (2021), pp. 283-284.

③ Steve Gutterman & Gleb Bryanski, "Putin says U. S. stoked Russian protests", *Reuters* (Dec. 8, 2011), https://www. reuters. com/article/us-russia/putin-says-u-s-stoked-russian-protests-idUSTRE7B610 S20111208; "Russia:Stop Harassing Election Monitors, Release Demonstrators", *Human Rights Watch* (Dec. 5, 2011), https://www. hrw. org/news/2011/12/05/russia-stop-harassing-election-monitors-release-demonstrators.

④ "Russian parliament adopts NGO 'foreign agents' bill", *BBC* (Jul. 13, 2012), https://www. bbc. com/news/world-europe-18826661; Samuel Rebo, "FARA in Focus:What Can Russia's Foreign Agent Law Tell Us about America's?", 12 Journal of National Security Law & Policy 277 (2021), p. 284.

表其在澳大利亚境内的利益，中间人和外国委托人之间的关系以及外国利益可能处于隐蔽状态。这削弱了政府决策者以及公众充分理解和评估该中间人的行为并作出明智决策的能力。

特别是在选举和公投期间，外国势力的影响可能会破坏政府及其运作过程的正当性，将让人们感觉政府及其运作是不正当的，让人产生腐败的感觉，并混入信息从而影响公众投票的决定。因此，应当将代表外国委托人开展的可能影响澳大利亚政府及其政治制度和运行的活动与本国公民为自己利益而影响政治运行的活动区分开来。[1]

其认为，外国势力利用代理人施加影响是有问题的。它将会"使政府中的决策者和社会公众无法全面理解和评估每一个具体政治决策背后的利益衡量，无法作出知情决策。为此，需要制定外国代理人法以使社会公众和决策者掌握澳大利亚政府和政治过程所面临的外国势力影响。[2]

英国保安事务国务大臣托马斯·图根达特（Tom Tugendhat）在介绍英国外国代理人法的立法目的时，尤其强调其维护国家权力运行安全的价值。其认为，英国外国代理人法的首要目的，"是增强英国政治体系的韧性，以抵御隐蔽的外国影响。开放与透明对于我国民主制度的运行至关重要。当外国势力直接或通过第三方开展隐蔽影响时，它会损害我们政治和制度的完整性"。[3]

第三节　满足外交斗争需要

外国代理人法的缘起是外国势力委托代理人影响本国政治决策，因此

---

[1]　See paras 22 and 23 of the Revised Explanatory Memorandum of Foreign Influence Transparency Scheme Bill 2017, p. 8, available at https：//parlinfo. aph. gov. au/parlInfo/download/legislation/ems/r6018_ ems_ deec7318-8967-469e-8a97-3786453cbd90/upload_ pdf/677086rem. pdf；fileType = application%2Fpdf.

[2]　Parliamentary Joint Committee on Intelligence and Security, "Advisory Report on the Foreign Influence Transparency Scheme Bill 2017", para. 2. 9, p. 11, available at https：//parlinfo. aph. gov. au/parlInfo/download/committees/reportjnt/024192/toc_ pdf/AdvisoryReportontheForeignInfluenceTransparencySchemeBill2017. pdf；fileType = application%2Fpdf.

[3]　OFFICIAL REPORT of PARLIAMENTARY DEBATES of Public Bill Committee on NATIONAL SECURITY BILL, pp. 351-352. https：//publications. parliament. uk/pa/bills/cbill/58-03/0007/PBC007_ National_ Security_ 1st-14th_ Compilation_ 18_ 10_ 2022. pdf.

它天然具有"涉外"属性,在本质上属于国家间"斗争"的一部分。外国代理人法的这一属性,可以从罗斯福总统否决美国国会于1942年1月通过的外国代理人法修正案草案中看出来。1942年1月5日,美国第77届国会通过了众议院第6269号法律案,该法律案拟对1938年制定并经1939年修改的《外国代理人注册法》进行修改。但当时的罗斯福总统收到两院一致通过的法律案后,未予批准。① 当时未批准的理由是:

> "该法律案是在和平背景下起草,它旨在保护和平状态下的美国……该法律案在起草时,未考虑到因战争引起的情形:轴心国攻击我国、我国与25个国家形成盟友而参加战争、与25个盟友之间的合作对我国的防御至关重要。为了确保能够取得胜利,我们必须确保加强和完善盟友之间的共同行动尽可能小地被干扰。与友邦之间的军事和经济协作,需要各方代表开展最全面和最频繁的交换。我们不仅不应对我们与友邦代表之间的正常来往造成障碍,我们甚至应当尽可能为这些代表与我们的正常交往提供便利。可是,该法律案中的一些要求,对于需要与美国经常进行合作的友邦代表来说,在很多情形下是不必要的、不合适的和繁琐的。"

虽然外国代理人法天然地具有国际斗争的属性,但美国最早制定外国代理人法并不是为了满足外交斗争的需要,并不是为了增加美国对外制裁的工具。只是,随着时代变迁,特别是2017年以后,美国政府逐渐将其开发为一种外交斗争的武器。其利用外国代理人法的模糊性,通过选择性执法向相关国家传达外交信号。美国于2017年重拾《外国代理人注册法》的背景,就是希望利用该法对有俄罗斯和中国等背景的实体进行打压。2017年,美国司法部要求在美国注册但主要由俄罗斯政府资助的今日俄罗斯美国频道②,以及在美国注册但播放俄罗斯卫星通讯社广播的一家电台(Reston Translator③),登记为外国代理人。有评论认为,按照美国司法部的逻辑,像英国广播公司美国频道(BBC America)这样的实体同样应当

---

① 收到罗斯福总统的否决后,国会并未对法律案作太大改变,只是增加了一项豁免,即"对美国的国防至关重要的代理人"可以豁免注册登记。随后罗斯福总统即批准了该项法律案。

② "Letter re Obligation of RTTV America, Inc. to Register Under the Foreign Agents Registration Act", *Politico*, https://www.politico.com/f/? id = 00000160-79a9-d762-a374-7dfbebe30001.

③ Mike Eckel, "U. S. Radio Station Registers as 'Foreign Agent' For Russian Sputnik Broadcasts", *Radio Liberty*, https://www.rferl.org/a/us-russia-foreign-agent-sputnik-radio-station-washington-registration/28860508.html.

登记为外国代理人。但美国司法部至今未采取任何执法行动。美国司法部明显是服务于美国政府的政治目标而选择性地执法。[①] 2018 年，美国司法部要求中国新华社、中国环球电视网等登记为外国代理人。这一举措是在美国宣布新的对华贸易战措施后的第二天宣布，有人认为，这很可能是为了服务于美国政府在贸易和政治上与中国斗争的需要。[②]

因此，新近的外国代理人监管立法，虽然不明示满足外交斗争需要的立法目的，但实际隐含着该目的。就澳大利亚而言，有评论认为，其制定外国代理人法的首要目的是针对中国。[③] 虽然自 2018 年年底该法开始实施后，澳大利亚司法部极少采取主动执法行动，但数据显示，目前登记的 245 个外国势力，有 53 个为中国相关机构。[④]

俄罗斯于 2017 年修改其外国代理人法的直接动因是在外交上反制美国要求个别有俄罗斯背景的传媒机构登记为外国代理人。[⑤] 该次修改前，据报道，俄罗斯国家杜马议长提出："俄罗斯联邦（对美国将俄罗斯在美机构列入外国代理人名单）不可能袖手旁观，假装什么都没发生。我们已决定开始采取多项立法措施，对受外国资助而在俄罗斯发布不当内容的媒体采取类似美国的限制。"他还明确，此次为了外交反制而修改外国代理人法，将来只是针对美国媒体在俄机构实施。[⑥] 实际情况是，该法修改完成后，俄罗斯迅速采取反制措施，将若干有美国背景的传媒机构，如美国之声、自由欧洲电台等列为外国代理人。[⑦]

在英国外国代理人法制定过程中，相关说明文件和议会辩论记录，并

---

①　Nick Robinson，，"'Foreign Agents' in an Interconnected World：FARA and the Weaponization of Transparency"，（2020）69 *Duke Law Journal* 1075，p. 1128.

②　Nick Robinson，，"'Foreign Agents' in an Interconnected World：FARA and the Weaponization of Transparency"，（2020）69 *Duke Law Journal* 1075，p. 1128.

③　Chris Draffen and Yee-Fui Ng，"Foreign Agent Registration Schemes In Australia And The United States：The Scope，Risks And Limitations Of Transparency"，（2020）43 *UNSW Law Journal* 1101，p. 1104.

④　根据司法部向社会开放的外国代理人数据库统计：https：//transparency. ag. gov. au/ForeignPrincipals.

⑤　马强："俄罗斯《外国代理人法》及其法律和政治实践"，载《俄罗斯研究》2021 年第 1 期，第 146 页。

⑥　"Дума ограничит работу американских СМИ в ответ на причисление RT к иноагентам"，*BBC*，https：//www. bbc. com/russian/news-41940245.

⑦　见俄罗斯司法部网站：https：//minjust. gov. ru/ru/documents/7755/.

未提及该法是为了满足英国的外交斗争需要。但从其制度设计来看，明显地具有外交斗争属性与目的。区别于已有的外国代理人法，英国建立了所谓"指定外国势力制度"。英国将需要向内政部登记报告的外国代理人区分为两类。一类是普通层次的外国代理人，个人或组织代理任何外国势力（爱尔兰除外）从事影响政治决策的活动，应当向内政部登记报告。此类外国代理人制度与传统外国代理人法无实质差异。另一类是所谓的升级层次（enhanced tier）的外国代理人。英国内政部有权指定任一外国国家、外国政府、外国政府的组成部门、外国政府控制的非自然人实体（含企业）等为指定的外国势力（以下简称"指定外国势力"）。立法过程中的文件与议会辩论记录显示，英国政府将指定对英国具有敌意而可能影响英国利益和安全的主体为指定外国势力。当个人或组织代理指定外国势力从事任何活动，包括商业、文化、学术等非政治活动，除非内政部另行将某一类活动排除，否则均需向内政部登记报告。不仅如此，非政府类的指定外国势力（如某国有企业、某事业单位）不通过代理人而是自行开展活动，亦需要事先登记报告。未经登记报告而从事活动，将构成犯罪，最高可处五年监禁。英国政府将某一外国或外国政府（含其机构）及外国政府控制的实体为指定外国势力，实际是将列入的主体视为"敌对势力"，在某种程度上构成外交上的敌对行动。在外国代理人法审议过程中，下院即有议员提出，指定外国势力制度将引发重大的外交争议与负面后果。因为将一个国家或一个国家的某一机构列为指定外国势力，实际上就是宣告该国家或该机构与英国存在敌对关系，是在外交上采取一项敌对行动。① 因此，英国很可能会利用其外国代理人法中的指定外国势力制度开展外交斗争。

---

① OFFICIAL REPORT of PARLIAMENTARY DEBATES of Public Bill Committee on NATIONAL SECURITY BILL，pp. 353-356. https：//publications. parliament. uk/pa/bills/cbill/58-03/0007/PBC007 _ National_ Security_ 1st-14th_ Compilation_ 18_ 10_ 2022. pdf.

第二章　外国代理人法的核心制度与立法模式

第一节　外国代理人法的核心制度

各国的外国代理人法，因其国际地位、国内政治制度、法律体系、文化传统、制定时机等不同而在细节方面有所区别，但基本结构和核心制度具有相似之处。各国外国代理人法均以外国代理人及其活动为调整对象，以信息披露作为核心制度，并配以严苛的法律责任。

一、以信息披露为核心制度的内在逻辑

外国代理人法是以信息披露为核心制度，是外国代理人法的正当性基础和内在逻辑所决定的。外国代理人法的正当性基础在于国家主权原则下的本国知情权，即"你有权知道谁在后面影响你的观点"①。国家主权原则决定了本国的意识形态、内外政策和官员选任等政治决策应由本国人民和政府在本国政治体制之下通过本国政治运行机制决定。而本国人民和政府在政治活动中，只有清楚地知道谁在背后影响政治决策，才能作出知情决定。如果外国势力委托代理人影响本国政治决策时隐藏委托关系，那么本国人民和政府将无法准确衡量政治决策背后的利益关系，使得本国政治决策被外国势力所左右，有违国家主权原则。因此，本国自然可以要求外国代理人在影响本国政治决策时披露真实身份等相关信息。② 相应地，外国代理人法被设计为一种预防性和防御性机制，它通过满足本国知情权，防

---

① Miriam Elder, "Russia Plans To Register 'Foreign Agent' NGOs", *Guardian*, https://www.theguardian.com/world/2012/jul/02/russia-register-foreign-agent-ngos.

② Jacqueline Van De Velde, "The Foreign Agent Problem: an International Legal Solution to Domestic Restrictions on Non-Governmental Organizations", pp. 708-711.

范本国政治安全面临的潜在危害。"外国代理人法的核心目的，是使那些对澳大利亚政治和政府运行产生影响的行为能够公开，这些行为本身可能是正当而不构成犯罪。其逻辑是让我们能够关注到外国影响的存在及外国影响来自何处。这样的话，包括社会公众在内的决策者就可以知道某一个特定观点到底是代表谁的观点，知道那些试图影响澳大利亚民主决策的观点来自何处。"①

外国代理人法调整对象的性质，决定了其内在逻辑不是通过禁止和惩治外国势力的影响行为和外国代理人从事政治活动维护国家安全，而是通过建构一套信息披露体系来维护国家安全。外国代理人法调整的外国势力的影响行为和代理人从事的政治活动，并不全部是有害的。②"（外国代理人法）没有推断或暗示外国影响是有害的。我认为，你所说的情况是那些被认为会产生危害的外国影响。但并不是所有情况都是这样。本法案是在更广泛的意义上要求外国影响应当透明。本法案并没有任何地方要求应当透明的外国影响是有害的或可能产生危害的。实际上，我们在反复强调，外国代理人法并不是要暗示与外国势力合作、接受资助或代理外国势力就是不当的。本法案仅仅是强调应当公开。"③ 因此，外国代理人法维护国家安全的机制，并不是禁止外国势力直接影响本国政治决策，亦不是禁止外国势力委托代理人影响本国政治决策，也不是禁止受外国势力委托的外国代理人在本国从事政治活动，而是通过建构一套信息披露体系来维护国家安全。

---

① 澳大利亚司法部官员哈默女士在澳大利亚议会联合委员会审议外国代理人法草案时的答复说明，详见 Official Committee Hansard of Parliamentary Joint Committee on Intelligence and Security, Hearing on National Security Legislation Amendment（Espionage and Foreign Interference）Bill 2017, 16 MARCH 2018, p. 49, available at https：//parlinfo. aph. gov. au/parlInfo/download/committees/comm-jnt/20ff2e81-1159-4a66-bbed-8594faff2427/toc ＿ pdf/Parliamentary% 20Joint% 20Committee% 20on% 20Intelligence% 20and% 20Security_2018_03_16_5994_Official. pdf; fileType% 3Dapplication% 2Fpdf#search = % 22committees/commjnt/20ff2e81-1159-4a66-bbed-8594faff2427/0000% 22.

② 在这一点上，对外国代理人法存在两类误解：一是认为外国代理人法只调整有害的外国影响行为；二是认为外国代理人法不调整有害的外国影响行为。这两类误解形成的原因在于：前者是外国代理人的污名化效应所附带的效果，外国代理人的污名化容易使人们认为外国代理人法调整的外国影响都是有害的；就后者而言，是强调外国代理人与间谍的区别而形成。

③ 澳大利亚司法部官员哈默女士在澳大利亚议会联合委员会审议外国代理人法草案时的答复说明，详见 Official Committee Hansard of Parliamentary Joint Committee on Intelligence and Security, Hearing on National Security Legislation Amendment（Espionage and Foreign Interference）Bill 2017, 16 MARCH 2018, p. 54。不过，司法部官员哈默女士的解释并不完全成立。外国代理人法的污名化效应，使得"外国代理人"隐含着负面评价。

二、外国代理人法信息披露制度的主要内容

外国代理人法中的信息披露制度，是一个多层次制度体系，具体包括以下五个层次。

第一，外国代理人向主管机关登记报告的制度。它是外国代理人信息披露制度中最重要的内容。各国外国代理人法通常规定，外国代理人应向主管机关主动登记报告其与外国势力之间的代理关系以及拟从事的政治活动，并提交相关信息材料。这一主动登记报告义务，通常是持续性的义务，需要就其身份信息、代理关系、所从事活动的信息等定期或不定期地持续向主管机关报告。以英国为例，英国外国代理人法对外国代理人向主管机关（英国内政部）申报登记身份信息、代理关系及拟从事的活动等作了规定。当个人或组织与外国势力达成一项政治影响活动安排时，该个人或组织构成外国代理人，应当在达成安排之日起 28 天内向国务大臣申报登记该安排。①

第二，主管机关有调查搜集相关信息的权力。主管机关掌握外国代理人及其从事活动的情况，并不完全依赖于外国代理人及相关主体的登记报告。除了情报部门以隐蔽方式搜集相关信息外，各国外国代理人法均或多或少地授予主管机关调查搜集相关信息的权力，有的国家还进一步赋予主管机关认定代理关系的权力。以澳大利亚为例，其外国代理人法规定：首先，司法部有权责令被合理怀疑为外国代理人的个人或组织提交相关信息材料。② 其次，司法部可以责令任何个人或组织提供与外国代理人法实施相关的信息材料，只要司法部合理地认为该个人或组织持有该等信息材料。③ 最后，有关部门在启动刑事调查程序时，可以依照刑事诉讼程序调查搜集相关信息。为了确保司法部的行政调查和刑事调查能够获取到完整的信息材料，④ 外国代理人法规定了外国代理人保存相关记录的义务。⑤ 此

---

① 英国《2023 年国家安全法》第 69 条。

② 新加坡《2021 年反外国干涉法》第 79 条。

③ 新加坡《2021 年反外国干涉法》第 79 条。

④ See paras 646 of the Revised Explanatory Memorandum of Foreign Influence Transparency Scheme Bill 2017, p. 115, available at https：//parlinfo. aph. gov. au/parlInfo/download/legislation/ems/r6018_ ems _ deec7318-8967-469e-8a97-3786453cbd90/upload _ pdf/677086rem. pdf；fileType = application% 2Fpdf.

⑤ 澳大利亚《2018 年外国影响透明机制法》第 40 条。

外，有些国家的外国代理人法还规定，负责外国代理人监管的机构可以将其掌握的外国代理人相关信息与其他政府部门分享。例如，澳大利亚外国代理人法规定，司法部在执行外国代理人法时获取的信息，包括外国代理人主动提交的信息材料和司法部调查搜集掌握的信息材料，可以根据法律规定与其他政府部门分享。[①]

第三，从事活动披露代理关系的制度。在任何一个国家，无论采取何种政治体制，社会公众（公民）都是国家政治运行中十分重要的角色。防范社会公众被外国势力不当影响，是维护国家政治安全的重要内容。因此，外国代理人法规定的信息披露制度，不仅是要确保主管机关能够获取外国代理人与外国势力之间的代理关系及其从事的活动等相关信息，还需要使社会公众能够知悉该等信息。为满足社会公众的知情权，外国代理人法主要设置了两种机制：一是外国代理人从事具体活动时披露其与外国势力之间的代理关系；二是主管机关将其掌握的外国代理人的注册登记信息及其他信息向社会公开。就从事活动披露代理关系的制度而言，各国外国代理人法都十分注重涉及信息传播活动时的披露机制，以确保本国社会公众意见不被外国势力以隐藏身份方式所误导。例如，美国外国代理人法规定，外国代理人如果为了外国势力的利益而向任何政府机构或官员（包括国会任何一院的议员或委员会）传递、传播或提交任何政治宣传材料，或为了外国势力的利益就涉及政治利益或公共利益，涉及外国或政党的政策或关系，或涉及美国的内外政策的事项向任何政府机构或官员请求获得相关信息或建议，则外国代理人应当明示其为根据外国代理人法登记的外国代理人，否则构成违法。又如，俄罗斯的外国代理人法规定，外国代理人在从事政治活动时，应当披露其外国代理人的身份。[②]

第四，主管机关将其掌握的外国代理人的注册登记信息及其他信息向社会公开的制度。为实现向社会公众披露外国代理人相关信息的目的，各国外国代理人法通常规定，主管机关将其掌握的外国代理人的注册登记信息及其他相关信息向社会公开的制度。不过，不同国家公开信息的程度不同。有的国家，如美国，采取完整公开的策略。即外国代理人注册登记什么信息，司法部就完整地向社会公开什么信息。除了可以在代理关系终止

---

① 澳大利亚《2018 年外国影响透明机制法》第 50—53 条。
② 俄罗斯《受外国影响者活动管控法》第 9 条第 1 款。

后停止向社会公众提供登记材料的查阅外[1]，司法部并没有权力向社会公众屏蔽任何外国代理人的全部或部分信息。但更多国家采取的是部分公开策略。例如，澳大利亚认为，完整公开策略有时可能会产生负面效应。[2]为此，一方面，司法部维护的向社会公开的数据库，只有部分信息公开，而外国代理人向司法部申请注册登记时提交的信息材料，以及司法部主动收集的信息材料，远较已经公开的信息材料更多。另一方面，法律还明确规定，司法部如果认为相关信息具有商业敏感性或影响国家安全，则不向社会公开。[3]并且，司法部如果认为应当公开的信息属于虚假信息，则司法部可以依职权移除。[4]俄罗斯公开的外国代理人信息很少，只有一个包含名称（姓名）及其他基础信息的外国代理人名单。[5]

第五，严苛的法律责任。各国外国代理人法为保证其信息披露制度能够落到实处，都规定了较为严格的法律责任，其中包括较为严厉的刑事法律责任。例如，美国外国代理人法对于违反信息披露制度的行为，规定了三个层次的法律责任：一是主管机关可以命令违法者纠正违法行为；二是主管机关可以向法院申请禁令要求违法者纠正违法行为，实践中将该等法律责任通常称为主管机关的民事救济；三是主管机关可以依法追究刑事责任，最高可处 5 年监禁。俄罗斯外国代理人法规定的法律责任，包括行政责任和刑事责任。就行政责任而言，要包括以下几个方面：强制清算法律责任[6]、禁止访问互联网的法律责任、[7]罚款[8]；就刑事责任，最高可处 2年监禁。[9]就目前已经制定的外国代理人法，吉尔吉斯斯坦外国代理人法

---

① 《美国法典》第 22 编第 614（a）条。

② See para 682 of the Revised Explanatory Memorandum of Foreign Influence Transparency Scheme Bill 2017, p. 122, available at https：//parlinfo. aph. gov. au/parlInfo/download/legislation/ems/r6018_ems_ deec7318-8967-469e-8a97-3786453cbd90/upload_ pdf/677086rem. pdf; fileType = application%2Fpdf.

③ 澳大利亚《2018 年外国影响透明机制法》第 43（2）条。

④ 澳大利亚《2018 年外国影响透明机制法》第 43（3）条；澳大利亚《2018 年外国影响透明机制规则》第 7 条。

⑤ 详见俄罗斯司法部网站：https：//minjust. gov. ru/uploaded/files/kopiya-reestr-inostrannyih-agentov-12-04-2024. pdf.

⑥ 俄罗斯《受外国影响者活动管控法》第 12 条第 2 和第 3 款。

⑦ 俄罗斯《受外国影响者活动管控法》第 12 条第 4 款。

⑧ 俄罗斯《行政违法法典》第 19. 34 条。

⑨ 俄罗斯《刑法典》第 330 条之一。

未规定刑事责任，仅规定行政法律责任。其外国代理人法仅针对非营利组织，对于属于外国代理人的非营利组织，如果存在违反信息披露制度的行为，主管机关可以责令其在一个月内纠正；如果未纠正，则主管机关可以责令其暂停运营 6 个月；暂停运营期满仍未纠正的，监管机关可以申请法院强制清算该非营利组织。①

第二节　外国代理人法的三种立法模式

从 2012 年俄罗斯首次制定外国代理人法开始，过去十多年，陆续有国家制定和修改其外国代理人法。不同国家在制定和修改外国代理人法时，虽然一直坚持以信息披露制度作为核心制度，但不断地在具体制度方面进行创新。随着制度创新和演变的积累，当今世界范围内的外国代理人法已经在模式上出现了明显分化，大体可以区分为纯信息披露法模式、身份法模式和阀门控制模式三种。

一、纯信息披露法模式

纯信息披露法模式的外国代理人法，其核心特征在于，个人或组织成为外国代理人后，法律只是单纯地要求其承担信息披露义务，并不限制或禁止其从事拟代理的活动，亦不限制或禁止其从事其他与代理事项无关的活动。美国在 1938 年制定的外国代理人法即属纯粹的信息披露法，其后的若干次修改并未改变该等模式。2004 年后的相当长时间内，大部分国家制定的外国代理人法，主要是纯粹的信息披露法。例如，以色列于 2016 年制定的《外国实体资助社团透明要求法》规定，非政府组织如有超过 50% 的经费来源于外国政府，则应当向司法部特别申报，司法部将制作专门名单；在名单中的非政府组织应当在其网站标明其处于司法部相关名单中，且在任何公开活动中均应标明身份。② 澳大利亚在 2018 年以美国外国代理人法为蓝本制定的外国代理人法，总体上亦坚持纯信息披露法模式，并未对外国代理人从事活动规定任何限制或禁止措施。

2023 年至 2024 年，苏联国家吉尔吉斯斯坦和格鲁吉亚等国家制定了

---

① 吉尔吉斯斯坦《非营利组织法》第 17 条之一第 7—10 款。
② 江辉：《外国代理人法的域外经验与启示》，载《国际法研究》2022 年第 1 期，第 71 页。

外国代理人法，被国际舆论广泛批评为俄罗斯版本的外国代理人法。但实际情况是，这些国家的外国代理人法，虽然确实是以 2012 年时俄罗斯的外国代理人法为蓝本，但实质上与美国外国代理人法是一致的，仍属于纯信息披露法。俄罗斯自 2012 年首次制定外国代理人法开始，在相当长时间实际坚持纯信息披露法模式，与美国外国代理人法并不存在本质区别。相关模式直到 2020 年后才逐渐转为身份法模式。吉尔吉斯斯坦和格鲁吉亚等国的外国代理人法，只是要求接受外国资助的非营利组织及媒体承担信息披露义务，并未限制或禁止这些非营利组织或媒体从事活动。因其调整对象仅限于非营利组织和媒体（不包括个人），且代理关系的认定限于"资助"而不包括其他形式的安排，这些国家的外国代理人法的调整范围实际较美国更小。如前述，吉尔吉斯斯坦外国代理人法甚至未规定违反信息披露义务的刑事责任。

纯信息披露法模式下的外国代理人法，虽然在法律中未规定限制或禁止外国代理人从事活动，但因为各种原因，仍然会产生限制或禁止外国代理人从事活动的客观效果。例如，澳大利亚在 2024 年对其外国代理人法实施多年的评估中提及，"一些组织和个人已选择根据该法调整其活动和安排，以便使其与外国势力之间的关系透明；一些组织或个人则选择停止参与某些活动，这些活动如若继续则依法需要登记"。① 产生限制或禁止外国代理人从事活动的客观效果，主要原因在于：第一，"外国代理人"标签在大多数文化中均具有污名化效应。第二，履行外国代理人法规定的信息披露义务将产生额外的成本。第三，国内一些机构，特别是公共机构自行在法律之外增加对外国代理人的负担。例如，俄罗斯的今日俄罗斯美国频道被美国要求登记为外国代理人后，美国国会有关工作机构直接以其是外国代理人为由将其采访国会山的许可予以注销，对该机构的活动造成严重影响。②

---

① Parliamentary Joint Committee on Intelligence and Security, Review of the Foreign Influence Transparency Scheme Act 2018, p. 61, https://www. aph. gov. au/Parliamentary_Business/Committees/ Joint/Intelligence_and_Security/FITSAct2018.

② Hadas Gold, "Congressional press office yanks RT's credentials", *CNN*, https://money. cnn. com/2017/11/29/media/rt-capitol-credentials-revoked/index. html.

二、身份法模式

身份法模式的外国代理人法，其核心特征在于，法律除了规定外国代理人的信息披露义务外，还规定外国代理人因其外国代理人身份而在法律方面受到各种限制，如不得担任公职、不得接触国家秘密、不得从事教育活动等。目前，世界范围内只有俄罗斯的外国代理人法采取身份法模式。从笔者长期观察来看，暂时应该不会有国家跟进俄罗斯的身份法模式。实际上，在较长时间内（2012—2020 年），俄罗斯的外国代理人法亦是纯信息披露法。只是从 2020 年年底开始，俄罗斯在修改其外国代理人法过程中，不断增加外国代理人因其身份受到的限制，使其外国代理人法逐渐转为当前的身份法模式。

2020 年 12 月 30 日，俄罗斯制定第 481 号法律，[①] 该法律对《对参与侵犯俄罗斯联邦公民基本人权和自由的人采取的措施法》进行修改，将外国代理人制度从非营利组织与媒体（含机构和个人）扩大至普通个人，并同时规定个人作为外国代理人时，不得担任国家机构和地方自治机构的职务；该法律同时修改俄罗斯《国家秘密法》，规定个人作为外国代理人时，不得接触国家秘密。[②] 2021 年 4 月，在为当年 9 月将举行的国家杜马选举做准备过程中，俄罗斯制定了 2021 年第 91 号法律，对《俄罗斯公民选举权和全民公决参与权基本保障法》《俄罗斯国家杜马议员选举法》等法律进行修改，对外国代理人参与选举相关活动作出限制。其规定，外国代理人，不得参与支持或反对提名、选举候选人的活动，不得参与或支持启动全民公决的活动，不得参与任何形式的选举竞选或全民公决动员活动。[③]此后，俄罗斯在修改相关法律时，不断增加针对外国代理人的限制。除法律对外国代理人所作的限制在不断扩大外，有关国家机关制定的规范性文件、地方立法，甚至行业组织的相关规范，亦对外国代理人采取限制措施。如俄罗斯教育部的"俄罗斯公民爱国主义教育项目"中的青少年爱国主义教育子项目，明确排除外国代理人申报相关资助的资格。[④] 再如，俄

① 该法文本请见：http：//publication. pravo. gov. ru/Document/View/0001202012300001.

② 2020 年第 481 号法律第 2、5 条。

③ 2021 年第 91 号法律第 1 条。

④ 见俄罗斯教育部就该项目发布的申报公告一般条款第 9 条，https：//docs. edu. gov. ru/document/5335901a3217a74bbafe1d7e01b4a217/download/3803/.

罗斯卫生部管理了一个叫作"病人权利保护公共组织委员会"的咨询机构，[①] 该咨询机构的成员由涉及病人权利保护的公共组织提名。但俄罗斯卫生部明确规定，被列入外国代理人名单的非营利组织无权提名该机构组成人员。[②] 2022 年，俄罗斯对外国代理人法进行了整合，将分散在各个法律中的外国代理人法整合进《受外国影响者活动管控法》。整合过程中，亦将过去分散在各项法律中对外国代理人的身份限制进行了整合，并将实践中有些国家机关的做法法定化，进一步扩大了相关限制。过去两年，还在陆续修改《受外国影响者活动管控法》以扩大身份限制。截至 2024 年 5 月，该法已经列举了 20 项限制。[③] 这些限制大体可以分为五类：一是与担任公职（包括参加选举）有关的限制；二是与从事教育活动有关的限制；三是接受财政支持有关的限制；四是网络安全与广告宣传等方面的限制，五是其他方面的限制。从目前趋势看，俄罗斯将会继续增加对外国代理人的限制。

可以想象，俄罗斯外国代理人法针对外国代理人身份采取的限制措施，必然对相关主体产生较大影响。例如，米哈伊尔·洛巴诺夫（Михаил Лобанов）因被认定为外国代理人而失去大学教职。米哈伊尔是莫斯科州立大学的副教授。2023 年 6 月 23 日，司法部将其列为外国代理人。2023 年 7 月初，莫斯科州立大学建议米哈伊尔辞职。米哈伊尔在其社交媒体上表示，大学暗示他，根据外国代理人法，当他被认定为外国代理人后，不得从事教学工作，因此应当辞职。[④] 不过，米哈伊尔认为，根据俄罗斯劳动法，虽然他不能再从事教学工作，但大学应当为他安排其他职位，因此拒绝辞职。2023 年 7 月 7 日，莫斯科州立大学向米哈伊尔发送通知，决定开除他。米哈伊尔向法院起诉莫斯科州立大学构成违法。莫斯科州立大学在开庭时承认解除劳动合同构成违法，但根据外国代理人法其不能使用财政资金通过薪水形式资助作为外国代理人的米哈伊尔。法院最终未支持米

---

①　该机构主要职责是就病人权益保护问题向俄罗斯卫生部提供咨询意见，其详细职责可参见俄罗斯卫生部《病人权利保护公共组织委员会管理条例》第 3、6、7 等条。条例文本见：https://minzdrav.gov.ru/open/supervision/patients/polozhenie-i-reglament.

②　详见俄罗斯卫生部《病人权利保护公共组织委员会管理条例》第 23 条第 4 款。

③　俄罗斯《受外国影响者活动管控法》第 11 条。

④　俄罗斯外国代理人法目前仅规定外国代理人不得从事与未成年人教育相关的活动，并未限制或禁止从事大学教学活动。但从相关报道来看，莫斯科州立大学似乎是认为给外国代理人发工资构成利用财政资金资助外国代理人，属于外国代理人法所禁止的行为。

哈伊尔恢复职位的请求。[1]

三、阀门控制模式

阀门控制模式的外国代理人法，其核心特征在于主管机关对外国代理人法实施的主导性，主管机关可以根据实际需要（通常是外交需要）控制外国代理人法实施的节奏和强度。在纯信息披露法模式和俄罗斯身份法模式下，主管机关的执法权更多是一种"被动性"权力，执法的核心目的是保证外国代理人法得到遵守，使得满足外国代理人法适用条件的主体和活动严格遵守外国代理人法。而阀门控制模式下的外国代理人法，主管机关则享有将哪些主体、哪些活动纳入外国代理人法调整的主动性权力，行使权力采取执法行动的主要目标不是督促外国代理人法的落实，而是为了控制外国代理人法的实施节奏和强度，很多时候甚至是为了将外国代理人法的实施范围控制在较小范围内。2022 年新加坡制定的外国代理人法是阀门控制模式的典型，2023 年英国制定的外国代理人法亦在一定程度上具有阀门控制模式的特点。

新加坡在制定外国代理人法时，即明确提出其外国代理人法要做好平衡术，要通过主管机关的权衡来控制外国代理人法实施的节奏与强度。其提出，美国和澳大利亚外国代理人法规定的可以成为外国代理人的主体范围过宽。比如，在美国，一个美国公民代表一家跨国公司以推广产品为目的会见国会议员，将落入外国代理人法的调整范围。这对新加坡来说，显然过宽。新加坡不是美国，也不是澳大利亚，而是一个国际中心，与其他国家、国际商业人士的交往，跨国公司在本地设立办事处，对新加坡来说十分重要。如果将可以成为外国代理人的主体范围设置得过宽，将对新加坡不利。因此，需要规定较美国和澳大利亚更窄的范围。[2] 在这样的指导思想下，其外国代理人法仅调整个人和组织代理外国势力从事网络传播活

---

① 根据以下报道整理：https：//meduza. io/feature/2023/07/12/chtoby-v-rossii-mozhno-bylo-za-nimatsya-naukoy-nuzhno-zanimatsya-politikoy；https：//www. rbc. ru/politics/10/07/2023/64abe4c29a79478311794eb5；https：//www. kommersant. ru/doc/6096331；https：//en. ovdinfo. org/cutting-air-supply-how-authorities-are-persecuting-so-called-foreign-agents-face-war#4-4.

② 内政部部长在《2021 年反外国干涉法（草案）》二读时的发言，详见新加坡第十四届国会第一次会期 2020 年 10 月 4 日国会议事录，总第 95 卷第 39 期，https：//sprs. parl. gov. sg/search/fullreport？sittingdate = 04-10-2021.

动，以及具政治影响力者代理外国势力从事活动。

不仅如此，其亦十分强调主管机关在法律实施过程中的阀门控制作用。首先，对于哪些活动、哪些主体纳入监管，外国代理人法只做原则性规定，主管机构在执行过程中具有自由裁量权，有在个案中决定是否将某一活动、某一主体纳入外国代理人法调整的裁量权。在很大程度上，新加坡的主管机关是一种筛选机制，确保外国代理人法只针对少数情形执法。其次，主管机关有权指定具政治影响力者。除网络传播活动外，新加坡外国代理人法只调整具有政治影响力者作为外国代理人的情形。而具政治影响力者，包括法定具政治影响力者和主管机关指定具政治影响力者。前者指法律列明的政府高官，后者为普通个人或组织。外国代理人法相关制度设计和实际执法的重心在后者。普通个人或组织在外国代理人法下本无义务，但当主管机关指定其为具政治影响力者后，将触发外国代理人法规定的各项报告义务；主管机关同时可以根据实际需要向其发布各类活动指令。最后，向社会公众公开的外国代理人相关信息由主管机关确定。信息披露制度是外国代理人法发挥作用的核心机制，新加坡外国代理人法亦不例外。不过，在纯信息披露法模式下，外国代理人及其代理的外国势力以及拟从事的活动信息，由外国代理人向主管机关申报并不加区分和选择地向社会公众公开。但新加坡外国代理人法选择了不同的做法。整个制度设计中，向社会公开的与外国代理人相关的信息，均由主管机关确定。在新加坡外国代理人法下，向社会公开的信息主要有：（1）就外国代理人从事的网络传播活动主管机关发出的各类指令，如移除相关 App 的指令；（2）关于涉及外国代理人的网络传播活动的网站被禁止访问的通告；（3）指定具政治影响力者名录；（4）向指定具政治影响力者及其他相关主体作出的指令，如要求指定具政治影响力者不得接受捐赠的指令。以上向社会公开的任何信息，均已经通过主管机关作过权衡和过滤。也正因此，在新加坡，向社会公开的外国代理人法相关信息较为有限。

英国在制定外国代理人法时，虽然声称是以美国和澳大利亚外国代理人法为蓝本，同时并未提及新加坡，相关制度设计却在一定程度上具有新加坡外国代理人法的阀门控制模式特色，十分重视赋予主管机关在执法过程中的主导性。首先，英国外国代理人法创设了所谓的"指定外国势力制度"，内政部有权指定外国国家、外国政府、外国政府组成部门、外国国家或政府（含部门）控制的组织为指定外国势力。相较于代理其他外国势力，个人或组织代理指定外国势力将受到更为严厉的监管，代理从事商业等非政治活动亦需要向内政部登记报告。其次，赋予主管机关个案豁免权。外国代理人法规定，主管机关可以通过豁免制度灵活掌握外国代理人的范围，避免部分代理英国盟友的个人或组织被认定为外国代理人。最后，有限信息公开并赋予主管机关选择性公开的权力。英国不再像美国等外国代理人法那样将外国代理人申报的所有信息都公开，而是将公开的信息限制在较小的范围内，并赋予主管机关以相当的自由裁量权以确定哪些信息不予公开。

外国代理人法走向阀门控制模式，是外国代理人法的涉外属性所决定的。一方面，外国代理人法的涉外属性决定了外国代理人法可能存在"误伤"而需要强化主管机关的主导性。外国势力存在敌友之分是必然的。但立法时，外国代理人法很难对外国势力是友是敌进行区分。外国代理人法的统一要求，容易出现"误伤"自然不可避免。实际上，早在 1942 年，美国拟对其外国代理人法进行修改时，总统罗斯福否决国会通过的修改方案的理由即在于，外国代理人法可能存在误伤。其指出，外国代理人法未对外国势力进行区分，其规定的信息披露制度对于很多与友邦国家的合作是"不必要的、不合适的和繁琐的"。[①] 另一方面，外国代理人法的对外斗争工具属性决定了需要强化主管机关的主导性。虽然大部分国家在制定外国代理人法时更多是从维护本国国家安全的角度论证该法的必要性和正当性，但从近些年该法实施情况来看，外国代理人法已经逐渐被"武器化"为外交斗争工具属性。作为外交斗争工具，主管机关的权衡选择变得不可避免。实际上，即便立法上未采取阀门控制模式的国家，亦普遍存在选择性执法现象。例如，美国要求卡塔尔半岛传媒在美机构登记为外国代理人却未要求英国 BBC 及澳大利亚和加拿大等国家传媒在美机构登记，显然是选择性执法。

---

① U. S. Congress, House, Message from the President of the United States Transmitting without Approval, H. R. 6269, A Bill to Amend the Act Entitled "An Act to Require the Registration of Certain Persons Employed by Agencies to Disseminate Propaganda in the United States, and for Other Purposes," Approved June 8, 1938, as Amended, 77th Cong., 2nd sess., February 9, 1942, H. Doc. 611 (Washington: GPO, 1942).

第三节　中国立法模式的选择思路

从健全涉外法律体系、更好地应对国际斗争，以及维护国家安全等方面考虑，中国有必要适时制定外国代理人法。[①] 综合比较世界各国立法模式的优劣，结合中国实际需要，中国宜采取"大申报小限制"的反制法模式。

第一，纯信息披露法与身份法，均不适合中国。从美国、澳大利亚等采取纯信息披露法模式的国家来看，此模式的外国代理人法存在因外国代理人"泛化"而无实效的问题。外国代理人法通过污名化效应和增加相关主体的活动成本，在一定程度上确实限制了个人或组织代理外国势力从事政治活动的情况。但纯信息披露法的模式，使得外国代理人的数量偏多，没有聚焦效应，社会公众和国家机构对外国代理人的关注不够，实际很难真正起到作用。正是因此，经过几年实施后，澳大利亚已经在反思其立法模式，认定其需要借鉴英国等国规定的制度系统化地进行升级改造。[②] 从国际上来说，相信纯信息披露法不会是下一步外国代理法的发展方向。同时，俄罗斯的身份法，被西方舆论广泛质疑对基本权利限制过多。其对外国代理人的限制，在很多方面确实与维护国家安全不成比例，存在过度限制问题。中国面临的国际形势与俄罗斯并不相同，政治运行机制也不相同，没有必要采取俄罗斯过度限制基本权利的身份法模式。相较之下，新加坡、英国等国的阀门控制模式，虽然具体调控机制存在差异，但总体而言它们的外国代理人法既能在一定程度上发挥外国代理人法的作用，又能在一定程度上减少其在国际环境与基本权利保护方面的副作用，很可能代表着未来外国代理人法的发展方向。中国选择阀门控制模式更为妥当，只是具体的调控机制需要考虑中国国情，采取与新加坡、英国不同的方案。

第二，从情报收集角度，应当采取"大申报"模式。法律可以规定，个人和组织代理外国势力从事与政治有关的活动，包括网络传播活动，应

[①] 江辉：《外国代理人法的域外经验与启示》，载《国际法研究》2022 年第 1 期，第 79—83 页。

[②] Parliamentary Joint Committee on Intelligence and Security: Review of the Foreign Influence Transparency Scheme Act 2018, https://parlinfo. aph. gov. au/parlInfo/download/committees/reportjnt/RB000097/toc_ pdf/ReviewoftheForeignInfluenceTransparencySchemeAct2018. pdf.

当在活动前向主管机关申报登记其身份信息、所代理的外国势力以及拟从事的活动等。其中"与政治有关的活动""外国势力""代理关系"等均可以采取相对宽泛的定义。虽然各国制定外国代理人法时主要是强调通过信息披露维护国家安全，但实际上各国主管机关可以通过外国代理人及相关主体的申报登记完成情报收集。"大申报"模式可以将外国代理人法的情报收集功能发挥到极致。当然，如果采取"大申报"模式，则应当尽可能为相关主体申报登记提供方便，降低申报登记成本。只有这样，才能保证申报登记的遵从度，防止相关主体因成本过高不愿意登记；亦可以尽可能减少申报登记对相关主体的负面影响。

第三，从平衡权利保护与维护国家安全必要性，以及提高外国代理人法实施有效性角度，应当采取"小限制"模式。即在"大申报"基础上，借鉴新加坡的阀门控制机制，赋予相关部门认定和公开外国代理人的权力，但通过设置严苛的实体和程序条件，明确相关部门仅在极罕见的情形下认定和公开个人或组织的外国代理人身份；同时，个人或组织被认定为外国代理人引致的限制应尽可能少。

从域外情况看，主动或被动认定为外国代理人的个人或组织数量越多，外国代理人法本身的效果越差。从提升外国代理人法的实施有效性角度，不宜将太多个人或组织认定为外国代理人。同时，中国政治决策的运行机制与其他国家亦不完全一样，通过"大申报"下的情报收集辅以必要时政府部门间情报分享机制，外国代理人通过隐藏身份误导社会公众从而影响政治决策的风险相对较低，没有必要通过广泛公开数量较多的外国代理人来防范该风险。此外，在中文语境下，"外国代理人"亦有污名化效应，不论法律上是否对外国代理人采取限制措施，"外国代理人"的称呼本身即会对相关主体产生较大的限制作用，对其基本权利造成较大的负面影响，认定和公开相关主体的外国代理人身份应当慎之又慎。因此，综合考虑这些因素，对于主动申报登记代理外国势力的个人和组织，以及其他应申报登记但未申报登记的主体，应当仅在极其罕见的情形下方认定并公开其外国代理人身份。为避免相关权力被滥用，认定和公开的权力应当严格局限在中央相关部门，且应由部际协调机制作为决策认定机制，不宜下放至省级及以下部门。

同时，相关主体被认定为外国代理人后，法律上规定的限制应当尽可能少，不宜将外国代理人法设置为身份法。不论是否采取身份法模式，各国外国代理人法均对构成外国代理人的个人或组织产生了较大限制作用，对其基本权利构成重大限制。然而，个人或组织代理外国势力影响本国政治本身并不必然有害。基于比例原则，在法律上应当仅规定极少数的限制措施。无论如何，在借鉴俄罗斯身份法模式下的限制措施时应当十分审慎，应当有充分的正当理由方可借鉴。也只有这样，才能防止外国代理人法受到过多的国际舆论攻击。

第四，外交反制应是立法时的主要考量之一。各国外国代理人法制定时的主要考虑是维护国家安全，特别是政治安全。在中国，个人或组织代理外国势力以隐蔽方式从事与政治有关的活动确实存在，亦可能危害国家安全。因此，维护国家安全自然是外国代理人法制定时需要考虑的重要因素。但同时，目前美国、澳大利亚、英国，甚至是新加坡等，其外国代理法针对中国的情形越来越多。澳大利亚议会 2024 年对其外国代理人法进行回顾与反思时，反复提及需要对其外国代理人法进行改造以更好地应对来自中国的"威胁"。[①] 英国外国代理人法制定过程中，具有明确指向中国的意图；制定后实施准备阶段，议会不断有议员提出应当将中国或中国相关机构列为指定外国势力。[②] 而一旦被列为指定外国势力，中国或中国相关机构在英国从事活动，不仅是政治活动，亦包括商业与艺术文化活动等，均会受到严重限制。新加坡外国代理人法实施后，截至 2024 年 5 月底，仅将两个组织和一位自然人列为指定具政治影响力者。该自然人是出生在我国香港地区并归化为新加坡公民的陈文平先生。[③] 虽然新加坡未明言其实施外国代理人法是针对中国，但陈文平先生 2023 年曾受邀列席全国政协十三届一次会议，是致力于讲好中国故事的海外侨胞。面对这些情况，中国在制定外国代理人法时，应当将外交反制的需要充分考虑在内，甚至应当将外交反制作为首要考量因素。

---

① Parliamentary Joint Committee on Intelligence and Security: Review of the Foreign Influence Transparency Scheme Act 2018, https://parlinfo.aph.gov.au/parlInfo/download/committees/reportjnt/RB000097/toc_ pdf/ReviewoftheForeignInfluenceTransparencySchemeAct2018.pdf.

② China: Foreign Influence Registration Scheme (Question for Home Office), UK Parliament, https://questions-statements.parliament.uk/written-questions/detail/2023-09-13/HL10120.

③ Individuals and Organisations Designated as Politically Significant Persons under FICA, Ministry of Home Affairs, https://www.mha.gov.sg/fica/designations.

第三章 美国的外国代理人法

为方便读者了解相关国家外国代理人法的全貌，从本章开始，本书将分五章对本书重点考察的美国、澳大利亚、俄罗斯、新加坡和英国五个国家的外国代理人法分国别进行介绍。本章将介绍美国外国代理人法的情况。

第一节 法律渊源与历史沿革

美国外国代理人法以《1938 年外国代理人登记法》（含 1938 年后对该法的若干次修改）为核心，辅以美国司法部根据该法制定的实施细则。其中，《1938 年外国代理人登记法》的文本汇编在《美国法典》[①] 第 22 编第 11 章第 611—621 条。随着《1938 年外国代理人登记法》的修改，《美国法典》中的版本亦会相应更新。本书引用的《1938 年外国代理人登记法》为《美国法典》2024 年 7 月 1 日的版本。而司法部制定的实施细则，则汇编在美国《联邦规章典》[②] 第 28 编第 1 章第 5 部分。实施细则修改时，《联邦规章典》亦会做同步修改。本书引用的实施细则是《联邦规章典》2024 年 7 月 1 日的最新版本。[③]

《1938 年外国代理人登记法》最早于 1938 年 6 月 9 日由罗斯福总统签署批准。20 世纪初，在美国已经出现了对外国势力影响美国政治予以监管的想法。1917 年，议员向众议院提出了三项法案。这些法案提出，要求影响美国立法和公众意见的个人和组织向主管机关登记报告相关信息，禁止

---

① 《美国法典》在性质上是美国联邦法律按照主题所作的体系性汇编。关于《美国法典》相关历史和具体汇编技术的介绍，参见江辉：《论法律修改后的文本发布》，载《甘肃政法大学学报》2022 年第 2 期。

② 《联邦规章典》（*Code of Federal Regulations*）在性质上与《美国法典》一致，是对美国联邦各政府机构制定的行政规章按照主体所作的体系性汇编。

③ 该文本可以从以下链接获取：https://www.ecfr.gov/current/title-28/chapter-I/part-5.

为了影响处理外国事务的法案通过或不通过而作出虚假声明，限制外国人未经美国政府同意而委托代理人。不过，众议院并未对这些法案进行审议。自 20 世纪 30 年代开始，随着纳粹主义在德国的兴起，美国对外国在美国开展的政治宣传和影响更加警惕起来。1934 年，众议院任命了一个专门委员会对外国开展的政治宣传行为着手调查。1935 年 2 月，该专门委员会向国会提交了报告。报告中的第一项措施即是制定外国代理人法。据此，众议院和参议院分别于 1937 年 8 月和 1938 年 5 月通过了各自版本的外国代理人法草案。经协调一致后，罗斯福总统于 1938 年 6 月 9 日签署批准了《1938 年外国代理人登记法》。该版本的外国代理人法比较简短，不到 1000 个单词。但与现在的外国代理人法在基本结构上并无本质区别。[1]

《1938 年外国代理人登记法》通过后不到一年，国会就对该法作出了修正，主要内容是扩大外国势力、外国代理人的范围，明确只有在国务院备案的外交领事人员才予以豁免，授权国务卿（该版本的外国代理人法的监管机构为国务院）将外国代理人提交的材料在其停止代理关系后从供社会公众查阅的材料中移出。[2] 此后，《1938 年外国代理人登记法》又经历了 1942 年、1966 年和 1995 年等若干次重要修改。

1941 年，国会试图对《1938 年外国代理人登记法》再次进行修改。但罗斯福总统以本次修改未体现敌国和盟国区分适用的要求，否决了国会的修改。1942 年，国会以 1941 年的修改草案为基础，增加规定美国的同盟可以豁免适用的制度，罗斯福总统批准了该次修改。此次修改进一步扩大了外国势力及外国代理人的范围，将监管机构从国务院转到司法部，增加规定外国代理人从事政治宣传活动应当披露身份，并向司法部提交传播的宣传材料副本等。[3]

1966 年，国会对《1938 年外国代理人登记法》作了又一次的重要修改。1942 年以后，外国代理人法的执法重点是政治宣传活动。不过，20 世纪 60 年代后，随着第二次世界大战结束和麦卡锡主义的退潮，外国代理人

---

[1] Jacob R. Straus，"FARA：Background and Issues for Congress"，Congressional Research Service，R46435，2020，pp 3-5，https：//crsreports. congress. gov/product/pdf/R/R46435.

[2] Jacob R. Straus，"FARA：Background and Issues for Congress"，Congressional Research Service，R46435，2020，p. 6，https：//crsreports. congress. gov/product/pdf/R/R46435.

[3] Jacob R. Straus，"FARA：Background and Issues for Congress"，Congressional Research Service，R46435，2020，pp. 6-8，https：//crsreports. congress. gov/product/pdf/R/R46435.

法针对政治宣传活动的执法开始逐渐减少。然而，20 世纪 60 年代出现了新情况。在国会制定 1962 年糖业法修正案时，代表外国势力的立法游说和影响活动达到前所未有的程度。为此，参议院外事委员会授权一个工作委员会调查外国政府通过非外交途径影响美国内外政策的情况。该工作委员会的调查报告显示，外国政府及其代理人通过非外交途径影响美国内外政策的情况越来越多。因此，有议员提出修改外国代理人法以解决这一问题。1966 年，国会对《1938 年外国代理人登记法》作了修改，针对政策游说领域规定了具体制度。具体包括扩大外国势力和外国代理人的含义，明确政治活动的含义和范围，规定司法部的执法权力及相关刑事责任等。①

1995 年，国会对《1938 年外国代理人登记法》作了又一次的重要修改。该次修改的主要背景是因为国会将 1946 年游说监管法升级为 1995 年游说披露法，解决了外国势力委托代理人从事游说活动的信息披露问题。因此，外国代理人法作了相应调整。②

除此以外，国会还对《1938 年外国代理人登记法》作了若干次小的修改。比如，2007 年国会修改该法明确司法部应当就外国代理人提交的注册登记材料等建设相关数据库。③

随着 2017 年以后外国代理人法执法活动的增加，美国国内对外国代理人法的关注也越来越多，也有修改该法的相关呼声。2021 年 7 月，美国律师协会（American Bar Association）对美国外国代理人法作了全面的评估，提出应当通过修改《1938 年外国代理人登记法》和司法部制定的实施细则，对该法予以修改完善。④ 2021 年 12 月，司法部则在联邦公报（Federal Register）就外国代理人法实施细则的修改发布征求意见公告，拟对实施细

---

① Jacob R. Straus, "FARA: Background and Issues for Congress", Congressional Research Service, R46435, 2020, pp. 8-10, https://crsreports.congress.gov/product/pdf/R/R46435.

② Jacob R. Straus, "FARA: Background and Issues for Congress", Congressional Research Service, R46435, 2020, pp. 10-11, https://crsreports.congress.gov/product/pdf/R/R46435.

③ Jacob R. Straus, "FARA: Background and Issues for Congress", Congressional Research Service, R46435, 2020, p. 11, https://crsreports.congress.gov/product/pdf/R/R46435.

④ The Task Force on the Foreign Agents Registration Act of International Law Section of American Bar Association, "Report On FARA: Issues and Recommendations for Reform", pp. 45-48, https://www.politico.com/f/? id=0000017c-33cf-dddc-a77e-37df03770000.

则予以修改完善。[①] 不过截至 2024 年 7 月，不论是实施细则还是《1938 年外国代理人登记法》，并未完成修改。

第二节　外国代理人的含义与范围

外国代理人是外国代理人法中的核心概念，它的含义决定了外国代理人法的调整范围。简言之，外国代理人是指代理外国势力从事可能影响意识形态、内外政策或官员选任等政治决策的活动的个人或组织。对于任何一个国家的外国代理人法而言，要准确理解外国代理人的含义，可以从五个方面予以把握：一是可以成为外国代理人的主体范围，即哪些个人或组织作为代理人时可能构成外国代理人；二是外国势力的范围，即哪些主体作为委托人时可能使代理人构成外国代理人；三是代理关系的认定，即如何认定外国势力与代理人之间是否存在代理关系；四是政治活动要素，即外国代理人法如何通过政治活动要素确定构成外国代理人的具体情形；五是豁免情形，即外国代理人法通常将哪些本来构成外国代理人的情形豁免监管，不纳入外国代理人法调整。

一、可以成为外国代理人的主体

对于可以成为外国代理人的主体，美国作了非常宽泛的规定，可以成为外国代理人的个人和组织，"包括个人、合伙、个人联合、公司、机构或其他任何形式的个人组成的组织"。[②] 据此，可以成为外国代理人的主体，既包括本国个人和组织，亦包括外国个人和组织；组织则既包括各种形式的营利组织，亦包括各种形式的非营利组织，不论它们是否构成法人实体。

二、外国势力的范围

美国规定的外国势力范围比较宽泛，具体包括：（1）外国政府和外国

---

① National Security Division of the Department of Justice，"Clarification and Modernization of Foreign Agents Registration Act（FARA）Implementing Regulations"，*Federal Register*，Vol. 86，No. 236，pp. 70787-70790，https：//www. federalregister. gov/documents/2021/12/13/2021-26936/clarification-and-modernization-of-foreign-agents-registration-act-fara-implementing-regulations.

② 《美国法典》第 22 编第 11 章第 611（a）条。

政党；（2）美国境外的个人和组织，除非有证据证明有关个人为美国公民且住所地在美国，或有关组织是根据美国法律成立且住所地在美国；（3）依据外国法律成立或住所地在外国的合伙、组织、个人联合、公司、机构、其他形式的个人或组织联合。[1] 根据这一规定，几乎所有类型的非本国势力都属于外国势力，外国国营企业和私营企业、国际组织等均涵盖在内。

美国司法部公布的外国代理人名单中，有大量外国私营和国营企业作为外国势力的情形。我国华为公司、中国银行等均曾作为外国代理人的委托方出现。而就国际组织而言，2020 年 3 月 8 日，在答复一位美国公民受国际组织委托在美国开展政治活动是否应当登记为外国代理人的咨询时，美国司法部提出，美国是委托该公民的国际组织（北大西洋公约组织）的成员，该国际组织委托该公民的事务也是美国发起的，因此就本个案而言，该国际组织不应视为外国势力，相应地该公民因不属于外国代理人而无需登记。[2] 根据这一答复意见可以反推出来：一般而言，国际组织属于外国势力；同时，美国是否属于该国际组织成员及代理人拟从事的事务是否由美国发起等因素，将决定个案中的国际组织是否被认定为外国势力。实践中，美国司法部公布的已经登记的现存及历史外国代理人名单，罕有国际组织作为外国代理人委托方的情形。[3]

三、代理关系的认定

美国的外国代理人法，在认定代理关系时，采取了较为宽松的标准。它不以代理人与外国势力之间存在合同关系或任何形式的合意作为判断标准，亦不以代理人是否有偿提供服务为判断标准，[4] 只要存在以下情形之一即可构成：（1）以外国势力的代理人、代表、雇员、服务人员的身份参加政治活动；（2）受外国势力的命令、请求、指示、控制而参加政治活

---

① 《美国法典》第 22 编第 11 章第 611 条。

② https：//www. justice. gov/nsd-fara/page/file/1287621/download；https：//fara. us/advisory-o-pinions/.

③ https：//efile. fara. gov/ords/fara/f？p＝1381；110；2766916558599；；NO；；P110_ CNTRY；ALL.

④ Chris Draffen and Yee-Fui Ng，"Foreign Agent Registration Schemes In Australia And The United States：The Scope，Risks And Limitations Of Transparency"， （2020）43 *UNSW Law Journal* 1101，p. 1116.

动；（3）参加政治活动时直接或间接地全部或部分地受外国势力领导、指示、控制、资助、津贴；（4）任何人不论是否根据合同关系而同意、主张、声称或表现为前述三种情形之一。[①]

四、政治活动的范围

从国际交往实践来看，外国势力委托代理人在本国从事活动可能涉及方方面面，政治、经济、文化、社会甚至军事均有可能。然而，并非外国势力委托的所有代理人均属于外国代理人法意义上的外国代理人。美国外国代理人法严格将外国代理人限制在代理外国势力从事政治活动。在法条上，美国从活动目的维度规定了政治活动的范围，并以活动形式对政治活动的范围作了补充规定。

就活动目的维度，其规定，"政治活动是指在涉及美国内外政策的形成、采纳和改变，或涉及任何政治的或公共的利益或政策，或涉及与外国政府或政党的关系等方面，从事活动者意图以任何方式影响美国政府部门或其官员或社会公众的活动"。[②] 其中美国内外政策为"与下列有关的任何政策：现行立法、立法建议、一般性的立法行为、条约、行政协定（executive agreements）、行政公告或命令、任何与政府部门或机构的政策相关的决定、及其他类似文件"。[③] 美国关于政治活动的这一定义十分宽泛。在某种程度上，即便是记者依据发生的事实进行纯粹的报道，当该报道涉及就某个政策议题影响美国社会公众意见时，似乎亦属于政治活动。[④]而"任何政治的或公共的利益或政策"几乎可以将所有情形纳入。由此导致实践中边界不太清晰，具体活动是否落入外国代理人法调整，高度依赖个案事实。[⑤]

除了活动目的，美国外国代理人法还从活动形式角度补充规定了政治活动的范围。其规定，如果外国代理人"（1）为了外国势力而作为公共关

---

① 《美国法典》第 22 编第 11 章第 611（c）条。

② 《美国法典》第 22 编第 11 章第 611（o）条。

③ 美国《联邦规章典》第 28 编第 5 部分第 5.100（f）条。

④ Nick Robinson，"'Foreign Agents' in an Interconnected World：FARA and the Weaponization of Transparency"，（2020）69 *Duke Law Journal* 1075，p. 1098.

⑤ See Robert Kelner etc.，"The Foreign Agents Registration Act：A Guide for the Perplexed"，*Covinton*，https：//www.cov.com/-/media/files/corporate/publications/2018/01/the_foreign_agents_registration_act_fara_a_guide_for_the_perplexed.pdf.

系顾问、媒体公关、信息雇员、政治顾问从事活动；（2）在美国境内为了外国势力而募集、收受、支出、派发捐款、资金和其他有价物；或（3）在美国境内在任何美国政府部门或官员处代表外国势力”，均构成外国代理人法调整的政治活动。[①]这三种活动形式属于政治活动的范围，是因为它们天然地具有政治目的（如政治顾问）或很可能有政治目的（在美国境内在任何美国政府部门或官员处代表外国势力）或很可能实际产生政治影响（公共关系顾问、媒体顾问、捐赠活动等）。

五、豁免情形

从各国外国代理人法关于政治活动的定义可以看出，政治活动的范围十分宽泛，有时甚至可能将纯粹的经济、社会、文化和科技活动等纳入其中。比如，科研人员纯粹的学术研究发表，很可能对本国政策产生影响。严格按照政治活动的定义，那么该科研人员的学术发表亦构成政治活动。如果将它们亦纳入外国代理人法调整，可能会对国际学术科研交流产生极大的限制作用。涉及经济、社会和文化活动时，亦有类似的情况。

为此，各国外国代理人法都明确规定了豁免制度，明确排除一些可能落入外国代理法调整范围的情形，以在监管必要性与可行性之间寻求平衡。各国规定的豁免范围，大体可以分为三类。一是根据情形可以判断当事人行为明显属于为外国势力服务。如规定外交人员在本国境内从事相关活动豁免监管。二是代理人从事的行为本质上不应属于政治活动，产生政治效果主要是一种附带效应。但这一规定较为模糊而很难操作，为选择性执法留下了操作空间。三是各个国家根据本国具体情况而规定的豁免。例如，美国因对国会的游说活动需根据其《游说披露法》披露，因此美国规定部分已披露的情形可以豁免。

就美国外国代理人法而言，其具体规定了八种豁免。

1. 外交官或领事豁免。外国正式委派而经美国国务院认可的外交官或领事官员从事职责的行为。

---

① 《美国法典》第22编第11章第611（c）条。美国司法部最近的观点认为，只要构成这三种形式的活动本身，即受外国代理人法调整。See Robert Kelner etc.，"The Foreign Agents Registration Act（"FARA"）：A Guide for the Perplexed"，*Covinton*，https：//www.cov.com/-/media/files/corporate/publications/2018/01/the_foreign_agents_registration_act_fara_a_guide_for_the_perplexed.pdf.

2. 外国政府官员豁免。美国认可的外国政府的官员，在其姓名、身份和职责已在美国国务院备案的前提下，以其官员身份从事活动，予以豁免。但如果该官员从事公共关系顾问、媒体公关、信息雇员或为美国公民，则不属于豁免范围。

3. 外交官或领事的工作人员豁免。美国认可的外国政府正式委派的外交官或领事官员的工作人员或雇员，在其姓名、身份和职责已在美国国务院备案的前提下，履行职责的行为，予以豁免。但如果该工作人员或雇员从事公共关系顾问、媒体公关或信息雇员活动，则不属于豁免范围。

4. 非政治活动豁免。任何人从事或同意从事（1）仅善意地为了与外国势力从事交易或商业活动而从事完全个人的和非政治的活动；或（2）从事其他不是主要为了外国利益的活动；或（3）在美国募捐或募集仅用于医疗救济目的或给贫困之人提供食物或衣物目的的资金和捐款，则属于豁免范围。

5. 宗教、学术和科技豁免。任何人善意地从事仅为宗教、教育、学术、科技或美术目的而从事相关活动，属于豁免。

6. 同盟的有限豁免。如果代理人所代理外国势力的国防对于美国的国防至关重要，可以予以有限豁免。豁免时应当符合特定条件，包括代理人从事的活动应当同时服务于外国势力和美国，不得与美国的内外政策冲突；代理人从事活动时，散发的任何材料应当如实披露身份；外国政府已经通知美国国务院。总检察长经国务卿同意可以或应国务院要求应当停止豁免。该豁免是第二次世界大战时国会为回应总统以外国代理人法未区分同盟国和轴心国而否决相关法律修正案而作出的妥协，是较具有美国特色的一项豁免。

7. 司法和执法活动豁免。代理人如为执业律师而在司法程序或执法程序中代理已披露外国势力参与相关司法或执法活动，则予以豁免。但如果执业律师在司法程序或执法程序之外开展游说活动，则不属于豁免。

8. 《游说披露法》豁免。如果代理的外国势力不是外国政府，而代理人已经根据《游说披露法》作了披露，则予以豁免。①

---

① 《美国法典》第22编第613条。亦可参见 Jacob R. Straus, Foreign Agents Registration Act: Background and Issues for Congress, Congression Research Service, R46435, p. 14. https://crsreports. congress. gov/product/pdf/R/R46435al.

第三节　信息披露制度

美国的外国代理人法是较为纯粹的信息披露法，其各项制度均直接或间接与信息披露有关。其信息披露制度具体包括四个方面，同时规定了较为严格的法律责任。

一、外国代理人向监管机构登记报告的制度

美国外国代理人法规定，任何个人或组织成为外国代理人后，除非属于法律规定的豁免情形，否则应在 10 日内主动向司法部申请注册登记；未经注册登记，不得作为外国代理人从事活动。外国代理人主动申请注册登记的义务，持续至完成注册登记时止，不论其与外国势力的代理关系是否终止。换句话说，如果外国代理人未在代理外国势力从事政治活动期间完成注册登记，即使代理关系终止，其仍然负有主动注册登记的义务。[①] 此外，如果外国代理人拟为了外国势力的利益而通过邮件或其他渠道向 2 人以上传播书面或其他形式的信息材料，则应当在传播行为发生后 48 小时内向司法部提交两份该等材料。[②]

同时，外国代理人需定期、持续地向司法部补充、更新披露相关信息。通常，代理人应在初次登记后每六个月结束前一个月更新其注册登记信息；美国司法部长根据实际需要，可以缩短更新频次；代理人披露的信息如发生变化，则应在发生变化后 10 日之内，向司法部报告。[③] 例如，新华社北美总社于 2021 年 5 月 5 日首次注册登记后，分别于 2021 年 10 月 14 日、2021 年 12 月 29 日提交了更新与补充报告。[④]

根据法律规定，司法部设计了四类注册登记表供外国代理人及相关人士填写申报。第一个是主登记表（Registration Statement），由外国代理人首次与外国势力形成代理关系而触发登记义务后填写。第二个是所谓注册登记简表（Short Form Registration Statement），由外国代理人中的合伙人、

---

① 《美国法典》第 22 编第 11 章第 612（a）条。
② 《美国法典》第 22 编第 11 章第 614（a）条。
③ 《美国法典》第 22 编第 11 章第 612（b）条。
④ 见美国司法部外国代理人登记注册信息数据库：https：//efile. fara. gov/ords/fara/f？p = 1381：200：5669589218258：：：RP，200：P200_REG_NUMBER：6958.

董事、负责人、员工等将为外国势力实际服务的人员填写。第三个是注册登记定期更新表（Supplemental Statement），外国代理人每六月更新注册登记信息时，填写该表。第四个是注册登记修正表（Amendment to Registration Statement），外国代理人注册登记信息发生变化时，填写该表。①

　　根据外国代理人法的规定②和美国司法部设计的登记注册表，外国代理人注册登记时，需要提交的信息或材料包括：（1）代理人的姓名或名称。（2）代理人的住所地。（3）代理人的身份信息。如果代理人是个人，则提交出生国籍、出生年、现国籍、如出生国籍与现国籍不一致，则应说明国籍变动的时间地点和方式、职业等信息。如果代理人是组织，则提交组织形式、组织成立日期与地址、组织负责人的姓名、组织住所地以外的经营地址（如有）、组织的会员人数（如果是会员型组织）、组织的所有合伙人（管理人员、董事或其他类似职位人员）的姓名住址国籍和职位、组织的日常业务的性质、组织的所有权和控制权情况、组织的章程等信息。（4）为外国势力直接提供服务的人员的姓名、住址、其服务的外国势力的身份和拟提供的服务内容。③仅提供秘书服务或类似服务的人员，无需登记。（5）所代理外国势力的身份信息，具体包括外国势力的姓名或名称、住所、国家、性质（外国政府、外国政党、外国机构或外国个人）。如果外国势力是外国政府，应当明确具体的机构信息、代理人联系的外国政府官员的姓名及职位；如果外国势力是外国政党，应当明确代理人联系的政党工作人员的姓名及职位，外国政党的宗旨；如果外国势力不是外国政府或政党，则阐明外国势力从事业务的性质及所有权和控制权情况，并说明其是否受外国政府、政党或其他外国势力管理、所有、指导、控制、资助或补助的详细情况。（6）代理人与外国势力之间的详细安排，如果存在书面合同，应当提交完整的书面合同；如果是信函沟通，则提交往来信函；如果是口头或其他形式，则对双方之间的安排进行详细说明，包括合作期间、费用安排等。除此以外，还应说明代理人为履行双方之间的安排拟从

---

　　① 样表可以从以下链接获取 https：//www. justice. gov/nsd-fara/fara-forms；也可参见已经登记的外国代理人提交信息的情况，如第 6968 号注册人的相关注册登记表，具体见：https：//efile. fara. gov/ords/fara/f? p = 1381：200：6192173068530：：：RP，200：P200_REG_NUMBER：6968.

　　② 《美国法典》第 22 编第 11 章第 612（a）条，28 C. F. R. § 5. 200-§ 5. 202。

　　③ 该等人员需要与代理人同时提交一份简表，作为代理人注册登记时的附件。

事的所有活动；应当提交注册申请之日的前 60 日内从外国势力处收到的报酬、补偿及其他名目的金钱及其他有价物的性质和数额；应当提交注册申请之日的前 60 日内是否已经为外国势力支出金钱及其他有价物；应当提交注册申请之日的前 60 日内代理人是否因自身原因为选举活动提供捐赠。（7）代理人未基于与外国势力之间的安排而从事的可能有利于外国势力的任何活动的情况。（8）信息材料的相关信息。代理人在提交注册申请前及之后，如为外国势力准备或散发任何信息材料，则应当说明散发材料的具体形式（如报纸、杂志、广告、新闻发布会、宣传手册、演讲、电视广播节目、电影、信函、电邮、网站、社交媒体等），期间，支出的金额、聘请的公关公司或其他专业顾问（如有）的信息、信息材料的发放对象（官员、议员、政府机构、报纸、编辑、民间组织、图书馆、教育机构等）、信息材料使用的语言等。（9）真实性声明。外国代理人及其工作人员提交注册登记时，应当承诺相关信息材料为真实，否则承担伪证罪等法律责任。[①]

二、监管机构调查搜集及分享相关信息的权力

在美国外国代理人法中，监管机构高度依赖外国代理人的主动登记报告，只有在两种情形下监管机构有权向外国代理人及相关主体收集信息。一是外国代理人等主体存在未主动登记报告及其他违反外国代理人法的行为，有关部门依据刑事诉讼程序（大陪审团程序和侦查程序等）向外国代理人和相关主体调查搜集涉嫌犯罪的证据材料。[②] 二是监管机构有权调查已经登记的外国代理人依法保存的相关活动记录。根据外国代理人法的规定，外国代理人应当按照通行的会计准则和档案记录规则就以下信息和材料予以准确记录存档直至其不再是外国代理人满三年：（1）外国代理人与其代理的外国势力之间的所有往来信件（含各种形式的邮件、电报及其他形式的信息，下同）及外国代理人代理外国势力从事活动时与其他主体之间的所有往来信件；（2）外国代理人与外国势力之间签署的原始合同；

---

① 《美国法典》第 22 编第 11 章第 612（c）条。

② The Task Force on the Foreign Agents Registration Act of International Law Section of American Bar Association，"Report On FARA：Issues and Recommendations for Reform"，p. 53，https：//www. politico. com/f/? id＝0000017c-33cf-dddc-a77e-37df03770000.

（3）外国代理人传播信息材料的对象的姓名和地址的相关记录；（4）所有
与外国势力及代理外国势力所从事活动而产生的相关会计账簿和原始凭
证；（5）外国代理人（如有组织）的所有会议记录；（6）外国代理人的
员工名册（显示姓名及住址）；（7）其他与代理外国势力所从事活动有关
的信息记录。就外国代理人记录和存档的前述信息和材料，司法部国家安
全司（National Security Division）和联邦调查局的官员有权查看。[①]

除此以外，外国代理人法并未赋予监管机构向外国代理人及相关主体
调查搜集相关信息的权力。[②] 在实践中，监管机构常常通过信函等方式向
有关个人或组织索取信息材料。司法部向个人或组织索取信息材料的要求
没有法律效力，严格来说接受要求的个人或组织可以不予理会。然而，因
为未及时和如实注册登记为外国代理人构成犯罪，司法部有权启动刑事调
查程序，所以相关个人或组织往往均会予以配合并提供相关信息材料。例
如，美国司法部曾多次向新华社北美总社（Xinhua News Agency North A-
merica）提出提供材料的要求。2011 年 5 月，美国司法部向新华社北美总
社要求提供信息和材料以决定新华社北美总社是否构成外国代理人。新华
社北美总社回复了美国司法部索要信息材料的函件，但未提供任何信息材
料。同年 8 月和 10 月，美国司法部再次要求新华社北美总社提供信息材
料。为回应美国司法部的要求，新华社北美总社负责人于 2011 年 11 月与
美国司法部相关部门负责人会面，并于 2012 年 1 月正式回函提出新华社北
美总社未作为外国代理人从事任何应当注册登记的活动。此事之后不了了
之。2018 年 7 月，美国司法部重启相关程序，要求新华社北美总社提供相
关信息材料。此次，新华社北美总社回应了美国司法部的要求并提供了相

---

① 《美国法典》第 22 编第 615 条；美国《联邦规章典》第 28 编第 5 部分第 5.500 和 5.501 条。
② 不过，有部分议员已经提出法律修正草案建议赋予监管机构该等权力，美国律师协会也
有类似建议。See The Task Force on the Foreign Agents Registration Act of International Law Section of A-
merican Bar Association，"Report On FARA：Issues and Recommendations for Reform"，p. 54，https：//
www. politico. com/f/？id＝0000017c-33cf-dddc-a77e-37df03770000.

关信息材料。①

　　与监管机构缺乏调查搜集相关信息的权力类似，除司法部启动刑事程序通过法院审理认定代理关系外，外国代理人法亦未赋予司法部直接认定某个个人或组织为外国代理人的权力。② 但在实践中，如果司法部认为某个个人或组织应当主动申请注册登记其外国代理人身份或其从事的活动，司法部可以向该个人或组织发函责令其主动申请注册登记。严格来说，司法部责令相关个人或组织注册登记为外国代理人的函件，并没有法律效力，相关主体和个人可以不予遵守。不过，因为外国代理人不申请注册登记其身份和活动将构成犯罪，个人或组织收到司法部的责令函后，通常会遵循司法部的要求主动申请注册登记。例如，新华社北美总社于 2020 年 5 月接到美国司法部要求主动申请注册登记的通知函后，于 2021 年 5 月提交了注册登记材料。③

　　就政府部门间的信息分享，美国规定，司法部应当向国务院抄送一份外国代理人提交的全部材料；根据实际需要，有权向其他政府部门和国会委员会提供相关材料。④

---

　　① 参见美国司法部要求新华社北美总社登记注册为外国代理人的通知函，https：//www. justice. gov/nsd-fara/letters-determination/xinhua/download。其中 2018 年 7 月索要信息材料的要求，被不少媒体报道为美国司法部要求新华社北美总社登记注册为外国代理人。例见 Julian Pecquet，"China's Xinhua news agency registers as a foreign agent three years after US Justice Department told it to"，*Foreign Lobby Report*，https：//www. foreignlobby. com/2021/05/08/chinas-xinhua-registers-as-a-foreign-agent-three-years-after-us-justice-department-told-it-to/。但实际上，此时美国司法部尚未作出最终决定。

　　② 在这一点上，美国的外国代理人法区别于其《外国使团法》（*Foreign Mission Act*）。根据《外国使团法》，美国国务院有权直接将某一机构列为外国使团。

　　③ 美国司法部于 2020 年 5 月向新华社北美总社发函要求其主动申请注册登记。在通知函中，美国司法部认为新华社北美总社代理了三个外国势力，一是新华社，二是中国共产党，三是中华人民共和国；作为外国代理人从事的活动包括代理新华社、中国共产党和中华人民共和国从事政治活动、从事媒体公关活动、从事信息雇员活动。不过，新华社北美总社于 2021 年 5 月提交的注册登记材料，并未认可美国司法部的认定，而只以新华社的代理人身份注册登记，注册登记的活动也只是陈述其在美国通过新华社的全球新闻服务报道新闻。详细内容可见美国司法部发给新华社北美总社的通知函，https：//www. justice. gov/nsd-fara/letters-determination/xinhua/download；新华社北美总社提交的注册登记材料，https：//efile. fara. gov/docs/6958-Registration-Statement-20210505-1. pdf.

　　④ 《美国法典》第 22 编第 614（b）条。

三、从事活动披露代理关系的制度

美国规定，首先，如果外国代理人为了外国势力的利益而通过邮件或其他渠道向 2 人以上传播印刷的①或其他形式的信息材料②，则应当以显著（conspicuous）方式声明该等材料为外国代理人为了外国势力利益而传播。③ 声明的具体措辞是："本材料是由（外国代理人的名称）代表（外国势力的名称）传播。更多信息可以在华盛顿 DC 的司法部查询。"④ 例如，新华社北美总社的 Facebook 主页上标注了"本材料由新华社北美部社代表新华社传播。更多信息可以在华盛顿 DC 的司法部查询"。⑤ 同时，根据司法部的实施细则，如果信息材料为纸质材料或电子形式，则前述声明应当在纸质材料或电影的开始处；如果信息材料为其他形式，包括电视或

---

① 对信息材料的描述中有一些大家看着比较奇怪的限定语（如通过邮件、2 人以上、印刷的）等，与该项要求是 1942 年加入有关。1942 年外国代理人法修改时，增加了外国代理人传播"政治宣传材料"应当披露代理关系的制度。在 1942 年那个时间点，邮寄政治宣传材料是一个比较常见的方式，因此外国代理人法对政治宣传材料的描述自然与当时的做法一致。而"政治宣传材料"在 1995 年修改外国代理人法时调整为"信息材料"时，相关限定语并没有做调整。为此，美国律师协会（American Bar Association）认为，这样的限定已经有些过时。例如，在现代互联网信息时代，向 2 个人传播信息材料，明显不会对美国公众的政治观点产生太大影响，是不合适的，应当借鉴其他法律（关于竞选筹款的要求）中 500 人以上的要求予以调整。详见 The Task Force on the Foreign Agents Registration Act of International Law Section of American Bar Association，"Report On FARA：Issues and Recommendations for Reform"，pp. 47-48，https：//www. politico. com/f/？id = 0000017c-33cf-dddc-a77e-37df03770000.

② "信息材料（informational materials）"是在 1995 年由"政治宣传材料（"political propaganda"）修改而来。1995 年以前外国代理人法对政治宣传材料有相关定义。相关定义突出了宣传材料的"政治性"，即具有政治目的或与政治目的有关。［详见 1942 年修改后的《1938 年外国代理人注册法》第 1（j）条关于政治宣传材料的定义，Pub. L. 77-532，56 Stat. 250 and 251（1942）］但 1995 年修改后的外国代理人法，却对信息材料不再有定义。而信息材料的字面含义是含有信息的任何材料。如此宽泛的含义使得实践中很难把握到底哪些信息材料需要标示。美国律师协会（American Bar Association）建议司法部应当在实施细则中对此予以明确。详见 The Task Force on the Foreign Agents Registration Act of International Law Section of American Bar Association，"Report On FARA：Issues and Recommendations for Reform"，pp. 45-48，https：//www. politico. com/f/？id = 0000017c-33cf-dddc-a77e-37df03770000.

③ 《美国法典》第 22 编第 614（b）条。

④ 详见司法部关于外国代理人法的常见问题解答：https：//www. justice. gov/nsd-fara/frequently-asked-questions#46.

⑤ 详见新华社北美总社的 Facebook 主页的左侧标示：https：//www. facebook. com/XHNorthAmerica/. 类似标示也可见于新华社北美总社的 Twitter 主页：https：//twitter. com/xhnorthamerica.

广播形式，前述声明应当以其他方式能够合理地确保被受众知悉。[①] 并且，前述声明应当与信息材料使用同一种语言。[②] 即信息材料为英文，则前述声明亦应当为英文；如果信息材料为西班牙文，则前述声明亦应当为西班牙文。

其次，外国代理人如果为了外国势力的利益而向任何政府机构或官员（包括国会任何一院的议员或委员会）传递、传播或提交任何政治宣传材料，或为了外国势力的利益就涉及政治或公共利益、涉及外国或政党的政策或关系，或涉及美国的内外政策的事项向任何政府机构或官员请求获得相关信息或建议，则外国代理人应当明示其为根据外国代理人法注册的外国势力的代理人，否则构成违法。[③]

最后，外国代理人向国会的任何委员会作证时，在作证时应同时提交最近一次向司法部申请注册登记外国代理人身份及从事活动时提交的文件以供委员会将该等文件作为该外国代理人的证词的一部分存档。[④]

四、向社会公开外国代理人名单及其他相关信息的制度

美国规定，就外国代理人提交的注册登记材料及后续更新补充提交的材料，司法部应当置备一份供社会公众查阅。[⑤] 实践中，司法部门在其办公场所设置了社会公众查阅窗口，开放时间是工作日上午 11 点至下午 3 点。2007 年外国代理人法修改时，就外国代理人提交的注册登记材料及后续更新补充提交的材料，增加规定司法部应当建设维护一个分类的、可检索的、可下载的数据库供社会公众免费通过互联网查阅。[⑥] 外国代理人法还规定，外国代理人向司法部提交的在美国境内传播的信息材料，亦应当

---

① 美国《联邦规章典》第 28 编第 5 部分第 5.402（a）（b）（c）（d）（e）条。有律师对各种具体情形的标示作了分析，认为如果是社交媒体上的信息，则应当在信息开始处先写声明再写内容；如果是网站，则应当在网站单首页或 "关于本网站" 的介绍部分，详见：FH + H Law Service, "Five Things You Should Know About ... The Foreign Agents Registration Act（" FARA"）Filing and Labeling Requirements", *FH + H Law Service*, https：//fhhfirm. com/downrange/foreign-agents-registration-act-filing.

② 美国《联邦规章典》第 28 编第 5 部分第 5.402（b）条。

③ 《美国法典》第 22 编第 614（e）条。

④ 《美国法典》第 22 编第 614（f）条。

⑤ 《美国法典》第 22 编第 614（a）条。

⑥ 《美国法典》第 22 编第 614（d）条，该数据库见：https：//efile. fara. gov/ords/fara/f? p = 1381：1：12600330741759：：：：：.

提供给社会公众查阅。① 美国司法部的外国代理人及其活动数据库中在相关外国代理人名下有相关数据可供查阅。②

美国在向社会公开外国代理人相关信息时，采取了完整公开的策略。即外国代理人注册登记什么信息，司法部就完整地向社会公开什么信息。除了可以在代理关系终止后停止向社会公众提供登记材料的查阅外，③ 司法部并没有权力向社会公众屏蔽任何外国代理人的全部或部分信息。实践中，从司法部维护的数据库中，可以查询到外国代理人提交的完整信息材料。有人认为，这种公开完整信息材料的做法与个人信息保护的要求不符。从利益平衡的角度来看，至少涉及个人的住址信息不应当向社会公开。④

五、法律责任

美国规定的法律责任分为三个层次：一是监管机构可以命令违法者纠正违法行为；二是监管机构可以向法院申请禁令要求违法者纠正违法行为，实践中将该等法律责任通常称为监管机构的民事救济（civil remedy）；三是监管机构可以依法追究刑事责任。

就监管机构责令改正违法行为而言，司法部如果认为外国代理人提交的注册登记材料与外国代理人法不符，可以书面形式要求该外国代理人补充或修改已经提交的注册登记材料。外国代理人应当在收到司法部的书面要求后 10 日内提交修改后注册登记材料。⑤

就监管机构的民事救济而言，司法部如果认为，任何个人或组织的行为已经或可能违反外国代理人法中的任何规定，认为外国代理人未遵守外国代理人法的相关规定，则可以向有管辖权的联邦地区法院申请临时、永久禁令或限制令或其他合适的命令以禁止相关个人或组织的行为，禁止相

---

① 《美国法典》第 22 编第 614（c）条。

② 例如，Akin，Gump，Strauss，Hauer & Feld，LLP 作为外国代理人进行了注册登记。在该主体名下最后一栏标注为"information materials"的相关材料，即其在美国境内传播的需要标注外国代理人信息的材料。详见：https://efile.fara.gov/ords/fara/f? p＝1381：200：764701809854：：：RP，200：P200_REG_NUMBER：3492.

③ 《美国法典》第 22 编第 614（a）条。

④ The Task Force on the Foreign Agents Registration Act of International Law Section of American Bar Association，"Report On FARA：Issues and Recommendations for Reform"，pp. 49-51，https://www. politico. com/f/? id＝0000017c-33cf-dddc-a77e-37df03770000.

⑤ 《美国法典》第 22 编第 618（g）条。

关外国代理人代理外国势力，或要求相关个人或组织或外国代理人遵守外国代理人法的相关规定。①

　　外国代理人法还规定了相关刑事责任，任何个人或组织如果故意违反外国代理人法中的任何规定；或者向司法部提交的注册登记材料及其他材料故意存在错误或可能导致误解的遗漏，均构成犯罪。对于违反从事活动时披露代理关系的要求，违反司法部关于更正提交的注册登记材料的要求，外国代理人与外国势力达成风险代理安排的，最高可以 5000 美元罚款或 6 个月监禁，可并处；对其他情形，最高可处 10000 美元罚款或 5 年监禁，可并处。② 基于外国代理人法的特殊性，法律中明确规定，在涉及外国代理人法的刑事案件中，检方可以但无需证明外国势力的身份。③

　　此外，外国代理人法还规定，外国人如果被定罪的，则可以根据移民和国籍法附加驱逐出境。④

---

① 《美国法典》第 22 编第 618（f）条。
② 《美国法典》第 22 编第 618（a）条。
③ 《美国法典》第 22 编第 618（b）条。
④ 《美国法典》第 22 编第 618（c）条。

第四章 澳大利亚的外国代理人法

澳大利亚外国代理人法主要由《2018 年外国影响透明机制法》构成，辅以司法部依据该法制定的实施条例，即《2018 年外国影响透明机制法实施条例》（*Foreign Influence Transparency Scheme Rules* 2018）和《2018 年外国影响透明机制法实施条例（传播活动披露）》［*Foreign Influence Transparency Scheme*（*Disclosure in Communications Activity*）*Rules* 2018］。本章将介绍澳大利亚外国代理人法的基本情况。

第一节 主要特色与制度创新

澳大利亚外国代理人法深受美国影响，亦是较为纯粹的信息披露法。但澳大利亚外国代理人法在美国外国代理人法基础上有较为明显的升级，因而具有自己的特色。其较具特色的制度主要体现在三个方面：

第一，更为明确地赋予了监管机构调查搜集与外国代理人相关信息的权力。美国外国代理人法主要依赖外国代理人的主动申报登记，司法部只有通过刑事程序才能开展调查搜集信息的活动。但澳大利亚外国代理人法却广泛地赋予了监管机构向外国代理人及其他相关主体调查搜集信息的权力。

第二，引入了前政府官员外国代理人制度。美国外国代理人法只有一种类型的外国代理人，即任何个人或组织都可以构成的外国代理人，并未对受外国势力影响的高危人群规定特别制度。但澳大利亚却针对前内阁部长和其他前政府高官等高危人群规定了特殊的外国代理人制度。[①] 前内阁部长只要代理外国势力从事活动，不论是否具有影响政治决策的目的，均

[①] 关于前内阁部长和前政府高官的确切含义，参见澳大利亚《2018 年外国影响透明机制法》第 10 条，后文本章第二节第一部分作了介绍。

构成外国代理人；而前政府高官如何利用自己在任时获取的知识、技能或人脉代理外国势力从事活动，亦不论是否具有影响政治决策的目的，亦构成外国代理人。

第三，选择性公开外国代理人相关信息的制度。在美国外国代理人法中，监管机构获取的外国代理人相关信息完整地向社会公开；但在澳大利亚外国代理人法中，基于国家安全的考虑以及商业敏感信息的保护等原因，澳大利亚只向社会公开外国代理人提交的部分信息，并且司法部有权根据国家安全的需要和保护商业敏感信息的需要将部分信息对社会公众屏蔽。

第二节　外国代理人的含义与范围

一、澳大利亚的一般规定与两类特殊外国代理人

澳大利亚规定了一般类型的外国代理人和两类特殊类型的外国代理人。就一般类型的外国代理人（后文称"普通外国代理人"）而言，以代理外国势力所从事的活动为政治活动作为构成要件。能够成为此类外国代理人的主体，包括任何个人或组织，即"（a）个人；（b）公司；（c）公共机构（body politic）①；（d）合伙；（e）个人联合（不论注册与否）；（f）机构（不论注册与否）；（g）任何形式的形成一个整体的个人结合；（h）本法实施办法规定的任何实体。以上个人或组织，不考虑它们是否在澳大利亚居住，亦不考虑是否在澳大利亚注册成立，也不考虑是否在澳大利亚经营业务，还不考虑是否根据澳大利亚法律或其他国家的法律或未根据任何法律注册"②。

而两类特殊的外国代理人，分别是前内阁部长外国代理人和前政府高官外国代理人。顾名思义，此两类外国代理人，分别只有前内阁部长（former Cabinet Minister）和前政府高官（recent designated position holders）才能构成。所谓前内阁部长，是指担任过澳大利亚内阁部长而又不是现任

---

① "Body politic"在澳大利亚法中，有时仅指国家这一类主权实体，但有时也指公共机构。
② 澳大利亚《2018年外国影响透明机制法》第10条。

政治官员的人。① 前政府高官，是指以判断相关个人是否构成前政府高官的时点往前推算 15 年，该 15 年内担任过以下职务之一，且当下未担任以下任何职务之一或担任内阁部长，同时不属于前内阁部长的个人：（1）部长；（2）议员；（3）依据《1984 年议员（工作人员）法》第 13 条或第 20 条担任高级顾问或以上职位的部长工作人员；（4）政府机构正职或副职负责人（依据《1999 年公共机构法》确定）；（5）依据联邦法律创设的机构的正职或副职负责人，且与第 4 项官员平级；（6）在国外设立的使领馆的大使或高级专员。②

　　前内阁部长外国代理人和前政府高官外国代理人的特殊性在于，他们不以代理人代理外国势力从事的活动具有政治因素作为是否构成外国代理人的前提条件。前内阁部长到国外大学演讲，接受外国媒体采访，不论是否涉及政治，均构成前内阁部长外国代理人。③ 澳大利亚如此规定的逻辑在于：代理人曾经在澳大利亚政府中担任的职位比较高，天然具有政治属性。因此，法律假定外国势力委托他们的目的是对澳大利亚的政治决策施加影响。为此，外国代理人法需要将他们接受外国势力委托的情形纳入调整。④ 在具体规定上，外国代理人法规定，前内阁部长代理外国势力从事任何活动时，均构成外国代理人。⑤ 而前政府高官只有利用其在职期间获得的经验、知识、技艺和人脉等为外国势力从事任何活动，才构成外国代理人。⑥ 在具体适用时，如果前内阁部长或前政府高官代理外国势力从事活动构成普通外国代理人，则优先适用普通外国代理人制度；只有当不符合普通外国代理人的构成要件（如不属于政治活动）时，才分别适用前内

---

① 澳大利亚《2018 年外国影响透明机制法》第 10 条。

② 澳大利亚《2018 年外国影响透明机制法》第 10 条，并结合第 23 条。

③ 前总理杜克文因为接受 BBC、其他国家的媒体（包括中国传媒集团）采访，以及受国外大学（如加州大学等）邀请发表演讲，在向司法部咨询后，司法部均认为应当登记为外国代理人（前内阁部长外国代理人）。陆克文虽然遵守司法部的要求做了登记，但在每项登记中都备注了长达近六百字的抗议。详见：https：//transparency. ag. gov. au/ForeignPrincipals/Details/b512496a-b15b-eb11-8147-0050569d2348.

④ See paras 414 and 424 of the Revised Explanatory Memorandum of Foreign Influence Transparency Scheme Bill 2017，pp. 75 and 78，available at https：//parlinfo. aph. gov. au/parlInfo/download/legislation/ems/r6018_ ems_ deec7318-8967-469e-8a97-3786453cbd90/upload_ pdf/677086rem. pdf；fileType = application％2Fpdf.

⑤ 澳大利亚《2018 年外国影响透明机制法》第 22 条。

⑥ 澳大利亚《2018 年外国影响透明机制法》第 23 条。

阁部长外国代理人制度和前政府高官外国代理人制度。[①] 澳大利亚针对前内阁部长和前政府高官规定特殊的外国代理人制度，对新加坡外国代理人法中的"具政治影响力者"概念产生了直接影响。

二、外国势力的范围

澳大利亚规定的外国势力范围相对较窄，只有与"政治"相关的外国势力才构成外国代理人法意义上的外国势力，纯粹的外国私营企业和与政府无关的非营利组织不构成外国势力。法条上，澳大利亚的外国代理人法将外国势力具体区分为四类：（1）外国政府；（2）外国政府相关组织，即受外国政府控制或影响的企业组织和非企业组织，如外国政府持股超过15%，或投票权超过15%，或可任免超过20%的董事，或董事受外国政府控制，或完全受外国政府控制的公司等；（3）外国政治组织，包括外国政党及外国以追求政治目标为首要目的的组织；（4）外国政府相关个人，即非澳大利亚公民或永久居民而受外国政府、外国政府相关组织和外国政治组织控制和影响的个人。[②] 在澳大利亚外国代理人法中，国际组织一般不构成外国势力。不过，也有一些特殊的组织，如欧盟及其下属机构，亦属于外国代理法调整范围内的外国势力。[③]

三、代理关系的认定

澳大利亚的外国代理人法，在认定代理关系时总体上与美国相似，但存在的主要区别在于，澳大利亚只有代理人和外国势力均知悉存在代理安排才可以认定存在代理关系，美国没有这一要求。[④] 具体法条措辞上，澳大利亚规定"满足以下所有条件时，可以认定某人是代理外国势力从事活

---

① 澳大利亚《2018 年外国影响透明机制法》第 22（c）和 23（c）条。

② 澳大利亚《2018 年外国影响透明机制法》第 10 条。

③ 2021 年，澳大利亚前总理 Kevin Rudd 因其代理欧洲议会而向司法部作了申请注册登记，详见 https：//transparency.ag.gov.au/Activities/Details/92e8a96c-c977-eb11-8148-0050569d2348。从澳大利亚司法部关于外国代理人法实施报告（2020—2021 年）中也可以看出，其认可类似欧盟的组织属于其外国代理人法所调整的外国势力。该报告文本见：https：//www.ag.gov.au/integrity/publications/2020-2021-annual-report-operation-foreign-influence-transparency-scheme.

④ Chris Draffen and Yee-Fui Ng，"Foreign Agent Registration Schemes In Australia And The United States：The Scope，Risks And Limitations Of Transparency"，（2020）43 *UNSW Law Journal* 1101，p. 1117.

动：（1）该人从事活动属于以下任何情形之一，一是根据与外国势力的安排从事活动；二是为外国势力提供服务；三是根据外国势力的命令或请求行事；四是根据外国势力的指示行事；（2）在符合（1）中任何情形之一的前提下，该人与外国势力都知悉或预期该人将从事有关活动，并且该活动属于应予登记注册的政治活动"①。澳大利亚代理关系的成立亦不以代理人是否得到报酬为条件；澳大利亚同时规定，外国企业在澳大利亚设立的子公司或分支机构，不因这种关联关系存在而认定为代理关系。②

四、政治活动要素

就普通外国代理人而言，③ 澳大利亚外国代理人法规定的政治活动主要有五类：

第一，代表外国政府开展议会游说活动（parliamentary lobbying）。④ 澳大利亚认为，代表外国政府对议员及其工作人员施加影响，天然地具有政治属性，可能对澳大利亚的公共政策产生重大影响，因此无需另外规定政治目的而直接纳入外国代理人法调整。⑤ 而所谓议会游说活动，是指游说议会议员及《1984 年议员（工作人员）法》第 13 条和第 20 条⑥规定的工作人员的活动。而所谓游说，是指代表某人的利益以影响任何进程、决策和结果为目的与一个人或一组人进行沟通。⑦ 假设某国政府请求一位澳大

---

① 澳大利亚《2018 年外国影响透明机制法》第 11 条第 1 款。

② 澳大利亚《2018 年外国影响透明机制法》第 11 条第 2、3 款。

③ 如前述，前内阁部长代理外国势力从事任何活动均构成外国代理人，前政府高官代理外国势力从事利用其在职期间获得的知识、技能、人脉等的活动构成外国代理人。自 2018 年年底外国代理人法实施至 2021 年 6 月 30 日，此两类外国代理人代理外国势力从事的活动占所有登记注册的外国代理人从事活动的比例为 20.2%（112 件/553 件）。参见司法部向议会提交的年度报告（2018—2019，2019—2020，2020—2021），年度报告可见：https://www.ag.gov.au/integrity/reports-operation-foreign-influence-transparency-scheme.

④ 澳大利亚《2018 年外国影响透明机制法》第 20 条。

⑤ See paras 372 of the Revised Explanatory Memorandum of Foreign Influence Transparency Scheme Bill 2017, p. 66, available at https://parlinfo.aph.gov.au/parlInfo/download/legislation/ems/r 6018_ems _ deec7318-8967-469e-8a97-3786453cbd90/upload _ pdf/677086rem.pdf; fileType = application%2Fpdf.

⑥ 澳大利亚《1984 年议员（工作人员）法》第 13 条和第 20 条规定的工作人员是指参众两院的议员依法聘任的工作人员。

⑦ 澳大利亚《2018 年外国影响透明机制法》第 10 条。

利亚公民给农业部部长①写信抗议澳大利亚对该国生产的农药所作的分类，该澳大利亚公民在这一安排下的活动构成代表外国政府开展议会游说活动，该位澳大利亚公民将属于外国代理人法调整的外国代理人，其应当向司法部登记报告。②

第二，以影响政治决策为目的（for the purpose of political or governmental influence）代表外国政府以外的外国势力开展议会游说活动。③ 澳大利亚认为，除了代表外国政府游说议员及其工作人员外，代表其他外国势力游说议员及其工作人员并不天然地具有政治属性。例如，代表外国国企（在澳大利亚外国代理人法中属于四种外国势力之一的外国政府相关组织）纯粹地向议员陈述一个观点左右其与政治决策无关的想法，并不具有政治属性。因此，当代表外国政府以外的外国势力游说议员及其工作人员时，法律限定只有那些以影响政治决策为目的的议会游说活动才属于政治活动。④ 议会游说活动的含义与第一类活动中的议会游说活动相同。而以影响政治决策为目的，具体是指从事活动的唯一、首要或主要目的是影响以下政治运行之一：（1）影响联邦选举或本法规定的选举投票；（2）影响联邦政府的决策，包括涉及行政、立法或司法事务的、终局或不终局的、正式或不正式的行政会议的决定、内阁或内阁成员的决定、大臣的决定、任何联邦政府机构及其下属机构的决定、联邦政府控制的公司的决定、⑤与以上任何机构作出决定有关的工作人员在其履行职责过程中作出的决定；（3）影响议会运作；（4）影响已注册政党的组织章程、成员、政策倾向、竞选等方面的运行；（5）影响不属于任何已注册政党的议员或未被已注册政党支持而参与联邦选举的候选人的运行平台、政策观点、与其身份有关

---

① 在澳大利亚政治体制下，农业部部长通常是议员。

② See paras 375 of the Revised Explanatory Memorandum of Foreign Influence Transparency Scheme Bill 2017, p. 67, available at https://parlinfo.aph.gov.au/parlInfo/download/legislation/ems/r6018_ems_deec7318-8967-469e-8a97-3786453cbd90/upload_pdf/677086rem.pdf; fileType = application%2Fpdf.

③ 澳大利亚《2018年外国影响透明机制法》第21条。

④ See paras 385 of the Revised Explanatory Memorandum of Foreign Influence Transparency Scheme Bill 2017, p. 71, available at https://parlinfo.aph.gov.au/parlInfo/download/legislation/ems/r6018_ems_deec7318-8967-469e-8a97-3786453cbd90/upload_pdf/677086rem.pdf; fileType = application%2Fpdf.

⑤ 联邦政府控制的公司的含义和范围，见《2013年公共治理、绩效与责任法》第89条。

的行政或财政事务、与外国势力之间的关系、竞选行为、在联邦大选中的取向等；（6）就前述目的之一影响社会公众或部分社会群体。[①] 第一类和第二类均属于议会游说活动，只是委托人的性质存在不同，外国代理人法做了分别规定。自外国代理人于 2018 年 12 月实施至 2024 年 5 月 22 日，外国代理人登记报告的政治活动中，大约有 24.9%（143 件/575 件）属于议会游说活动。[②]

第三，以影响政治决策为目的代表任何外国势力开展一般性政治游说活动（general political lobbying）。[③] 以影响政治决策为目的的含义与第二类政治活动相同。一般性政治游说活动，是指除议会游说活动外而游说以下机构或官员的活动：（1）联邦公共机构官员；（2）联邦政府部门或监管机构；（3）登记的政党；（4）联邦选举中的候选人。[④] 游说的含义与议会游说活动中的游说一致。假如外国政府相关个人委托一位澳大利亚公民向司法部写信要求增加某国为与澳大利亚有互相收养安排的国家，那么该澳大利亚公民在该安排下从事的活动构成以影响政治决策为目的代表外国势力开展一般性政治游说活动，该澳大利亚公民需要作为外国代理人向司法部申请注册登记并受外国代理人法的其他规定调整。[⑤] 自外国代理人于 2018 年 12 月实施至 2024 年 5 月 22 日，外国代理人登记报告的政治活动中，大约有 25.9%（149 件/575 件）属于一般性政治游说活动。[⑥]

第四，以影响政治决策为目的代表任何外国势力开展传播活动（communications activity）。[⑦] 以影响政治决策为目的的含义与第二类政治活动相同。而所谓传播活动，是指向社会公众或部分社会群体传播（communi-

---

[①] 澳大利亚《2018 年外国影响透明机制法》第 12 条。

[②] 根据司法部向社会开放的外国代理人数据库统计：https：//transparency. ag. gov. au/Activities.

[③] 澳大利亚《2018 年外国影响透明机制法》第 21 条。

[④] 澳大利亚《2018 年外国影响透明机制法》第 10 条。

[⑤] See paras 394 of the Revised Explanatory Memorandum of Foreign Influence Transparency Scheme Bill 2017, p. 69, available at https：//parlinfo. aph. gov. au/parlInfo/download/legislation/ems/r 6018_ems _ deec7318-8967-469e-8a97-3786453cbd90/upload _ pdf/677086rem. pdf; fileType = application%2Fpdf.

[⑥] 根据司法部向社会开放的外国代理人数据库统计：https：//transparency. ag. gov. au/Activities.

[⑦] 澳大利亚《2018 年外国影响透明机制法》第 21 条。

cate）或散发（distribute）信息或材料的活动。① 传播活动的具体形式包括但不限于：（1）传播或散发纸质材料；（2）通过网站或网页传播或散发信息材料；（3）通过网络或博客传播或散发文章；（4）通过手机发送信息或通话；（5）通过电子邮件、即时通讯系统等发送电子信息；（6）通过社交媒体传播或散发信息材料；（7）搜索引擎广告形式；（8）流媒体音乐形式；（9）网页横幅广告形式；（10）通过手机 App 或电脑程序传播或散发信息材料；（11）视频分享；（12）户外广告形式；（13）投屏播放信息材料；（14）通过电台播放；（15）通过电视播放；（16）面对面的交流；（17）其他形式。② 假如某位知名澳大利亚公民受某外国政府邀请，就一项议会即将投票表决的拟收紧外国投资的法案在澳大利亚报纸上发表文章，文章中呼吁议员投票反对该法案，那么该澳大利亚公民在该安排下从事的活动构成以影响政治决策为目的代表外国势力开展传播活动，该澳大利亚公民需要作为外国代理人向司法部申请注册登记并受外国代理人法的其他规定调整。③ 自外国代理人于 2018 年 12 月实施至 2024 年 5 月 22 日，外国代理人登记报告的政治活动中，大约有 20%（115 件/575 件）属于传播活动。④

　　需要注意的是，澳大利亚外国代理人法对以信息传播为日常业务的主体（主要是指媒体机构、出版机构及类似的主体）从事的传播活动，在满足下列条件时，将不视为传播活动而不受外国代理人法调整：（1）传播活动是在其日常经营过程中作出。（2）其传播的信息或材料完全不是由其制作，或者其仅在为了符合法律规定、为了与版面适应等目的而对传播的信息材料作了非实质性修改。（3）其在传播信息材料时，信息材料的实际制作者的身份信息以显而易见的方式披露或者根据司法部规定的实质细则予以披露。⑤ 不视为传播活动的情形如：电视台在播出其他媒体机构制作的

---

① 澳大利亚《2018 年外国影响透明机制法》第 13 条。

② 澳大利亚《2018 年外国影响透明机制法实施条例（传播活动披露）》第 6 条。

③ See paras 402 of the Revised Explanatory Memorandum of Foreign Influence Transparency Scheme Bill 2017, pp.72-73, available at https://parlinfo.aph.gov.au/parlInfo/download/legislation/ems/r6018_ems_deec7318-8967-469e-8a97-3786453cbd90/upload_pdf/677086rem.pdf; fileType = application%2Fpdf.

④ 根据司法部向社会开放的外国代理人数据库统计：https://transparency.ag.gov.au/Activities.

⑤ 澳大利亚《2018 年外国影响透明机制法》第 13（3）条。

节目时，在节目中标示了制作方的 Logo；电视台或电台在播放另一个媒体机构制作的新闻内容时，口头明示相关内容由另一个媒体机构制作；报纸在刊登某个公司制作的广告时，在广告上标示该公司 Logo；电视台在采访外国政府官员时，在节目中明示采访对象为外国政府官员。① 另外，纯粹的通信服务商提供通信服务，不视为传播活动。②

第五，以影响政治决策为目的代表任何外国势力开展捐赠活动（disbursement activity）。③ 以影响政治决策为目的的含义与前述第二类活动相同。而所谓捐赠活动，是指捐赠金钱或有价物，并且捐赠者和受赠者均不需要按照《1918 年联邦选举法》第 20 章的第 4、第 5 和第 5A 部分予以披露。④ 如果需要按照《1918 年联邦选举法》披露，则代理关系及其他信息已经能够满足监管需要，无需重复调整，因此外国代理人法只调整不需要披露的捐赠活动。假设澳大利亚在未来一年内很可能举行大选，而某一外国政党希望澳大利亚特定政党胜选。因此，该外国政党与某一澳大利亚公民达成安排，则该公司代表该外国政党对特定对象开展捐赠。其中一笔捐赠给某大学学生会，以资助他们在大学校园内开展支持该外国政党希望胜选的澳大利亚政党的活动。该资助行为不需要按照《1918 年联邦选举法》披露。此种情形下，澳大利亚公民代表外国政党给大学学生会的捐赠，即构成以影响政治决策为目的代表外国势力开展捐赠活动。该澳大利亚公民属于外国代理人法调整的外国代理人。⑤ 自外国代理人于 2018 年 12 月实施至 2024 年 5 月 22 日，外国代理人登记报告的政治活动中，大约有 3.7%（21 件/575 件）属于捐赠活动，总体数量较少、所占比例较小。⑥

---

① See paras 261 and 262 of the Revised Explanatory Memorandum of Foreign Influence Transparency Scheme Bill 2017, pp. 49-50, available at https：//parlinfo. aph. gov. au/parlInfo/download/legislation/ems/r6018_ems_deec7318-8967-469e-8a97-3786453cbd90/upload_pdf/677086rem. pdf；fileType = application％2Fpdf.

② 澳大利亚《2018 年外国影响透明机制法》第 13（4）条。

③ 澳大利亚《2018 年外国影响透明机制法》第 21 条。

④ 澳大利亚《2018 年外国影响透明机制法》第 10 条。

⑤ See para 408 of the Revised Explanatory Memorandum of Foreign Influence Transparency Scheme Bill 2017, pp. 74, available at https：//parlinfo. aph. gov. au/parlInfo/download/legislation/ems/r6018_ems _ deec7318-8967-469e-8a97-3786453cbd90/upload _ pdf/677086rem. pdf；fileType = application％2Fpdf.

⑥ 根据司法部向社会开放的外国代理人数据库统计：https：//transparency. ag. gov. au/Activities.

五、豁免情形

澳大利亚规定的豁免情形更具体一些，规定了十三种豁免。

1. 人道主义豁免。如果代理人代表外国势力从事的活动，是或主要是为了提供人道主义救济或救助，则予以豁免。[1]

2. 司法行政活动豁免。如果代理人代表外国势力从事的活动，主要是或附随于提供法律咨询、或在刑事或民事司法程序中代表当事人，或在涉及外国势力的政府行政程序中代表外国势力，则予以豁免。[2]

3. 特殊身份豁免。如果代理人是联邦议员、州议员、首都领地议员或北方领地议员、根据联邦和州或领地法律而担任的职务的人员，则其代理外国势力从事活动予以豁免。[3]

4. 外交领事豁免，具体包括两类：（1）外国政府委派的依据《1972年领事特权和豁免法》《1967年外交特权和豁免法》《1995年海外使团特权和豁免法》享有特权和豁免的人员从事的能够依法享有特权和豁免权的代表外国政府游说议会或影响政府决策的活动；（2）《刑法典》第71.23（1）条规定的联合国或联合国相关人士[4]受外国政府委托而从事其联合国或联合国相关人身份职责范围的活动。[5]

5. 宗教豁免。代理人善意地以宗教为目的代理外国势力从事活动，豁免适用。[6]

6. 外国政府雇员豁免。外国政府的雇员以外国政府的名义从事的履行职责的行为；外国政府相关组织[7]的雇员，该雇员是以外国政府相关组织的董事、官员或雇员的身份从事的商业或经营行为，并且基于相关情形可以清楚地知道该雇员的身份和从事行为的性质，或者该雇员是以外国政府相关组织的名义从事商业或经营行为。需要注意的是，该豁免不适用于前

---

[1]　澳大利亚《2018年外国影响透明机制法》第24条。

[2]　澳大利亚《2018年外国影响透明机制法》第25条。

[3]　澳大利亚《2018年外国影响透明机制法》第25A条。

[4]　《刑法典》第71.23（1）条规定的联合国人士或联合相关人士是指，联合国秘书长派出的联合国行动队伍成员，联合国及其专业机构及国际原子能机构采取行动而派出的工作人员或专家等。详见澳大利亚《刑法典》第71.23（1）条。

[5]　澳大利亚《2018年外国影响透明机制法》第26条。

[6]　澳大利亚《2018年外国影响透明机制法》第27条。

[7]　外国政府相关组织的含义和范围，见本章第二节。

内阁部长或前政府高官代理外国政府或外国政府相关组织从事相关活动。①

7. 行业代表机构豁免。如果代理人是在澳大利亚注册的代表某一经营性行业利益的组织，且该组织有澳大利亚机构会员，在该组织代表整个行业从事活动时，即使其亦代表了外国势力，予以豁免。②

8. 个人行政程序豁免。如果代理人为个人，因与所代理的外国势力为同一家庭或为熟人而在澳大利亚的行政程序代理外国势力的个人利益，则予以豁免。③

9. 慈善豁免。如果代理人为法定慈善机构且为法定慈善目的而从事的非捐赠活动，在代理关系和外国势力的身份自然为公众所知或向公众披露的情况下，予以豁免。④

10. 艺术豁免。如果代理人从事与艺术有关的、为艺术目的或附随于艺术的非捐赠活动，在代理关系和外国势力的身份自然为公众所知或向公众披露的情况下，予以豁免。代理人为机构时，代理人的设立目的应为艺术目的才可适用该项豁免。⑤

11. 特定组织豁免。如果代理人是根据《2009 年公平工作（注册组织）法》成立的员工或企业协会，而代理人从事的活动是为在澳大利亚的会员利益从事的非宣传或捐赠活动，且代理人与外国势力的代理关系和外国势力的身份自然为公众所知或向公众披露的情况下，予以豁免。⑥

12. 特定职业豁免。税务代理人、海关代理人或破产清算管理人在其日常业务中代理外国势力在政府行政程序中从事活动，且代理关系和外国势力的身份自然为活动所涉主体所知或向活动所涉主体披露的情况下，予以豁免。⑦

13. 实施条例规定的豁免。该法授权的实施条例，可以另行规定相关豁免。⑧

---

① 澳大利亚《2018 年外国影响透明机制法》第 29 条。
② 澳大利亚《2018 年外国影响透明机制法》第 29A 条。
③ 澳大利亚《2018 年外国影响透明机制法》第 29B 条。
④ 澳大利亚《2018 年外国影响透明机制法》第 29C 条。
⑤ 澳大利亚《2018 年外国影响透明机制法》第 29D 条。
⑥ 澳大利亚《2018 年外国影响透明机制法》第 29E 条。
⑦ 澳大利亚《2018 年外国影响透明机制法》第 29F 条。
⑧ 澳大利亚《2018 年外国影响透明机制法》第 30 条。

第三节　信息披露制度

正如前述，澳大利亚外国代理人法亦是较为纯粹的信息披露法。其规定的信息披露制度亦有多个方面，并配以严格的法律责任。

一、外国代理人向监管机构登记报告的制度

澳大利亚规定，外国代理人①与外国势力达成代理安排或代理外国势力从事政治活动②的，在达成代理安排或开始从事活动后 14 日内，应当向司法部申请注册登记。③ 外国代理人的注册登记义务，不因所从事的政治活动只是一次性而豁免，亦不因与外国势力达成代理安排后未实际从事政治活动而豁免。④ 已经注册登记的外国代理人，如果与其他外国势力又达成代理安排或代理其他外国势力从事政治活动的，将触发新的注册登记义务，应当就代理的新外国势力再次申请注册登记。⑤

为方便外国代理人申请注册登记，澳大利亚司法部开发了电子登记系统⑥，外国代理人在该系统登记注册并提交相关信息材料即可完成注册登记。登记注册时，外国代理人需要提交的信息包括：第一，身份信息，包括姓名、邮件地址、生日、职业、电话、国籍、住址等。组织亦需要提交类似信息。第二，外国势力的有关信息，包括外国势力的类型、所属国家、名称、注册信息、地址、联系方式等。第三，代理关系的相关信息，包括代理关系的基础，并特别说明是否存在书面代理安排，是否作为外国势力的雇员，是否根据外国势力的命令、指示或请求行事等；外国代理人

---

① 如第二节介绍，澳大利亚的外国代理人分为三类：一是普通外国代理人，即代理外国势力从事政治活动或达成该等安排的个人或组织；二是前内阁部长外国代理人，前内阁部长只要代理外国势力从事活动或达成代理安排，不论是否属于政治活动，均构成外国代理人；三是前政府高官外国代理人，前政府高官与外国势力达成代理安排或代理外国势力从事活动时，如果代理安排或从事的活动，涉及利用前政府高官在职期间获得的经验、知识、技巧和人脉等，则该前政府高官构成外国代理人。澳大利亚外国代理人法规定的登记报告制度，无差别地适用于此三类外国代理人。

② 关于外国势力的范围、代理关系的认定、政治活动的形式和范围，详见本章第二节的介绍。

③ 澳大利亚《2018 年外国影响透明机制法》第 16 条，以及第 20—23 条。

④ 澳大利亚《2018 年外国影响透明机制法》第 18（3）条。

⑤ 澳大利亚《2018 年外国影响透明机制法》第 16（1）（b）条。

⑥ 该登记注册系统网址为：https：//transparency.ag.gov.au/myregistration/preregister。

与外国势力之间的任何书面往来及正式合同等的复印件；与报酬相关的信息，包括外国势力就代理关系提供的所有形式的报酬，报酬给付的条件及其他相关信息，发票、收据及其他载明报酬相关信息的材料等。第四，从事或拟从事政治活动的有关信息，包括政治活动的类型；与政治活动有关的时间信息，如政治活动开始或代理安排生效的时间、实施政治活动的具体日期、政治活动的频次、政治活动或代理安排结束的时间等；政治活动的目的的具体信息。第五，针对不同类型政治活动规定了需要提交不同的信息。就游说活动，提供的相关信息包括游说的方式（会议、函件或其他），游说会面的时间、地点和次数，邮件往来情况，游说对象，往来邮件复印件及会面纪要复印件等；就资助活动，提供的相关信息包括每次资助的价值，资助对象，发票、收据或其他载明资助活动信息的材料等；就传播活动，提供的相关信息包括传播活动的形式（广播、文章、演讲、文字信息等），传播活动的对象，传播材料的复印件，电子网络传播的截屏，以声音形式传播的文字底稿，网络传播的网站链接；就前内阁部长或前政府高官从事的代理活动，提供的相关信息包括，活动的相关细节，与外国势力之间的任何通信往来及其他文件的复印件，就所从事活动与自身特殊身份之间存在何种关联的说明（如是否利用其与之前同事相熟进行牵线，是否利用自己之前作为官员获得的技艺）。[1]

与美国一致，在澳大利亚，外国代理人的登记报告义务亦是一项持续性义务。其持续报告的义务及与之关联的义务包括：第一，已经登记的外国代理人若发现已经登记报告的信息或材料不论因任何原因已经或将不再准确或可能存在误导性或存在疏漏，[2] 那么外国代理人应当在意识到该等问题14天内以书面形式按照司法部要求的形式通知司法部。[3] 第二，已经登记的外国代理人在代理外国势力从事捐赠活动时捐赠的金额累计已达

---

[1] 以上第一和第二根据笔者登录澳大利亚注册登记系统整理，第三至第五根据澳大利亚司法部提供的相关信息指南（Factsheet 15 Information and Document Requirements）整理。该信息指南获取网址为：https://www.ag.gov.au/sites/default/files/2020-03/information-and-document-require-ments.pdf. 具体法条依据为澳大利亚《2018年外国影响透明机制法》第42条。

[2] 为免疑义，澳大利亚外国代理人法刻意举例说明了什么情形下可能出现信息或材料不准确、不完整。其列举的情形包括，外国代理人将为已经登记报告的外国势力从事新的活动，外国代理人与外国势力之间的代理安排增加了活动内容，外国代理人被豁免登记报告的活动不再符合豁免情形，外国代理人从外国势力处取得的报酬发生变化等。

[3] 澳大利亚《2018年外国影响透明机制法》第34条。

13500 澳大利亚元以上或随后每次达到 13500 澳大利亚元的倍数以上时，那么外国代理人应当达到 13500 澳大利亚元或其倍数以上的 14 天内以书面形式按照司法部要求的形式通知司法部。[①] 第三，如遇到澳大利亚大选、全民公决及其他法定投票活动，在选举或投票组织单位发布公告之日起 14 天内，外国代理人应当自己审核已经登记的信息或材料是否有任何变化，并以书面形式按照司法部要求告知司法部已经登记的信息或材料无需更新或具体需要更新的内容，除非外国代理人是在选举或投票公告日前 14 日内申请新注册登记或更新注册登记的外国代理人。[②] 第四，已经登记的外国代理人如在大选、全民公决及其他法定投票活动期间开展与选举或投票有关的政治活动，则该外国代理人应当就该期间开展的活动以书面形式按照司法部要求告知司法部。[③] 第五，外国代理人注册登记满一年时，应当在接下来一个月内更新其注册登记的信息和材料。[④]

二、监管机构调查搜集及分享相关信息的权力

澳大利亚的外国代理人法，在很多方面都是美国外国代理人法的升级版，监管机构的调查搜集信息权亦是这样。

首先，司法部有权责令被合理怀疑为外国代理人的个人或组织提交相关信息材料。如果司法部合理地怀疑（reasonably suspect）某个个人或组织为外国代理人而应当依法登记报告却未登记报告，则司法部可以书面形式责令该个人或组织提供相关信息和材料以使司法部可以确定该个人或组织是否属于应当登记报告的外国代理人。相关个人或组织收到司法部的要求后，应当在 14 日内提供相关信息材料，除非其向司法部申请延长时限并获书面批准。[⑤] 外国代理人法并未对"合理地怀疑"作出精确定义，法律草案条文说明中提到，仅仅是匿名消息指向某一主体为外国代理人，并不足以触发司法部产生合理的怀疑。但如果相关主体到特定国家旅行、有关媒体报道相关主体正在游说澳大利亚政府、相关主体的立场与某一外国势

---

① 澳大利亚《2018 年外国影响透明机制法》第 35 条。
② 澳大利亚《2018 年外国影响透明机制法》第 36 条。
③ 澳大利亚《2018 年外国影响透明机制法》第 37 条。
④ 澳大利亚《2018 年外国影响透明机制法》第 39 条。
⑤ 新加坡《2021 年反外国干涉法》第 79 条。

力的立场高度一致，则司法部可以产生合理的怀疑。[①]

其次，司法部可以责令任何个人或组织提供与外国代理人法实施相关的信息材料，只要司法部合理地认为（reasonably believe）该个人或组织持有该等信息材料。相关个人或组织收到司法部的要求后，应当在 14 日内提供相关信息材料，除非其向司法部申请延长时限并获书面批准。[②] 司法部据此享有的调查搜集权十分宽泛。一方面，司法部责令提供信息材料的对象可以是任何个人或组织，而不论该主体是否已经登记为外国代理人，亦不论该主体是否被怀疑为外国代理人。例如，司法部可以责令银行提供外国代理人的交易流水。[③] 另一方面，司法部责令提供的信息材料范围非常宽泛，只要与外国代理人法的实施有关即可。正是在这个意义上，法律草案条文说明认为，实际该项权力可以涵盖前一项调查搜集权。[④]

最后，有关部门在启动刑事调查程序时，可以依照刑事诉讼程序调查搜集相关信息。需要特别注意的是，澳大利亚外国代理人法对刑事程序调查中收集的信息材料与行政调查程序中收集的信息材料予以严格区分。司法部行使前两项权力展开行政调查程序而获取的任何信息材料或间接地以此为基础获得的信息材料，除了在涉及提供虚假材料等类似犯罪的刑事诉讼程序中外，不得在刑事诉讼中作为证据使用。[⑤] 以此为基础，外国代理人法明确规定，个人或组织收到司法部提供信息材料的要求后，不得以相关信息材料将自证其罪作为抗辩而拒绝提供信息材料。[⑥]

---

① See paras 699 of the Revised Explanatory Memorandum of Foreign Influence Transparency Scheme Bill 2017, p. 124, available at https：//parlinfo. aph. gov. au/parlInfo/download/legislation/ems/r6018_ems _ deec7318-8967-469e-8a97-3786453cbd90/upload _ pdf/677086rem. pdf；fileType ＝ application%2Fpdf.

② 新加坡《2021 年反外国干涉法》第 79 条。

③ See paras 728 of the Revised Explanatory Memorandum of Foreign Influence Transparency Scheme Bill 2017, p. 128, available at https：//parlinfo. aph. gov. au/parlInfo/download/legislation/ems/r6018_ems _ deec7318-8967-469e-8a97-3786453cbd90/upload _ pdf/677086rem. pdf；filcType ＝ application%2Fpdf.

④ See paras 715 of the Revised Explanatory Memorandum of Foreign Influence Transparency Scheme Bill 2017, p. 127, available at https：//parlinfo. aph. gov. au/parlInfo/download/legislation/ems/r6018_ems _ deec7318-8967-469e-8a97-3786453cbd90/upload _ pdf/677086rem. pdf；fileType ＝ application%2Fpdf.

⑤ 新加坡《2021 年反外国干涉法》第 47（2）条。

⑥ 新加坡《2021 年反外国干涉法》第 47（1）条。

为了确保司法部的行政调查和刑事调查能够获取到完整的信息材料，[①]外国代理人法规定了外国代理人保存相关记录的义务。已经登记的外国代理人，应当将其与外国势力之间的代理安排、为外国势力从事的所有活动、自外国势力处取得的报酬、代理外国势力从事传播活动涉及的信息和材料以及向社会公众散发的材料等予以保存至其不再登记为外国代理人满3 年，除非相关材料自保存之日起已满 10 年。[②]

与美国类似，除了在刑事调查程序中由法院认定存在代理关系外，外国代理人法并未赋予监管机构直接认定代理关系的权力。司法部虽然可以合理地怀疑某个人或组织为外国代理人并要求其提供相关信息材料，但司法部没有直接认定某个人或组织为外国代理人的权力。[③] 不过，为防止相关主体无法判断委托人是否属于外国势力而未及时登记报告，澳大利亚外国代理人法授予司法部认定个人和组织为外国政府相关个人或外国政府相关组织[④]的权力。[⑤] 自 2018 年 12 月 10 日外国代理人法实施至今（2022 年2 月 23 日），司法部仅行使过一次该权力。2021 年 2 月 26 日司法部发布公告，拟认定悉尼大学孔子学院（The Confucius Institute at the University of Sydney）为外国政府相关组织。但在 2021 年 3 月 26 日，司法部发布公告取消了该项认定。[⑥]

就政府部门间的信息分享，澳大利亚外国代理人法亦作了规定。其规定，司法部在执行外国代理人法时获取的信息，包括外国代理人主动提交的信息材料和司法部调查搜集掌握的信息材料，可以根据法律规定与其他政府部门分享。[⑦] 具体而言，司法部可以为了执行外国代理人法而与其他

---

① See paras 646 of the Revised Explanatory Memorandum of Foreign Influence Transparency Scheme Bill 2017, p. 115, available at https：//parlinfo. aph. gov. au/parlInfo/download/legislation/ems/r6018_ems _ deec7318-8967-469e-8a97-3786453cbd90/upload _ pdf/677086rem. pdf；fileType = application%2Fpdf.

② 澳大利亚《2018 年外国影响透明机制法》第 40 条。

③ 但很容易想象到，司法部一旦以怀疑某主体为外国代理人而责令其提交相关信息材料，为避免构成犯罪行为，该主体大概率会主动登记注册为外国代理人。

④ 在澳大利亚外国代理人法下，外国政府相关个人和外国政府相关实体均属于外国势力。有关含义详见澳大利亚《2018 年外国影响透明机制法》第 10 条，亦可参见本章第二节。

⑤ 澳大利亚《2018 年外国影响透明机制法》第 14A—14H 条。

⑥ 见澳大利亚司法部网站，https：//www. ag. gov. au/integrity/foreign-influence-transparency-scheme/transparency-notices.

⑦ 澳大利亚《2018 年外国影响透明机制法》第 50—53 条。

部门分享信息。① 同时，为了执行《1988 年隐私法》（*Privacy Act* 1988），司法部可以与执行该法的政府部门分享信息；为了维护财政收入，司法部可以与维护财政收入有关的联邦和州的政府部门分享信息；为了维护《1979 年澳大利亚安全情报机构法》意义上的安全，司法部可以与有关的联邦和州的政府部门分享信息；司法部依法制定实施细则规定其他情形下的信息分享。② 与司法部依据《2018 年外国影响透明机制法》其他条文制定实施细则的程序不同，司法部规定与其他部门的信息分享机制时，有更为严格的程序，其需要与澳大利亚信息专员（Information Commissioner）协商，并且需要由议会情报与安全联合委员会予以审查。③ 截至目前，澳大利亚司法部尚未作出任何规定。此外，外国代理人法还规定，接受信息的政府部门，为了与信息分享一致的目的还可以继续与其他政府部门分享信息。④ 从实际运行来看，每年司法部都为了执行外国代理人法而与相关政府部门分享信息。司法部分享信息的部门主要有：联邦选举委员会、联邦警察署、联邦安全情报机构、澳大利亚信号局（Signals Directorate 是澳大利亚利用信息技术手段收集情报的机构）、联邦交易报告和分析中心、国防部、教育技能和劳动部、外交事务和商务部、财政部、内政部、工业科学能源和资源部、基础设施交通地方发展和联络部、首相和内阁部、财政部、国家情报署等十几家机构。⑤ 司法部向议会提交的报告中，说明截至2021 年 6 月 30 日，其未因为其他目的而与相关政府部门分享信息。⑥

三、从事活动披露代理关系的制度

澳大利亚只针对普通外国代理人从事传播活动⑦规定了披露代理关系

① 澳大利亚《2018 年外国影响透明机制法》第 52 条。
② 澳大利亚《2018 年外国影响透明机制法》第 53（1）条。
③ 澳大利亚《2018 年外国影响透明机制法》第 53（2）—（5）条。
④ 澳大利亚《2018 年外国影响透明机制法》第 54 条。
⑤ 见澳大利亚司法部向议会提交的年度报告，2018 年至今的三个年度报告可从以下地址获取：https://www.ag.gov.au/integrity/reports-operation-foreign-influence-transparency-scheme.
⑥ 见澳大利亚司法部向议会提交的年度报告，2018 年至今的三个年度报告可从以下地址获取：https://www.ag.gov.au/integrity/reports-operation-foreign-influence-transparency-scheme.
⑦ 关于传播活动的范围及相关豁免，见本章第二节的介绍。

的制度①，未针对普通外国代理人从事议会游说活动、一般性政治游说活动和捐赠活动规定披露代理关系的制度，亦未针对前内阁部长外国代理人和前政府高官外国代理人从事活动披露代理关系的制度。②

根据《2018年外国影响透明机制法》第38条的授权，司法部制定了《2018年外国影响透明机制（宣传行为披露）规则》。该规则对具体如何披露作了明确规定。普通外国代理人从事传播活动时，应当披露如下信息：（1）披露从事传播活动的主体（即外国代理人）的身份；（2）披露外国代理人所代理的外国势力的身份；（3）披露传播活动是代理外国势力而从事；（4）明示披露是根据《2018年外国影响透明机制法》作出。③ 具体措辞可以是"本材料是由【外国代理人的名称】代表【外国势力的名称】而传播。本披露是根据《2018年外国影响透明机制法》做出"。④ 同时，该规则还规定，披露时应当使用与所传播的信息材料相同的语言；如果所传播的信息材料未使用语言，则应当以英文形式披露。⑤ 除此以外，该规则还针对不同形式的传播活动规定了具体的披露形式和方式。例如，传播或分发纸质材料时，应当在每页的底部或结尾处予以标示；字号大小应当保证正常视力的人不需要借助辅助工具就可以看清。而通过社交媒体从事传播活动时，应当在所传播信息的结尾处；如果因为披露措辞过长无法在信息中插入（Twitter限字幅数为280，而披露的字幅数最少为131），则应当明示该信息带有《2018年外国影响透明机制法》披露并附上包含完整披露的网页链接；或者以将披露信息作为图片插入。⑥

---

① 澳大利亚《2018年外国影响透明机制法》第38条及澳大利亚《2018年外国影响透明机制（传播活动披露）规则》。

② 需要注意，前内阁部长和前政府高官在满足普通外国代理人的构成要件时，优先成为普通外国代理人［见澳大利亚《2018年外国影响透明机制法》第22（c）条和第23（c）条］。因此，如果前内阁部长或前政府高官以影响政治决策为目的代理外国势力从事传播活动，则他们也需要在活动中依法披露代理关系。

③ 《2018年外国影响透明机制法实施条例（传播活动披露）》第5（2）条。该规则第6条和第7条针对广播活动和合法政治材料的传播规定了特殊的披露形式和要求，但基本内容是一致的。

④ "This material is communicated by ［name of person］ on behalf of ［name of foreign principal］. This disclosure is made under the Foreign Influence Transparency Scheme Act 2018. "《2018年外国影响透明机制法实施条例（传播活动披露）》第5（2）条注释中的示例。澳大利亚立法具有特殊性，议会通过的法律或实施性立法中，除了法律条文外，还可能以其他字体形式标注注释。

⑤ 《2018年外国影响透明机制法实施条例（传播活动披露）》第8条。

⑥ 《2018年外国影响透明机制法实施条例（传播活动披露）》第5（1）条。

四、向社会公开外国代理人名单及其他相关信息的制度

澳大利亚外国代理人法规定，司法部应当在其网站上使外国代理人（含普通外国代理人、前内阁部长外国代理人和前政府高官外国代理人）的相关信息能够被社会公众获取。[①] 公开的相关信息具体包括：（1）外国代理人的名称及其所代理外国势力的名称；（2）对外国代理人代理外国势力所从事活动的描述；（3）司法部在实施细则中规定的相关信息。[②] 而司法部在实施细则中增加规定如下信息向社会公开：（1）外国代理人的商号（如适用）；（2）外国代理人的澳大利亚商业注册号（Australia Business Number）或外国的类似注册号（如中国的统一社会信用代码）（如适用）；（3）外国代理人的其他名称；（4）外国代理人的职业（个人适用）；（5）外国代理人的前内阁部长身份（前内阁部长适用）；（6）外国代理人的前政府高官身份（前政府高官适用）；（7）外国势力的商号（如适用）；（8）外国势力的澳大利亚商业注册号（Australia Business Number）或外国的类似注册号（如适用）；（9）外国势力的头衔及其他姓名（外国势力为个人时）；（10）外国势力所属国家的名称；（11）外国势力的类型；（12）从事活动的日期或期间；（13）代理关系的类型与基础。[③] 外国代理人法明确规定了司法部向社会公开相关信息的时限。对于外国代理人在选举及法定投票日期间额外更新提交的材料，司法部应当在48小时内向社会公开；对于其他情形，司法部则应当在4周之内向社会公开。[④]

澳大利亚没有采取美国完整公开的策略，而是采取了选择性公开的策略。澳大利亚认为，完整公开策略有时可能会产生损害效应，因此宜采取选择性公开的策略。[⑤] 为此，一方面，司法部维护的向社会公开的数据库，只有前述信息，而外国代理人向司法部申请注册登记时提交的信息材料，以及司法部主动收集的信息材料，远较已经公开的信息材料更多。另一方

---

① 有关网址见：https：//transparency. ag. gov. au/.

② 澳大利亚《2018年外国影响透明机制法》第43（1）条。

③ 澳大利亚《2018年外国影响透明机制规则》第6条。

④ 澳大利亚《2018年外国影响透明机制法》第43（1A）条和第43（1B）条。

⑤ See para 682 of the Revised Explanatory Memorandum of Foreign Influence Transparency Scheme Bill 2017, p. 122, available at https：//parlinfo. aph. gov. au/parlInfo/download/legislation/ems/r6018_ ems _ deec7318-8967-469e-8a97-3786453cbd90/upload _ pdf/677086rem. pdf; fileType = application% 2Fpdf.

面，法律还明确规定，司法部如果认为相关信息具有商业敏感性或影响国家安全，则不向社会公开。[1] 并且，司法部如果认为应当公开的信息属于虚假信息，则司法部可以依职权移除。[2]

五、法律责任

澳大利亚外国代理人法规定的法律责任主要是刑事责任，具体包括七类：

第一，未主动登记或未更新登记的刑事责任。根据法律规定，外国代理人在与外国势力达成代理安排或开始代理外国势力从事政治活动后14日内应当主动向司法部申请注册登记；已经登记的外国代理人每满一年应当在满一年开始的一个月内更新登记。如果外国代理人未依法登记或更新却从事外国代理人活动，则根据相应的主观状态可处2年至5年的监禁。其中知道应当登记或更新而故意不登记或更新，处5年监禁；对于其不知道应当登记或更新存在重大过失，而故意未登记或更新，处3年监禁；知道应当登记或更新而因重大过失未登记或更新，处3年监禁；对于其不知道应当登记或更新存在重大过失，同时是因重大过失而未登记或更新，处2年监禁。[3] 如果外国代理人只是未依法登记或更新但未从事外国代理人活动，则处12个月监禁。[4]

第二，错误停止登记的刑事责任。根据法律规定，外国代理人不再是外国代理人时，可以书面通知司法部停止登记为外国代理人。但如果外国代理人在仍然具有外国代理人身份的情况下错误地通知司法部停止登记，则根据主观状态可处6个月至5年的监禁。其中，知道还存在代理关系的情况下错误地通知司法部停止登记并从事外国代理人活动，处5年监禁；错误地认为代理关系已经结束，并且外国代理人对这种错误认识存在重大过失，而错误地通知司法部停止登记，并从事外国代理人活动，处3年监禁；知道还存在代理关系的情况下错误地通知司法部停止登记，但未从事外国代理人活动的，处12个月监禁；错误地认为代理关系已经结束，并且

---

① 澳大利亚《2018年外国影响透明机制法》第43（2）条。
② 澳大利亚《2018年外国影响透明机制法》第43（3）条；澳大利亚《2018年外国影响透明机制规则》第7条。
③ 澳大利亚《2018年外国影响透明机制法》第57（1）（2）（3）（3A）条。
④ 澳大利亚《2018年外国影响透明机制法》第57（4）条。

外国代理人对这种错误认识存在重大过失，而错误地通知司法部停止登记，但未从事外国代理人活动的，处 6 个月监禁。[1]

第三，未履行其他报告义务的刑事责任。根据法律规定，外国代理人需要不定期地向司法部报告相关情况，具体包括信息发生变化时的报告义务、捐赠金额达到一定数额的报告义务、选举日及其他法定投票日进行自我审核并报告的义务、选举日及其他法定投票日从事活动的报告义务。如外国代理人未履行该报告义务，则构成犯罪，处 60 个罚款单位。[2]

第四，从事传播活动未披露代理关系的刑事责任。根据法律规定，外国代理人从事传播活动时，应当依法披露外国代理人身份、外国势力身份、代理关系等信息。未按照该要求披露的，构成犯罪，处 60 罚款单位。[3]

第五，未依法留存活动记录等的刑事责任。根据法律规定，外国代理人应当将与外国代理人身份及所从事活动有关的材料予以保存，直至其不再登记为外国代理人满 3 年。违反该项要求，构成犯罪，处 60 罚款单位。[4] 如果有关主体故意毁损应当保存的前述材料，构成犯罪，处 2 年监禁。[5]

第六，不履行监管机构调查搜集信息指令的刑事责任。根据法律规定，司法部可以向外国代理人及其他相关主体发出指令调查搜集相关信息，未遵守和履行该等指令，构成犯罪，处 6 个月监禁。[6]

第七，提供错误或误导性信息材料的刑事责任。为回应司法部调查搜集信息的指令而向司法部提交错误或误导性信息材料时，构成犯罪，处 3 年监禁。

---

① 澳大利亚《2018 年外国影响透明机制法》第 57A 条，四种情形分别规定在第（1）（2）（3）（4）款中。

② 澳大利亚《2018 年外国影响透明机制法》第 58（1）条。所谓罚款单位，是指在成文法中只规定罚款单位数额（区间）而非规定罚款的货币数额（区间），同时由有关政府部门定期根据通货膨胀率公布每一罚款单位代表的货币数额，或者由议会立法根据通货膨胀率适时修改确定每一罚款单位代表的货币数额，实际罚款数额（区间）等于罚款单位数乘以每一罚款单位代表的货币数。就澳大利亚联邦来说，2020 年 7 月至 2023 年 7 月，每一罚款单位等于 222 澳元。因此，60 罚款单位相当于 13320 澳元。关于澳大利亚罚款单位制度的介绍，可参见定规：《澳大利亚的罚款单位制度——成文法规定的罚款数额如何适应通货膨胀的一种尝试》，载"看立法"公众号 2016 年 6 月 2 日，https://mp.weixin.qq.com/s/Rmhfm8dDWFhTM7q0OkkIIw。

③ 澳大利亚《2018 年外国影响透明机制法》第 58（2）条。

④ 澳大利亚《2018 年外国影响透明机制法》第 58（3）条。

⑤ 澳大利亚《2018 年外国影响透明机制法》第 61 条。

⑥ 澳大利亚《2018 年外国影响透明机制法》第 59 条。

第五章　俄罗斯的外国代理人法

俄罗斯外国代理人法是当今世界唯一的身份法模式的外国代理人法。身份法模式决定了俄罗斯外国代理人法除信息披露制度这一核心制度外，还存在其他针对外国代理人从事活动的限制制度。本章将具体介绍俄罗斯外国代理人法的基本情况。

第一节　立法沿革与主要特点

一、法律渊源构成

当前俄罗斯外国代理人法的核心支柱是 2022 年 7 月制定、12 月实施并经若干次修改的《受外国影响者活动管控法》，以及《行政违法法典》与《刑法典》中的配套规定。[①] 在此之前，俄罗斯外国代理人法分散在若干部逐步制定的不同的法律中。从 2012 年开始，俄罗斯通过十几次立法活

[①]《受外国影响者活动管控法》（О контроле за деятельностью лиц, находящихся под иностранным влиянием），其最新文本见：https：//www. consultant. ru/document/cons _ doc _ LAW_ 421788/. 该法制定后，截至 2024 年 5 月，已经 2022 年第 498 和 569 号、2023 年第 358 和 683 号、2024 年第 42 号和第 49 号联邦法律修改，不过后续几次修改都是局部修改。《行政违法法典》（Кодекс Российской Федерации Об Административных Правонарушениях）的最新文本请见：ht-tp：//pravo. gov. ru/proxy/ips/？ docbody&nd = 102074277.《刑法典》（Уголовный кодекс Российской Федерации）的最新文本请见：http：//pravo. gov. ru/proxy/ips/？ docbody&nd = 102041891.

动修改了《非营利组织法》①《公共联合组织法》②《大众传媒法》③《信息、信息技术和信息保护法》④《对参与侵犯俄罗斯联邦公民基本人权和自由的人采取的措施法》⑤《俄罗斯公民选举权和全民公决参与权基本保障法》⑥《俄罗斯国家杜马议员选举法》⑦《行政违法法典》《刑法典》等法律而逐步建立和完善了该国外国代理人法。在 2022 年 7 月，俄罗斯将除《行政违法法典》和《刑法典》以外的大部分内容统一合并于《受外国影响者活动管控法》。

二、立法沿革

俄罗斯第一次制定外国代理人法是 2012 年。2012 年 7 月 20 日，俄罗

---

① 《非营利组织法》（Федеральный закон О некоммерческих организациях）最早是在 1996 年制定，其后经历过很多次修改，包括 2012 年为增加外国代理人制度而作的修改。本文所引《非营利组织法》的文本为截至 2022 年 1 月 20 日的最新版本，文本可见：http：//pravo. gov. ru/proxy/ips/？ docbody = &nd = 102039064.

② 《公共联合组织法》（Федеральный закон Об общественных объединениях）于 1995 年制定后亦经历过很多次修改，本文所引《公共联合组织法》为截至 2022 年 1 月 20 日的最新版本，文本可从以下链接获取：http：//pravo. gov. ru/proxy/ips/？ docbody = &nd = 102035642.

③ 《大众传媒法》（Закон О средствах массовой информации）的文本请见：http：//pravo. gov. ru/proxy/ips/？ docbody = &nd = 102013812.

④ 《信息、信息技术和信息保护法》（Федеральный Закон Об информации，нформационных технологиях и о защите информации）的文本请见：http：//pravo. gov. ru/proxy/ips/？ docbody&nd = 102108264.

⑤ 《对参与侵犯俄罗斯联邦公民基本人权和自由的人采取的措施法》（Федеральный Закон О Мерах Воздействия На Лиц，Причастных К Нарушениям Основополагающих Прав И Свобод Человека，Прав И Свобод Граждан Российской Федерации）为俄罗斯于 2012 年制定的一部针对美国制裁的反制法。2012 年，美国国会以俄罗斯存在人权问题为由通过所谓的《马格尼茨基法》，冻结俄罗斯资产、对俄罗斯官员实施签证限制等。作为对等反制，俄罗斯很快通过第 272 号法律，即《对参与侵犯俄罗斯联邦公民基本人权和自由的人采取的措施法》，对美国官员等实施反制，限制特定美国人入境俄罗斯、限制美国公民收养俄罗斯公民等。有关媒体报道可参见：Radio Free Europe/Radio Liberty，"Russia：Putin signs bill banning U. S. adoptions"，28 December 2012，available at：https：//www. refworld. org/docid/50ed3448c. html. 因此，通过修改该法增加个人外国代理人，在某种程度上也体现了俄罗斯的外国代理人法主要是针对美国而制定。该法文本见：http：//pravo. gov. ru/proxy/ips/？ docbody = &firstDoc = 1&lastDoc = 1&nd = 102162472.

⑥ 《俄罗斯公民选举权和全民公决参与权基本保障法》（Федеральный Закон Об Основных Гарантиях Избирательных Прав И Права На Участие В Референдуме Граждан Российской Федерации）的文本见：http：//pravo. gov. ru/proxy/ips/？ docbody = &nd = 102076507.

⑦ 《俄罗斯国家杜马议员选举法》（Федеральный Закон О выборах депутатов Государственной Думы Федерального Собрания Российской Федерации）的文本见：http：//pravo. gov. ru/proxy/ips/？ docbody = &nd = 102171479.

斯总统签署公布了《就监管非营利组织外国代理人的活动而修改部分立法文件的法律》（2012 年第 121 号）。① 该法通过修改《非营利组织法》《公共联合组织法》和《刑法典》设立了非营利组织外国代理人制度，明确非营利组织（含公共联合组织）接受外国势力资助从事政治活动时构成外国代理人。同年 11 月 12 日，俄罗斯总统签署了 2012 年第 192 号法律。② 该法律修改了《行政违法法典》为非营利组织外国代理人制度补充了行政法律责任。2014 年 6 月 4 日，俄罗斯总统签署了 2014 年第 147 号法律③对《非营利组织法》等法律作了修改，增加规定监管机构可以根据其掌握的情况将非营利组织直接列入外国代理人名单。

2017 年 11 月 25 日，俄罗斯总统签署了 2017 年第 327 号法律④对《大众传媒法》《信息、信息技术和信息保护法》等法律作出修改，初步建立了媒体外国代理人制度，明确监管机构在满足特定条件时可以将外国机构媒体列入媒体外国代理人名单。2019 年 12 月 2 日，俄罗斯总统签署了 2019 年第 426 号法律⑤进一步对《大众传媒法》《信息、信息技术和信息保护法》等法律作出修改，对媒体外国代理人制度作了完善。增加规定外国公民、俄罗斯机构和个人从事媒体活动时，可以构成媒体外国代理人。2019 年 12 月 16 日，俄罗斯总统签署了 2019 年第 443 号法律⑥对《行政违法法典》等法律作出修改，就已经建立的非营利组织外国代理人制度和媒体外国代理人制度，补充完善相关行政法律责任。

2020 年 12 月 30 日，俄罗斯总统签署了 2020 年第 481 号法律⑦对《公

---

① 《就监管非营利组织外国代理人的活动而修改部分立法文件的法律》（Федеральный закон О внесении изменений в отдельные законодательные акты Российской Федерации в части регулирования деятельности некоммерческих организаций, выполняющих функции иностранного агента）。该法属于修改其他法律的法律，类似于我国修改法律的决定。此类立法的名称较长，后文类似情况将直接以法律的年份和编号指代，不再标明法律名称。该法文本请见：http://publication. pravo. gov. ru/Document/View/0001201207230003.

② 该法文本请见：http://publication. pravo. gov. ru/Document/View/0001201211140004？index = 3&rangeSize = 1.

③ 该法文本请见：http://publication. pravo. gov. ru/Document/View/0001201406040020.

④ 该法文本请见：http://publication. pravo. gov. ru/Document/View/0001201711250002.

⑤ 该法文本请见：http://publication. pravo. gov. ru/Document/View/0001201912020074.

⑥ 该法文本请见：http://publication. pravo. gov. ru/Document/View/0001201912160072？rangeSize = 50.

⑦ 该法文本请见：http://publication. pravo. gov. ru/Document/View/0001202012300001.

共联合组织法》《非营利组织法》《对参与侵犯俄罗斯联邦公民基本人权和自由的人采取的措施法》《国家秘密法》① 等法律作出修改，扩大外国代理人的范围至未注册为法律实体的公共联合组织（本书简称"未注册公开联合组织"）和个人，完善外国势力的定义和政治活动的含义，增加其他监管措施。2020 年 12 月 30 日，俄罗斯总统签署了 2020 年第 525 号法律②对《刑法典》进行修改，就外国代理人法扩大至媒体、未注册公共联合组织和个人后补充规定相关刑事责任。2021 年 2 月 24 日，俄罗斯总统签署了2021 年第 14 号法律③对《行政违法法典》进行修改，就外国代理人法扩大至未注册公共联合组织和个人后增加有关行政法律责任，增加对在大众媒体（含互联网）传播信息未标明身份的行政法律责任。2021 年 4 月 5日，俄罗斯总统签署了 2021 年第 75 号法律④对《非营利组织法》进行修改，扩大外国势力资助的形式，规定非营利组织外国代理人强制清算制度。2021 年 4 月 20 日，俄罗斯总统签署了 2021 年第 91 号法律⑤对《俄罗斯公民选举权和全民公决参与权基本保障法》《俄罗斯国家杜马议员选举法》等法律进行修改，就个人作为外国代理人或与外国代理人有关联参与选举相关活动规定监管措施。

2022 年 7 月，俄罗斯制定第 255 号联邦法律《受外国影响者活动管控法》，将分散在《非营利组织法》《公共联合组织法》《大众传媒法》《信息、信息技术和信息保护法》《对参与侵犯俄罗斯联邦公民基本人权和自由的人采取的措施法》《俄罗斯公民选举权和全民公决参与权基本保障法》等法律中涉及外国代理人的相关规定予以整合，形成相对统一的一部外国代理人法。但《受外国影响者活动管控法》并未将俄罗斯外国代理人法完全整合，除了因俄罗斯的通常做法将行政罚款和刑事法律责任分别由《行政违法法典》与《刑法典》统一规定外，仍有大量法律中包含外国代理人的相关规则。为了保证相关法律与《受外国影响者活动管控法》，俄罗斯于 2022 年 12 月 5 日制定 2022 年第 498 号联邦法律《关于修改俄罗斯联邦

---

① 《国家秘密法》（Закон О Государственной Тайне，1993 年第 5485 号）文本见：http：// pravo. gov. ru/proxy/ips/？docbody = &nd = 102025035.

② 该法文本请见：http：//publication. pravo. gov. ru/Document/View/0001202012300043.

③ 该法文本请见：http：//publication. pravo. gov. ru/Document/View/0001202102240001.

④ 该法文本请见：http：//publication. pravo. gov. ru/Document/View/0001202104050015.

⑤ 该法文本请见：http：//publication. pravo. gov. ru/Document/View/0001202104200045.

若干立法性文件的法律》①，对《大众传媒法》《国家秘密法》《俄罗斯公民选举权和全民公决参与权基本保障法》《俄罗斯国家杜马议员选举法》等涉及外国代理人法的法律中的相关条款进行了衔接性修改。同时，2022年12月29日，俄罗斯分别制定2022年第582号联邦法律《关于修改刑法典第239条和第330条之一的法律》② 和第622号联邦法律《修改行政违法法典部分条款的法律》③ 分别对《刑法典》和《行政违法法典》进行了修改，针对不同类型的外国代理人规定了统一的行政罚款和刑事责任。④

除法律外，监管机构还根据法律的授权制定了不少具体实施细则。例如，根据《非营利组织法》等法律规定，非营利组织外国代理人需要承担日常报告义务。根据法律授权，俄罗斯司法部于2013年制定了《关于非营利组织外国代理人向俄罗斯司法部提交报告的形式和截止日期的命令》（2013年第50号命令，后经2020年第103号命令修改），就具体报告格式、报告内容和报告程序等作出详细规定。⑤ 又如，根据《大众传媒法》的规定，媒体外国代理人出版传播信息和材料，应当标明外国代理人身份。根据法律授权，俄罗斯联邦通信、信息技术和大众传媒监督局于2020年颁布《批准媒体外国代理人就其在俄罗斯联邦境内传播、制作和分发信息和材料时标示相关身份的形式和要求及程序的命令》（2020年第124号命令），对具体如何标示外国代理人身份作了详细规定。⑥

---

① 该法文本请见：http：//publication. pravo. gov. ru/Document/View/0001202212050039.

② 该法文本请见：http：//publication. pravo. gov. ru/Document/View/0001202212290032.

③ 该法文本请见：http：//publication. pravo. gov. ru/Document/View/0001202212290132.

④ 见《刑法典》和《行政违法法典》涉外国代理人部分的内容的中文译本参见本书附录一第二部分和第三部分。

⑤ 俄罗斯司法部《关于非营利组织外国代理人向俄罗斯司法部提交报告的形式和截止日期的命令》（Приказ Минюста России О форме и сроках представления в Министерство юстиции Российской Федерации отчетности некоммерческих организаций, выполняющих функции иностранного агента）的文本见：https：//minjust. gov. ru/ru/documents/8007/.

⑥ 俄罗斯联邦通信、信息技术和大众传媒监督局关于《批准媒体外国代理人就其在俄罗斯联邦境内传播、制作和分发信息和材料时标示相关身份的形式和要求及程序的命令》〔Приказ Федеральной службы по надзору в сфере связи, информационных технологий и массовых коммуникаций Об утверждении формы указания на то, что сообщения и материалы иностранного средства массовой информации, выполняющего функции иностранного агента, и（или）российского юридического лица, выполняющего функции иностранного агента, распространяемые на территории Российской Федерации, созданы и（или）распространены указанными лицами, а также требований и порядка размещения такого указания〕文本见：ht-tp：//publication. pravo. gov. ru/Document/View/0001202010190038.

随着《受外国影响者活动管控法》的生效，之前依据被废止法律制定的相关实施条例亦相应失效。不过，俄罗斯联邦政府及相关主管机关依据《受外国影响者活动管控法》的授权迅速颁布了一批新的实施条例。联邦政府于 2022 年 11 月 5 日依据《受外国影响者活动管控法》第 10 条第 7 款制定了《司法部及其地方派驻机构对外国代理人及相关主体实施临时检查通知检察官办公室程序条例》；① 于 2022 年 11 月 16 日依据《受外国影响者活动管控法》第 12 条第 4 款制定了《大众媒体、大众传播、信息技术和通信联邦监管机关限制外国代理人访问信息资源条例》；② 于 2022 年 11 月 22 日依据《受外国影响者活动管控法》第 9 条第 5 款批准制定了《披露〈受外国影响者活动管控法〉第 9 条第 3 款和第 4 款相关说明的规则》；③ 于 2023 年 1 月 14 日依据《受外国影响者活动管控法》第 10 条第 2 款制定了《外国代理人活动监管条例》。④

司法部则于 2022 年 11 月制定了 6 部配套的实施细则。其中，2022 年 11 月 28 日，依据《受外国影响者活动管控法》第 7 条第 4 款第 2 项颁布

---

① 俄罗斯联邦政府《司法部及其地方派驻机构对外国代理人及相关主体实施临时检查通知检察官办公室程序条例》（Постановление Правительства Российской Федерации от 05.11.2022 № 1996 "Об утверждении Правил извещения Министерством юстиции Российской Федерации и его территориальными органами органов прокуратуры о проведении внеплановой проверки иностранных агентов, а также лиц, указанных в части 2 статьи 1 Федерального закона "О контроле за деятельностью лиц, находящихся под иностранным влиянием"），文本见：http：// publication. pravo. gov. ru/Document/View/0001202211080023.

② 俄罗斯联邦政府《大众媒体、大众传播、信息技术和通信联邦监管机关限制外国代理人访问信息资源条例》（Постановление Правительства Российской Федерации от 16.11.2022 № 2075 "Об утверждении Правил взаимодействия Федеральной службы по надзору в сфере связи, информационных технологий и массовых коммуникаций с иностранными агентами, а также ограничения и возобновления доступа к их информационным ресурсам"），文本见：http：//publi-cation. pravo. gov. ru/Document/View/0001202211170023.

③ 俄罗斯联邦政府《披露〈受外国影响者活动管控法〉第 9 条第 3 款和第 4 款相关说明的规则》》（остановление Правительства Российской Федерации от 22.11.2022 № 2108 "Об утверждении Правил размещения указаний, предусмотренных частями 3 и 4 статьи 9 Федерального закона "О контроле за деятельностью лиц, находящихся под иностранным влиянием", в том числе требований к их размещению, а также форм указаний, предусмотренных частями 3 и 4 статьи 9 Федерального закона "О контроле за деятельностью лиц, находящихся под иностранным влиянием"），文本见 http：//pub-lication. pravo. gov. ru/Document/View/0001202211220038.

④ 俄罗斯联邦政府《外国代理人活动监管条例》（Постановление Правительства Российской Федерации от 14.01.2023 № 18 "Об утверждении Положения о государственном контроле за деятельностью иностранных агентов"），文本见 http：//publication. pravo. gov. ru/Document/View/0001202301190023.

了第 300 号《关于司法部豁免人员申请列入外国代理人名单的程序的命令》①；2022 年 11 月 29 日，依据《受外国影响者活动管控法》第 6 条第 3 款和第 5 款颁布了第 302 号《关于维护外国代理人关联自然人名册及将自然人移出名册的程序的命令》②；2022 年 11 月 29 日，依据《受外国影响者活动管控法》第 9 条第 9 款和第 12 款颁布了第 304 号《关于外国代理人向司法部报告其活动的程序和形式及在互联网公布活动报告的程序和时限的命令》③；2022 年 11 月 29 日，依据《受外国影响者活动管控法》第 1 条第 1—3 款颁布了第 305 号《关于外国代理人申请列入外国代理人名单的程序和形式的命令》④；2022 年 11 月 29 日，依据《受外国影响者活动管控法》第 9 条第 13 款颁布了第 306 号《关于外籍外国代理人创设俄罗斯法律实体

① 司法部《关于司法部豁免人员申请列入外国代理人名单的程序的命令》 （Приказ Министерства юстиции РФ от 28 ноября 2022 г. N 300 "Об утверждении Порядка принятия Министерством юстиции Российской Федерации решения об освобождении лиц（категорий лиц）от обязанности подавать заявление о включении в реестр иностранных агентов"）文本见：http：//publication. pravo. gov. ru/Document/View/0001202211300018.

② 司法部《关于维护外国代理人关联自然人名册及将自然人移出名册的程序的命令》（Приказ Министерства юстиции РФ от 29 ноября 2022 г. N 302 "Об утверждении Порядка ведения единого реестра физических лиц, аффилированных с иностранными агентами, и Порядка принятия решения об исключении физического лица из указанного реестра"）文本见：http：//publication. pravo. gov. ru/Document/View/0001202212010005.

③ 司法部《关于外国代理人向司法部报告其活动的程序和形式及在互联网公布活动报告的程序和时限的命令》（Приказ Министерства юстиции РФ от 29 ноября 2022 г. N 304 "Об утверждении Порядка и форм представления в Министерство юстиции Российской Федерации иностранным агентом сведений, предусмотренных частью 8 статьи 9 Федерального закона от 14. 07. 2022 N 255-ФЗ "О контроле за деятельностью лиц, находящихся под иностранным влиянием", и Порядка и сроков размещения иностранным агентом отчета о своей деятельности в информационно-телекоммуникационной сети "Интернет"）文本见：http：//publication. pravo. gov. ru/Document/View/0001202212010009.

④ 司法部《关于外国代理人申请列入外国代理人名单的程序和形式的命令》 （Приказ Министерство юстиции РФ от 29 ноября 2022 г. N 305 "Об утверждении порядков подачи лицами, указанными в частях 1 и 2 статьи 7 Федерального закона от 14. 07. 2022 N 255-ФЗ "О контроле за деятельностью лиц, находящихся под иностранным влиянием", заявления о включении в реестр иностранных агентов и формы такого заявления"）文本见：http：//publication. pravo. gov. ru/Document/View/0001202212010001.

通知司法部的程序的命令》；① 2022 年 11 月 29 日依据《受外国影响者活动管控法》第 9 条第 5 款颁布了第 307 号《关于维护外国代理人名单的程序、在司法部网站公布外国代理人相关信息及其他事项的命令》。②

三、主要特点

与其他国家比较，俄罗斯外国代理人法最大的特点是，它的"主体法"或"身份法"特征更明显一些。俄罗斯外国代理人法的基本模式，是先判定哪些主体构成外国代理人，然后针对此类主体设定各类监管制度。美国和澳大利亚虽然也针对个人或组织成为外国代理人后，基于其身份设定相关监管制度（如要求披露代理关系、持续报告活动情况、从事活动披露身份等），但其基于身份而作的引申有限，相关监管制度与个人作为外国代理人从事活动的关联度较高，较少延伸到其他与外国代理人身份可能无关的领域。但在俄罗斯外国代理人法中，外国代理人更像是一种身份。法律以这种身份为基础对其从事的可能与外国代理人身份无关的活动亦设定监管制度。

此外，俄罗斯外国代理人法中司法部的主导性较强。俄罗斯外国代理人法的主要监管机构是俄罗斯司法部。③ 虽然 2012 年首次立法时，俄罗斯外国代理人法并未赋予司法部依职权将非营利组织认定为外国代理人的权

---

① 司法部《关于外籍外国代理人建立 俄罗斯法律实体通知司法部的程序的命令》（Приказ Министерства юстиции РФ от 29 ноября 2022 г. N 306 "Об утверждении Порядка уведомления Министерства юстиции Российской Федерациииностранным агентом об учреждении им российского юридического лица"）文本见：http：//publication. pravo. gov. ru/Document/View/0001202212010007.

② 司法部《关于维护外国代理人名单的程序、在司法部网站公布外国代理人相关信息及其他事项的命令》（Приказ Министерства юстиции Российской Федерации от 29. 11. 2022 № 307 "Об утверждении Порядка ведения реестра иностранных агентов и размещения содержащихся в нем сведений на официальном сайте Министерства юстиции Российской Федерации в информационно-телекоммуникационной сети "Интернет"，Порядка принятия решения об исключении физического лица，впервые включенного в реестр иностранных агентов，из реестра иностранных агентов，формы заявления иностранного агента об исключении из реестра иностранных агентов"）文本见：http：//publication. pravo. gov. ru/Document/View/0001202211300032#print.

③ 当然，俄罗斯联邦通信、信息技术和大众传媒监督局和俄罗斯联邦安全局在个别制度上亦承担监管职责。除此以外，俄罗斯司法部在具体履行职责时，法律常常要求征询外交部等机构的意见。例如，司法部将决定将个人或组织列入媒体外国代理人名单时，需要征询外交部等部门的意见。（见《受外国影响者活动管控法》第 7 条第 5 款、第 8 款，第 12 条第 4 款等）

力，但外国代理人法实施后不久，俄罗斯即于 2014 年增加了司法部主动认定非营利组织为外国代理人的权力。其后立法中，俄罗斯逐渐加大了司法部在外国代理人法实施中的主导性。综合来看，主导性的加强可能是因为俄罗斯发现外国代理人制度在对外交往和对内管控方面较为有效，因此加大了司法部的主导性，以充分发挥外国代理人法的作用。俄罗斯不断通过立法增加附着于外国代理人身份的监管措施也能印证这一点。

第二节　外国代理人的含义与范围

一、可以成为外国代理人的主体经历了不断扩大的过程

从 2012 年开始，俄罗斯通过立法逐步建立了非营利组织（含注册为法律实体的公共联合组织，但不含未注册为法律实体的公共联合组织，下同；本书单独表述为"公共联合组织"时，均仅指注册为法律实体的公共联合组织，不含未注册为法律实体的公共联合组织）① 外国代理人、媒体外国代理人、未注册公共联合组织外国代理人和个人外国代理人四类制度。其中，2012 年第一次制定外国代理人法时，通过修改《非营利组织法》和《公共联合组织法》规定俄罗斯本国的非营利组织可以成为非营利组织外国代理人。② 2017 年的第 327 号法律则通过修改《信息、信息技术和信息保护法》《大众传播法》等，规定外国媒体机构（法人或非法人形式）可以成为媒体外国代理人。③ 2019 年的第 426 号法律则进一步修改

---

① 根据《非营利组织法》，非营利组织（некоммерческих организациях）是指不以营利为目的的组织，有非营利合伙、慈善组织及公共联合组织（общественных объединениях）等形式。其具体范围和形式由《非营利组织法》第 1 条和第 2 条规定。其中公共联合组织是一种特殊形式的非营利组织，它首先由特别法《公共联合组织法》调整，但也应当遵守与《公共联合组织法》不冲突的一般法《非营利组织法》。就外国代理人法而言，公共联合组织（不含未注册为法律实体的公共联合组织，下同）担任外国代理人时，首先适用《公共联合组织法》。《公共联合组织法》未规定的，适用《非营利组织法》及其他法律关于非营利组织外国代理人的规定。随着《受外国影响者活动管控法》的生效，它们均统一适用《受外国影响者活动管控法》而不再适用《非营利组织法》《公共联合组织法》等。关于非营利组织与公共联合组织的关系，及有关法律适用，可参见 International Center for Not-for-Profit Law，"Nonprofit Law in Russia"，*Council on Foundations*，https：//www. cof. org/country-notes/nonprofit-law-russia.

② 2012 年第 121 号法律第 1 条和第 2 条。

③ 2017 年第 327 号法律第 2 条，即《大众传媒法》第 6 条第 3 款。

《大众传播法》，规定外国公民、俄罗斯本国机构、俄罗斯公民，从事媒体活动，可以成为媒体外国代理人。[①] 2020 年的第 481 号法律通过修改《公共联合组织法》《对参与侵犯俄罗斯联邦公民基本人权和自由的人采取的措施法》等法律，规定未注册公共联合组织可以成为未注册公共联合组织外国代理人，俄罗斯公民及外国公民（含不在俄罗斯居住的外国公民）可以成为个人外国代理人。[②]

随着 2022 年《受外国影响者活动管控法》将四类外国代理人统一，能够成为外国代理人的主体范围也予以统一。《受外国影响者活动管控法》第 1 条第 2 款规定了可以成为外国代理人的范围：（1）俄罗斯法人或外国法人，不论其组织和法律形式如何；（2）非法人公共联合组织；（3）其他形式的个人或组织的联合；（4）外国非法人实体；（5）个人，不论其国籍如何或是否具有国籍。《受外国影响者活动管控法》不仅将可以成为外国代理人的主体范围予以统一，还作了扩大。如原来一般不可能成为外国代理人的企业组织，按照《受外国影响者活动管控法》第 1 条第 2 款第 1 项规定的字面含义，则包括在其中。可以说，《受外国影响者活动管控法》关于可以成为外国代理人的主体范围，已经与美澳的宽泛规定基本一致。

不过，《受外国影响者活动管控法》同时从反面排除了可以成为外国代理人的主体范围。该法第 1 条第 3 款具体规定，以下五类主体从事相关活动不认定为外国代理人：第一，俄罗斯联邦公共权力机构、俄罗斯联邦控制的人、俄罗斯联邦主体、市政机构、公法人团体、国有企业、国有公司及其控制的人、国家预算外资金的管理机构，其中受控制的人是指有义务遵守其指示、命令和执行其他规定的行动而受直接或间接控制的法律实体。第二，依法登记的宗教组织。第三，依法登记的政党。第四，2002 年第 115 号联邦法律《在俄外国公民法律地位法》第 5 条第 20 款第 2 项

---

① 2019 年第 426 号法律第 1 条第（1）款第（b）项，即《大众传媒法》第 6 条第 7 款。

② 2020 年第 481 号法律第 3 条和第 5 条，即《公共联合组织法》第 29 条之一和《对参与侵犯俄罗斯联邦公民基本人权和自由的人采取的措施法》第 2 条之一。

（不含该项规定中的相关人的家庭成员）和第 21 款第 1—3 项规定的人。[①]第五，依法登记的雇主协会和工商协会。从本质上而言，俄罗斯是以反面排除可以成为外国代理人主体的方式规定了相关豁免。

二、外国势力范围

俄罗斯在《受外国影响者活动管控法》之前，外国势力范围包括外国政府及其机构、国际组织、外国组织、外国公民、无国籍人及它们授权的主体等。[②]

《受外国影响者活动管控法》对外国势力的范围进行了更为精确的定义和调整。其第 3 条规定，外国势力包括：（1）外国国家；（2）外国国家机构；（3）国际和外国组织；（4）外国公民；（5）无国籍人；（6）外国非法人实体；（7）第（1）—（6）项主体授权的人；（8）从第（1）—（7）项主体获得资金、其他财产的俄罗斯公民或俄罗斯法人实体，或充当接收此类资金、其他财产的中介的俄罗斯公民或俄罗斯法人实体（由国家参股的上市公司及其子公司除外）；（9）最终受益人为外国公民或无国籍人的俄罗斯法律实体（最终受益人的认定依据 2001 年第 11 号联邦法律《打击犯罪收益合法化（洗钱）和资助恐怖主义法》第 61 条第 8 款判定）；（10）受第（1）—（9）项主体影响的人。根据这一规定，外国代理人本身将构成外国势力。换句话说，外国代理人的代理人亦是外国代理人。实践中，绝大部分外国代理人的委托方均为外国政府及其机构、国际组织和

---

① 《在俄外国公民法律地位法》第 5 条第 20 款第 2 项规定的人是指：因执行公务而进入俄罗斯联邦的国际（国家间、政府间）组织的官员和国际（国家间、政府间）组织在俄罗斯联邦境内的代表处的工作人员，或根据俄罗斯联邦加入的国际条约被授予类似于国际（国家间、政府间）组织地位的其他组织的代表处的工作人员和官员；第 21 款第 1—3 项规定的人是指：（1）外国驻俄罗斯联邦使馆和领事机构负责人、外交人员、领事官员以及外国驻俄罗斯联邦外交使馆或领事机构的行政和技术人员；（2）持有外交、公务护照（包括俄罗斯联邦承认的以这种身份持有的特别、公务和其他护照），并因执行外国官员的公务而进入俄罗斯联邦；（3）外国的武官办公室、贸易代表处和其他代表处的工作人员和行政技术人员。《在俄外国公民法律地位法》的最新文本见：http://pravo.gov.ru/proxy/ips/? docbody&nd = 102078147.

② 俄罗斯《非营利组织法》第 2 条第 6 款、《大众传媒法》第 6 条第 3 款和第 7 款、《公共联合组织法》第 29 条之一、《对参与侵犯俄罗斯联邦公民基本人权和自由的人采取的措施法》第 2 条之一。

外国非政府组织。外国非政府组织以西方国家的各类基金会为主。[①] 俄罗斯司法部对外国势力的掌握非常宽泛，其甚至认为俄罗斯公民从自己的海外账户给自己转账，亦构成外国势力资助。在马亚欣（Маняхин）被列为媒体外国代理人时，俄罗斯司法部认为，马亚欣三次从自己的海外账户往国内账户转账，亦构成外国势力资助。[②]

三、代理关系的认定

在《受外国影响者活动管控法》之前，俄罗斯规定的代理关系较为单一，仅根据是否存在资助关系作为判断要件。[③] 不过，在实践中，俄罗斯司法部对外国势力资助的掌握较为宽泛，其认为参加外国机构支付费用的媒体访问，参加由外国势力组织和支付差旅费的国际会议，外国朋友或亲戚赠送的金钱礼物，在国际竞赛中受奖等均可能构成外国势力资助。[④] 欧洲人权法院曾在案件中认定，俄罗斯曾在一起案件中因为当事人在外国酒店举办会议时预付费用过多导致退费构成外国势力资助。[⑤]

但 2022 年新制定的《受外国影响者活动管控法》，对代理关系采取了较为宽泛的标准。其以"影响"作为代理关系的认定标准，即相关主体受到外国势力影响，则二者之间即构成代理关系。根据《受外国影响者活动管控法》，所谓"影响"是指：来自外国势力的支持或胁迫、说服及其他方式的影响。而其中的支持，则是指由外国势力提供资金、其他财产，以及由外国势力提供组织的、方法的、科学的和技术的帮助及其他形式的帮助。[⑥]

---

① 马强："俄罗斯《外国代理人法》及其法律和政治实践"，载《俄罗斯研究》2021 年第 1 期，第 152—155 页。

② "Created and (or) distributed：Discriminatory aspects of the application of legislation on 'foreign agents'"，*Ovd-Info*，https：//ovdinfo. org/ino/created-and-or-distributed#1.

③ 俄罗斯《非营利组织法》第 2 条第 6 款、大众传媒法》第 6 条第 3 款和第 7 款、《公共联合组织法》第 29 条之一、《对参与侵犯俄罗斯联邦公民基本人权和自由的人采取的措施法》第 2 条之一。

④ "Created and (or) distributed：Discriminatory aspects of the application of legislation on 'foreign agents'"，*Ovd-Info*，https：//ovdinfo. org/ino/created-and-or-distributed#1.

⑤ Para 107 of The Judgment of *Ecodefence and Others v. Russia*［2022］ECHR 470，The European Court of Human Rights，https：//hudoc. echr. coe. int/eng？i＝001-217751.

⑥ 《受外国影响者活动管控法》第 2 条。

四、关于政治活动要素的规定

俄罗斯外国代理人法既从目的角度，亦从形式角度规定了政治活动的范围。就目的角度而言，其规定，相关主体在国家建设领域，维护俄罗斯联邦宪法秩序基础和俄罗斯联邦的联邦体制，保护俄罗斯联邦的主权和领土完整，维护法治、法律和秩序、国家和公共安全、国防，外交政策，俄罗斯联邦的社会经济和国家发展，政治制度的发展，国家机构的活动，对人权和公民权利与自由的立法规定等领域，从事的影响国家政策的制定和实施、国家机构的组成及其决定和行动的活动，属于政治活动，受外国代理人法调整。①

就活动形式角度而言，政治活动包括下列形式：（1）参与组织和举行会议、集会、示威、游行中的一种或多种活动，参与组织和举行公共辩论、讨论和演讲；（2）参与试图在选举和公民投票中取得特定结果的活动，参与选举或公民投票的监督，参与选举委员会或公民投票委员会的组建，参与政党活动；（3）向国家机构及其官员提出的公开诉请，以及影响这些机构和人员活动的其他行动，包括旨在使法律或其他规范性文件被通过、修改或废除的行动；（4）就国家机构作出的决定和政策散布观点，包括通过现代信息技术手段散布；（5）形成社会政治观点和信念的活动，包括开展民意调查、公布调查结果或开展其他社会学研究；（6）引诱俄罗斯公民，包括未成年人，参与本款第1—5项所述活动；（7）资助本款第1至6项所述活动。②

不过，区别于其他国家，俄罗斯还将部分非政治活动纳入外国代理人法调整。具体包括两类：第一类是军事信息收集活动。如果相关主体有针对性地收集俄罗斯联邦军事和军事技术活动领域信息的活动，并且如果外国势力获得这些信息，可能会被用于危害俄罗斯联邦的安全，那么该主体在满足其他条件时构成外国代理人。但需要注意的是，如果军事信息收集活动构成《俄罗斯联邦刑法典》第275条和第276条规定的犯罪，则不再

---

① 《受外国影响者活动管控法》第4条第1款。此前为俄罗斯《非营利组织法》第2条第6款、《公共联合组织法》第29条之一、《对参与侵犯俄罗斯联邦公民基本人权和自由的人采取的措施法》第2条之一。

② 《受外国影响者活动管控法》第4条第5款，此前规定于《非营利组织法》第2条第6款。

由外国代理人法调整。① 其中，军事和军事技术活动领域信息的范围，由联邦安全机关确定。② 第二类是传播活动。如果相关主体向不特定人传播（包括通过互联网传播）文字、音频、视频或其他信息和材料的活动，以及制作该等信息和材料的活动，在满足其他条件时亦构成外国代理人。③ 如果传播活动具有政治目的，则直接构成政治活动。如果传播活动不具有政治目的或存在其他与政治有关的情形，"传播"本身即落入外国代理人法的调整范围。传播活动不考虑相关主体从事的传播活动是否具有政治目的或是否存在其他与政治有关的情形，实际已经超出了传统政治活动的范围，超出了传统外国代理人法的调整范围，是俄罗斯通过外国代理人法加强意识形态管控的体现之一。④

五、豁免情形

俄罗斯规定的豁免情形，分为四个层次。⑤ 一是已纳入外国代理人法主体范围的部分主体，因满足特定条件而豁免适用外国代理人法。如前述，《受外国影响者活动管控法》第 1 条第 3 款规定了不构成外国代理人的主体范围。具体可以参见本章第一节第二部分。

二是非政治活动豁免。对于可以成为外国代理人的主体，如果以政治活动作为成为外国代理人的先决条件，那么其代理外国势力在以下领域从

---

① 《受外国影响者活动管控法》第 4 条第 1 款及第 6 款第 1 项。在《受外国影响者活动管控法》之前，此类活动由《对参与侵犯俄罗斯联邦公民基本人权和自由的人采取的措施法》第 2 条之一第 1 款规定。但《对参与侵犯俄罗斯联邦公民基本人权和自由的人采取的措施法》第 2 条之一第 1 款仅针对个人情形，即只有个人从事该等活动才可以构成外国代理人，组织从事该等活动并不构成外国代理人。另外，对涉及的敏感信息领域作了细化规定，2021 年第 379 号命令文本见：http：//publication. pravo. gov. ru/Document/View/0001202109300048？index＝0&rangeSize＝1.

② 俄罗斯联邦安全局于 2021 年 9 月 28 日颁布第 379 号命令对与《受外国影响者活动管控法》第 4 条第 1 款及第 6 款有类似规定的《对参与侵犯俄罗斯联邦公民基本人权和自由的人采取的措施法》第 2 条之一第 1 款规定的军事和军事技术活动领域作了细化规定，2021 年第 379 号命令文本见：http：//publication. pravo. gov. ru/Document/View/0001202109300048？index＝0&rangeSize＝1.

③ 《受外国影响者活动管控法》第 4 条第 1 款及第 6 款第 2 项。该制度之前由《大众传媒法》第 6 条第 3 款和第 7 款规定，适用于媒体外国代理人。

④ 需要注意的是，资助此两类活动视为从事此两类活动，满足其他条件时也构成外国代理人。见《受外国影响者活动管控法》第 6 款第 3 项。

⑤ 在《受外国影响者活动管控法》生效以前，实际上还包括一个层次，即未纳入可以成为外国代理人的主体范围的主体。那些不属于可以成为外国代理人的主体，如企业组织，豁免适用外国代理人法。但随着《受外国影响者活动管控法》作了宽泛规定，这一层次已经不再存在。

事相关活动并不构成外国代理人：科学，文化，艺术，卫生，预防和保护公民健康，社会服务，社会支持和保护公民，保护人的生命、家庭、母亲、父亲和儿童、传统家庭价值观，对残疾人的社会支持，促进健康的生活方式、体育文化和运动，保护动植物，慈善等领域。但需要注意，如果相关主体在这些领域从事活动时，与俄罗斯联邦的国家利益、俄罗斯联邦法律和公共秩序的根本以及俄罗斯联邦宪法保护的其他价值相抵触，则将被俄罗斯视为构成政治活动而不再享有豁免地位。而"与俄罗斯联邦的国家利益、俄罗斯联邦法律和公共秩序的根本以及俄罗斯联邦宪法保护的其他价值相抵触"实际上比较宽泛，执法机关的自由裁量权很大。

三是外国记者豁免。根据《受外国影响者活动管控法》第7条第4款第1项，如果外国记者在俄罗斯联邦获得认证，则其从事活动时不构成外国代理人。不过，如果外国记者从事了其职责范围以外的活动，则并不享受豁免。[1]

四是自由裁量豁免。根据《受外国影响者活动管控法》第7条第4款第2项，司法部商请联邦安全、国家保护、对外情报和国防部门同意后，可以根据现实需要给予特定人员豁免。自由裁量豁免是外国代理人法直接与国家安全和外交关系相关所决定。在面对国家安全事务和对外事务时，在个别情形中可能不适用外国代理人法才可以更好地维护国家安全和国家利益。因此近些年外国代理人法立法时开始注重赋予执法机关以主导权，新加坡的立法体现得尤其明显。就俄罗斯而言，虽然《受外国影响者活动管控法》制定以前在实践中亦是这样操作，但《受外国影响者活动管控法》将其法定化，使这种做法具有直接法律依据。不过，这样的做法可能容易被批评赋予执法机关过高的自由裁量权，将导致执法机关选择性执法。

第三节　信息披露制度

俄罗斯外国代理人法虽然属于身份法模式，但其核心制度仍然是信息披露制度，其信息披露制度亦包括多个方面，并配有严格的法律责任。

---

① 《受外国影响者活动管控法》第7条第5款。

一、外国代理人向监管机构登记报告的制度

俄罗斯《受外国影响者活动管控法》规定，拟以外国代理人身份行事的人应当在开始行动之前向主管机关申请将其列入外国代理人名单。① 司法部依据《受外国影响者活动管控法》制定的配套实施细则《关于外国代理人申请列入外国代理人名单的程序和形式的命令》（司法部 2022 年第305 号命令，下称"《第 305 号命令》"）进一步细化规定外国代理人应当在采取行动前一个月向司法部申请列入名单。②《第 305 号命令》进一步规定，个人外国代理人由其本人提出申请，组织类外国代理人由其负责人提出申请。③ 申请列入外国代理人名单时，应当提交以下信息和材料：第一，外国代理人的身份信息，具体包括姓名（名称）、国家统一注册号码、税号、注册地址（国家）或国籍、网址、拟活动区域、联系方式等；第二，外国代理人所代理的外国势力的身份信息；第三，外国代理人在俄罗斯境内拟从事的活动信息；第四，外国代理人与外国势力之间的代理关系内容。④

---

① 在《受外国影响者活动管控法》生效以前，外国代理人主动申报外国代理人身份的义务由《非营利组织法》《公共联合组织法》《对参与侵犯俄罗斯联邦公民基本人权和自由的人采取的措施法》等法律分别规定。《非营利组织法》《公共联合组织法》规定，非营利组织在成立时即准备担任外国代理人的，应当在提交设立申请时同步提交材料申请注册为外国代理人（《非营利组织法》第 13 条之一第 5 款第 9 段，《公共联合组织法》第 21 条第 6 款）；如果是成立后准备担任外国代理人的，应当在开展活动以前向司法部申请注册为外国代理人（《非营利组织法》第 32 条第7 款，《公共联合组织法》第 29 条第 6 款）；未注册公共联合组织担任外国代理人的，应当主动申请注册为外国代理人（《公共联合组织法》第 29 条之一第 1 款）；个人担任外国代理人时，应当主动申请注册为外国代理人（《对参与侵犯俄罗斯联邦公民基本人权和自由的人采取的措施法》第 2条之一第 2 款。俄罗斯司法部详细规定了个人申请注册的程序、时限及提交材料要求等，详见司法部 2020 年第 106 号命令，命令文本见：http：//unro. minjust. ru/Acts. aspx）；《大众传媒法》未规定媒体外国代理人应当主动申请注册登记为外国代理人［第 6 条第 3 款和第 7 款，类似的解读亦可参见："Created and (or) distributed：Discriminatory aspects of the application of legislation on 'foreign agents'"，*Ovd-Info*，https：//ovdinfo. org/ino/created-and-or-distributed#1］，但是，个人或外国组织被列为媒体外国代理人，应当在俄罗斯成立法律实体从事媒体活动，并于法律实体成立后 30日内向司法部报告并列为外国代理人；如果个人或外国组织在被列为媒体外国代理人以前已经在俄罗斯成立了法律实体从事媒体活动的，则应在其被列为媒体外国代理人后 30 日内向司法部报告并将相关法律实体列为外国代理人（《大众传媒法》第 25 条之一；俄罗斯司法部 2020 年第 215 号命令，命令文本见：https：//minjust. gov. ru/ru/documents/8060/）．

② 《第 305 号命令》附件一第 1 条。

③ 《第 305 号命令》附件一第 2 条。

④ 《第 305 号命令》附件三。

《受外国影响者活动管控法》同时规定，永久居住在俄罗斯联邦境外的非俄罗斯联邦公民，如拟在抵达俄罗斯联邦后作为外国代理人行事，则应在进入俄罗斯联邦之前按照主管机关规定的程序向主管机关申报。[1] 司法部规定，非俄罗斯公民应在进入俄罗斯联邦前一个月申报列入外国代理人名单。[2]

外国代理人在列入外国代理人名单后，还需要承担持续的报告义务。该等报告义务，相对于其他国家的外国代理人法是相对较重的。具体而言：第一，日常业务报告义务。外国代理人应当每六个月提交其活动报告，包括作为活动基础的方案和其他文件的执行情况的报告，或相关活动未开展的信息，以及关于活动的目标、名称、结构、开展活动的地域、决策机构开展沟通的地点，以及章程的变更；以及创始人（成员、参与者）、决策机构的构成和员工的情况。外国代理人应当每季度提交与外国势力相关的情况，包括外国势力的情况，从外国势力处收到的资金和其他财产的数量，用于开展外国代理人活动的银行账户，其预期分配（支出、使用）的目的和数量，分配（支出、使用）的目的和数量，接受组织的、方法的、科学的、技术的帮助或其他形式的帮助的情况。外国代理人应当每年提交审计报告，拟实施和正在实施的项目计划、项目的其他相关文件。外国代理人还应当每季度向主管机关报告前述内容是否发生变化及变化情况。[3] 第二，强制审计义务。法人类的外国代理人的年度会计（财务）报表应接受强制性审计，审计应不迟于报告年度次年的 4 月 15 日完成。[4] 第三，就外国势力提供的资助单独建账的义务。列入外国代理人名单的俄罗斯法人从外国势力获得资金和（或）其他财产时，应对从外国势力接收的收入及其衍生收入以及花费该等收入产生的支出单独记账。[5] 第四，外籍外国代理人报告创立俄罗斯法律实体的义务。根据外国代理人法的规定，外籍外国代理人如在俄罗斯传播印刷品、音频、视听和其他消息和材料（包括通过互联网），则应当通过在俄罗斯设立法律实体从事上述活动。而外籍外国代理人创立法律实体后，应当向主管机关报告。如外籍外国代理

---

[1] 《受外国影响者活动管控法》第 7 条第 2 款。
[2] 《第 305 号命令》附件二第 1 条。
[3] 《受外国影响者活动管控法》第 9 条第 8 款、第 10 款和第 11 款。
[4] 《受外国影响者活动管控法》第 9 条第 6 款。
[5] 《受外国影响者活动管控法》第 9 条第 7 款。

人此前已经创立了法律实体，则应在成为外国代理人后一个月内将已经创立的所有俄罗斯法律实体的情况报告主管机关。[①]

二、监管机构调查搜集相关信息的权力

在俄罗斯，有关机关可以依据刑事司法程序对外国代理人及有关主体可能涉及刑事犯罪的情形调查搜集相关证据，亦可以依据行政处罚程序对外国代理人及有关主体可能涉及行政违法行为的情形调查搜集相关证据。

同时，《受外国影响者活动管控法》明确赋予了主管机关为执行该法而收集信息的制度。第一，主管机关可以向外国代理人、潜在的外国代理人及其他主体收集相关信息以落实《受外国影响者活动管控法》对外国代理人的监管措施，包括但不限于要求法人的管理层提供相关管理文件；要求国家机关及信贷等金融组织提供可能构成外国代理人的人员的财务和经济活动信息；要求税务机关提供可能构成外国代理人的人员在银行和其他信贷机构的包括名称和地址等开户信息，以及他们开设银行账户的类型和账户等信息；还可以派人参加外国代理人举办的活动以了解相关信息。[②] 第二，主管机关对外国代理人可以每年实施一次入场检查。[③] 第三，主管机关在符合法律规定的情形时可以对外国代理人实施临时检查。如果主管机关通过任何渠道获得相关信息认定相关主体可能构成外国代理人而该主体却未申请列入外国代理人名单，则主管机关可以对该主体实施临时检查；主管机关通过任何渠道获得相关信息判定外国代理人可能存在违反外国代理人法的情形，则主管机关可以对该外国代理人实施临时检查。[④]

区别于美国和澳大利亚，俄罗斯外国代理人法赋予了监管机构直接认定外国代理人身份的权力，可以直接认定某一个人或组织与外国势力之间存在代理关系从而构成外国代理人。俄罗斯于 2012 年开始制定外国代理人法时，与美国一样，并未规定主管机关有权直接将某一主体认定为外国代理人。但俄罗斯发现，以事后惩戒作为后盾促使外国代理人主动申请注册

[①] 《受外国影响者活动管控法》第 9 条第 13 款。
[②] 《受外国影响者活动管控法》第 10 条第 5 款和第 9 款。
[③] 《受外国影响者活动管控法》第 10 条第 4 款和第 8 款。
[④] 《受外国影响者活动管控法》第 10 条第 6 款。

效果并不好。于是，俄罗斯于 2014 年对其外国代理人法作了修改。其于 2014 年 6 月制定 2014 年第 147 号法律，对《非营利组织法》进行修改，明确规定如果应当主动申请注册为外国代理人的非营利组织未主动申请注册，那么司法部有权直接将该组织列入外国代理人名单。① 2017 年修改《大众传媒法》明确外国媒体作为外国代理人时，主要是为了对美国进行反制。因此，有关立法规定，司法部有权将从事媒体活动的外国机构在符合条件时直接列入媒体外国代理人名单。② 此次立法重在强调主管机关的主导权，甚至未规定媒体外国代理人有主动申请注册的义务。2019 年扩大媒体外国代理人范围至从事媒体活动的外国个人和俄罗斯本国机构及个人时，亦沿袭 2017 年规定，侧重于主管机关将有关个人和组织列入外国代理人名单的权力。③ 2020 年将外国代理人的主体范围扩大至非注册公共联合组织和个人时，沿袭《非营利组织法》的规定，既规定了主动申请义务，同时也规定了主管机关将有关组织和个人列入外国代理人名单的权力。④《受外国影响者活动管控法》继续规定主管机关有权认定外国代理人身份，其规定"如果某人依据本法属于外国代理人却未依据本条第 1 款或第 2 款的规定申请列入外国代理人名单，则主管机关应在发现该等情形之日起十个工作日内决定将该人列入外国代理人名单，并在作出决定之日起五个工作日内通知该人"。⑤ 从有关实践来看，由主管机关将相关组织和个人列入外国代理人名单是主要形态，相关组织和个人主动申请注册为例外。当个人或组织被动地被列入外国代理人名单后，如果不服的，可以向法院提出诉讼寻求救济。⑥

三、从事活动披露代理关系的制度

俄罗斯的外国代理人法亦规定了外国代理人从事活动披露身份的

---

① 2014 年第 147 号法第 1 条，即现《非营利组织法》第 32 条第 7 款第 3 段。

② 2017 年第 327 号法第 2 条，即《大众传媒法》第 6 条第 3 款。

③ 2019 年第 426 号法第 1 条，即《大众传媒法》第 6 条第 3 款、第 6 款。

④ 2020 年第 481 号法第 3 条第 1 款，即《公共联合组织法》第 29 条之一第 5 款；2020 年第 281 号法第 5 条第 1 款，即《对参与侵犯俄罗斯联邦公民基本人权和自由的人采取的措施法》第 2 条之一第 3 款。

⑤《受外国影响者活动管控法》第 7 条第 7 款。

⑥《受外国影响者活动管控法》第 7 条第 9 款。此前由《非营利组织法》第 32 条第 7 款第 4 段和《对参与侵犯俄罗斯联邦公民基本人权和自由的人采取的措施法》第 2 条之一第 3 款规定。

义务。第一，外国代理人在从事政治活动及《受外国影响者活动管控法》第4条规定的其他活动时，应当披露其外国代理人的身份。法条还刻意强调，如果外国代理人从事相关活动时需要向国家机关、教育组织或其他机构和组织提交申请或其他材料，应当披露其外国代理人的身份。[1]

第二，外国代理人在实施《受外国影响者活动管控法》第4条规定的活动时制作、传播的材料，提交给国家机关、教育组织、其他机构和组织与实施《受外国影响者活动管控法》第4条规定的活动有关的材料，与实施《受外国影响者活动管控法》第4条规定的活动有关的信息，包括通过媒体和互联网传播的信息和材料，应当同时说明这些材料和信息由外国代理人制作、分发或发送，或同时说明这些材料和信息与外国代理人的活动有关。[2]

第三，由属于外国代理人的非法人公共联合组织的创始人、成员、参与者、负责人，属于外国代理人的法人的负责人或其成员在实施《受外国影响者活动管控法》第4条规定的活动时制作、传播的材料，提交给国家机关、教育组织、其他机构和组织与实施《受外国影响者活动管控法》第4条规定的活动有关的材料，与实施《受外国影响者活动管控法》第4条规定的活动有关的信息，包括通过媒体和互联网传播的信息和材料，应当同时说明这些材料或信息由属于外国代理人的非法人公共联合组织的创始人、成员、参与者、负责人，属于外国代理人的法人的负责人或其成员制作、传播或提交。[3]

第四，如果俄罗斯公民被列入外国代理人名单，或俄罗斯公民与各类

---

[1] 《受外国影响者活动管控法》第9条第1款。
[2] 《受外国影响者活动管控法》第9条第3款。
[3] 《受外国影响者活动管控法》第9条第4款。

外国代理人有关联,① 那么该公民从事选举活动将承担额外的信息披露义务,② 包括在填写的候选人申请表等各类材料标明其为外国代理人,③ 竞选材料应当标示其为外国代理人,其中相关标示应当清晰可见,所占面积不少于竞选材料的 15%;④ 其发表演说前亦应当予以标示;⑤ 开展政治捐赠时亦应当标示。⑥

俄罗斯联邦政府于 2022 年 11 月 22 日颁布的第 2108 号配套法令《披露〈受外国影响者活动管控法〉第 9 条第 3 款和第 4 款相关说明的规则》对外国代理人具体如何标示外国代理人身份作了详细规定。根据这一法令,除音频材料以语音形式标示外,其他材料均应以文字形式标示如下内容:"本信息（材料）_____由外国代理人_____制作（或传播、提交），或本信息（材料）与外国代理人活动_____有关。"⑦ 标示时,就文字材料,前述标示信息应在文章标题下方或文章开始处（无标题时），且字号大小应为其余文字大小的两倍,且颜色应当区别于背景颜色;就视频材料,则外国代理人标示应在屏幕中央并至少占据屏幕 20% 的面积,应

---

① 有关联是指选举公告发布之日起往前推算两年时间内,该公民为法人类外国代理人的创办人、成员、参与者、经营者或雇员,或者该公民为非法人类外国代理人的创办人、成员、参与者或负责人。[《俄罗斯公民选举权和全民公决参与权基本保障法》（2002 年第 67 号法）第 2 条第 35 款之一。该款最早由 2021 年第 91 号法修改《俄罗斯公民选举权和全民公决参与权基本保障法》而加入。在《受外国影响者活动管控法》制定后,俄罗斯 2022 年 12 月 5 日为与《受外国影响者活动管控法》衔接而制定了第 498 号法律对俄罗斯公民选举权和全民公决参与权基本保障法》（2002 年第 67 号法）作了修改完善。] 类似的规定也可见于《俄罗斯国家杜马议员选举法》（2014 年第 20 号法律）相关条件。2021 年第 91 号法的文本见 http://ips. pravo. gov. ru：8080/default. aspx？pn = 0001202104200045；2002 年第 67 号法的文本见 http://pravo. gov. ru/proxy/ips/？docbody = &nd = 102076507；2014 年第 20 号法律的文本见 http://pravo. gov. ru/proxy/ips/？docbody = &nd = 102171479；2022 年第 498 号法律的文本见 http://pravo. gov. ru/proxy/ips/？docbody = &prevDoc = 102076507&backlink = 1&&nd = 603558232.

② 据报道,俄罗斯中央选举委员会为落实该项制度而开发的计算机系统耗资 1370 万卢布（相当于一百多万元人民币）。有关报道参见："Иноагентов подвергнут автоматизации", Кремль, https：//www. kommersant. ru/doc/5076695.

③ 《俄罗斯公民选举权和全民公决参与权基本保障法》第 33 条第 2 款之一。

④ 《俄罗斯公民选举权和全民公决参与权基本保障法》第 48 条第 9 款之四、第 54 条第 2 款。

⑤ 《俄罗斯公民选举权和全民公决参与权基本保障法》第 51 条第 4 款之一。

⑥ 《俄罗斯公民选举权和全民公决参与权基本保障法》第 58 条。

⑦ 原文："Настоящий материал (информация) _____ (произведен, распространен и (или) направлен) иностранным агентом _____ (наименование, фамилия, имя, отчество (при наличии), содержащиеся в реестре иностранных агентов) либо касается деятельности иностранного агента _____"

置于视频开始处，且持续时间不少于 15 秒；就音频材料，则外国代理人标示应置于音频开始处，且持续时间不少于 15 秒。[1] 属于外国代理人的非法人公共联合组织的创始人、成员、参与者、负责人，属于外国代理人的法人的负责人或其成员进行标示时，遵循类似规则。需要特别注意的是，俄罗斯外国代理人法除了要求外国代理人从事活动自行披露身份外，还明确规定，不是外国代理人的组织和个人通过大众媒体或互联网传播关于外国代理人的信息或材料，以及传播外国代理人制作的材料时，应当标示相关主体的外国代理人身份或有关材料为外国代理人制作。[2] 这一要求比较宽泛。从实践案例可以看出，凡提及属于外国代理人的组织或个人的名称，均需注明该组织或个人属于外国代理人。在一起案件中，位于奥布利夫斯基区的《先锋报》编辑部，在其运营的《先锋报》网站（avangard-os. ru）上转载了另一家网站的一篇新闻报道。该新闻报道中提到了俄罗斯一家叫作反腐败基金会（俄文简称为"ФБК Навального"）的非营利组织。[3] 提及该组织的原文是"外交使团雇用俄国人，然后这些俄国人向与大使馆关系友好的非营利组织（如反腐败基金会）捐款"。另一家网站的报道在提及反腐败基金会时，注明了该组织为外国代理人。[4] 但《先锋报》网站却未注明该组织为外国代理人。奥布利夫斯基区法院认为，《先锋报》网站的运营者《先锋报》编辑部未注明反腐败基金会为外国代理人的行为，违反了《大众传媒法》和《行政违法法典》的规定，予以罚款 4 万卢布。[5] 根据这一宽泛的要求，所有从事媒体活动的个人或组织对俄罗斯司法部公布的四份外国代理人名单都需要保持时刻关注，一旦提及外国代理人，都需要予以标示。同时，基于这一要求，"外国代理人"这一标签将会与外国代理人如影随形，并被社会公众广泛认知。为确保这一要求得到落实，

---

[1]　详见俄罗斯联邦政府 2022 年 11 月 22 日颁布的第 2108 号配套法令《披露〈受外国影响者活动管控法〉第 9 条第 3 款和第 4 款相关说明的规则》，该法令的文本见：http://publication. pravo. gov. ru/Document/View/0001202211220038.

[2]　《大众传媒法》第 4 条第 9 款，《行政违法法典》第 13. 15 条第 2 款之一。

[3]　根据外国代理人法修改后的报道见：https://avangard-os. ru/? module = articles&action = view&id = 4926.

[4]　原网站报道请见：https://don24. ru/rubric/politika/ntv-vypustilo-film-o-taynyh-sponsorah-ne-sistemnoy-oppozicii-v-rossii. html.

[5]　该案裁决书请见：https://oblivsky--ros. sudrf. ru/modules. php? name = sud_delo&srv_num = 1&name_op = doc&number = 224184249&delo_id = 1500001&new = 0&text_number = 1.

俄罗斯在 2020 年第 248 号法增加该要求后，即被严格执行。据报道，仅在 2021 年头十个月，莫斯科的法院就处理了 259 起违反该要求的行政处罚。[①]

此外，有关组织和个人在参与、组织选举活动时，如果候选人为外国代理人或外国代理人关联自然人，则相关组织和个人在候选人名单中、在介绍候选人时、在印刷候选人的竞选材料等时，均需标明相关候选人的外国代理人身份。[②]

四、向社会公开外国代理人名单及其他相关信息的制度

俄罗斯规定，主管机关应在其官方网站上公布外国代理人名单。[③] 根据司法部依据《受外国影响者活动管控法》授权制定的 2022 年第 307 号命令，司法部在其网站上公布外国代理人名单时，包括以下信息：序号（由外国代理人列入名单的时间顺序决定）、姓名（名称）、自然人的生日、自然人的国籍、成为外国代理人的时间，列入外国代理人名单的法律依据、移出外国代理人名单的时间（如有）、法人的国家统一注册码、在俄罗斯的住址、国外的注册号码（国外法人如有）、税号、拥有的网站、拟从事的活动、成员姓名等。[④]

除了外国代理人名单，各类型外国代理人依据法律规定承担持续报告义务下向主管机关提交的相关报告和材料，亦向社会公开。人们可以通过司法部网站查询。[⑤]

五、法律责任

外国代理人法规定的法律责任，包括行政责任和刑事责任。就行政责任而言，主要包括以下三个方面：

第一，强制清算责任。在外国代理人法规定强制清算责任以前，实际

---

① "Created and（or）distributed：Discriminatory aspects of the application of legislation on 'foreign agents'"，*Ovd-Info*，https：//ovdinfo. org/ino/created-and-or-distributed#1.

② 《俄罗斯公民选举权和全民公决参与权基本保障法》第 37 条第 9 款第 2 段等。

③ 《受外国影响者活动管控法》第 5 条第 4 款。

④ 司法部 2022 年第 307 号命令附件一第 8 条；司法部已公布外国代理人名单：https：// minjust. gov. ru/uploaded/files/reestr-inostrannyih-agentov-03022023. pdf.

⑤ 非营利组织外国代理人提交的报告可以在俄罗斯司法部网站中的以下网址查询：http：// unro. minjust. ru/NKOReports. aspx？request_type = inag. 媒体外国代理人提交报告可以在俄罗斯司法部网站中的以下网址查询：http：//unro. minjust. ru/InoSMIReports. aspx.

上机构类外国代理人因为违反代理人法而可能构成相关法律规定的存在严重违法情形而被强制清算。2021 年年底，引起世界舆论广泛关注的"纪念碑"组织①强制清算案中，② 俄最高法院即依据《公共联合组织法》第44 条作出裁定。俄最高法院认定，"纪念碑"组织在被列入外国代理人名单后，未按照外国代理人法的要求在有关材料上明确标示外国代理人多达19 次，构成《公共联合组织法》第 44 条规定的强制清算事由。③ 再如，《大众传媒法》第 16 条第 3 款规定，传媒机构（不论是否担任外国代理人）如果多次违反《大众传媒法》第 4 条，则经主管机关申请，法院可以责令传媒机构终止活动（类似于我国的停产停业）。而《大众传媒法》第4 条第 9 款规定，如果传播涉及外国代理人的信息和材料，应当标示外国代理人身份。因此，如果多次违反该项外国代理人法的规定，则可能导致传媒机构被责令终止活动。

不过，2021 年第 75 号法律通过《非营利组织法》针对非营利组织外国代理人明确规定了强制清算责任。④ 虽然当时是规定在《非营利组织法》中，但因为当时的法律规定，非营利组织外国代理人制度一般性地适用于其他类型的外国代理人，因此其他可以适用清算制度的机构型外国代理人（如机构媒体外国代理人等）亦可以适用该规定。而 2022 年的《受外国影响者活动管控法》则将该规定统一适用于机构类外国代理人，其规定：如列入外国代理人名单的组织（含法人、非法人公共联系组织及其他形式的组织）多次未在法定期限内依法提交相关信息，则主管机关或其地方派驻机构有权向法院申请对这些组织进行解散清算；如果主管机关向外国代理人发出附有理由的书面决定，禁止其实施已宣布的拟实施项目或正在实施

---

① 该组织简称"国际纪念碑"（Международный Мемориал），全称"国际历史、教育、慈善和人权协会'纪念碑'"（Международное Историко-Просветительское，Благотворительное И Правозащитное Общество《Мемориал》），为依据《公共联合组织法》成立的非营利组织。该组织还有一个关联的兄弟组织，称为纪念碑人权中心（Правозащитного Центра《Мемориал》），同期被莫斯科市法院裁定强制清算。

② 有关报道可参见 "Russia Lurches Toward 'Total Repression' As Supreme Court Rules To Shut Memorial"，*Radio Free Europe*（*Radio Liberty*），https：//www. rferl. org/a/russia-memorial-international-supreme-court-closed/31629548. html.

③ 俄罗斯最高法院第 AKPI21-969 号裁决，该裁决书全文可见：https：//www. memo. ru/media/uploads/2022/01/13/reshenie-verkhovnogo-suda. pdf.

④ 2021 年第 75 号法律修改《非营利组织法》第 32 条第 12 款增加的内容。

的项目的全部或部分，收到禁止决定的外国代理人无权开始或继续实施该项目的全部或部分，如组织形式的外国代理人未遵守该决定，则主管机关及其地方派驻机构有权向法院申请解散清算该组织。①

第二，禁止访问互联网的责任。《受外国影响者活动管控法》规定，若外国代理人未能在规定的期限内依法提交报告和信息，或违反俄罗斯联邦其他关于外国代理人的法律，则主管机关有权向大众媒体、大众传播、信息技术和通信领域的联邦主管机关发出请求以限制外国代理人访问信息资源。②

第三，罚款。《行政违法法典》针对外国代理人违反外国代理人法规定的各类信息披露义务等规定了相应的罚款：

（1）未列入外国代理人名单的人以外国代理人的身份从事活动，在不构成犯罪的情况下，对公民处以 3 万—5 万卢布的罚款；对组织负责人，处 10 万—30 万卢布的罚款；对法人，处 30 万—50 万卢布的罚款。③

（2）外国代理人未按照俄罗斯联邦关于外国代理人的法律的规定向主管机关提交或未及时提交相关信息，提交不完整或歪曲的信息，在不构成犯罪的情况下，对公民处以 3 万—5 万卢布的罚款；对组织负责人，处 10 万—30 万卢布的罚款；对法人④，处 30 万—50 万卢布的罚款。⑤

（3）在依据俄罗斯联邦关于外国代理人的法律应予披露外国代理人身份

---

① 《受外国影响者活动管控法》第 12 条第 2 和第 3 款。

② 《受外国影响者活动管控法》第 12 条第 4 款。

③ 《行政违法法典》第 19.34 条第 1 款。有意思的是，2014 年的一起案件中，若干被处罚的非营利组织及其负责人向俄罗斯宪法法院提出了合宪性审查申请。俄宪法法院整体上肯定了外国代理人法符合俄罗斯宪法，并认为《行政违法法典》第 19.34 条第 1 款针对未予注册登记即从事外国代理人活动予以罚款符合俄罗斯宪法；但认为该款分别规定的 10 万卢布和 30 万卢布罚款下限，未规定执法人员可以在下限之下罚款、未规定执法人员可以综合考虑违法人员的过错程度和经济状况等，无法保证公平和成比例的处罚，因此与俄罗斯宪法第 17 条第 3 款，第 19 条第 1 款和第 2 款，第 35 条第 1 款、第 2 款和第 3 款，第 55 条第 3 款冲突。俄罗斯宪法法院相应裁决，俄罗斯立法机关应采取措施纠正该等违宪行为，在俄罗斯立法机关采取立法行动纠正以前，法院可以在《行政违法法典》第 19.34 条第 1 款设定的最低罚款下限以下根据过罚相当等原则确定罚款数额。具体可参见俄罗斯宪法法院 2014 年第 10-P 号裁决，裁决文本可见：http://www.ksrf.ru/en/Decision/Judgments/Documents/2014%20April%208%2010-P.pdf. 不过，直到截至 2022 年 12 月为与《受外国影响者活动管控法》协调一致修改《行政违法法典》关于外国代理人的行政责任，俄罗斯立法机关尚未根据俄罗斯宪法法院的裁决改变规定最低罚款数额的做法。

④ 根据《行政违法法典》第 19.34 条的注释（法条原文所带），非法人外国组织、非法人公共联合组织和其他形式的组织，视为法人承担法律责任。

⑤ 《行政违法法典》第 19.34 条第 2 款。

的情况下，未披露外国代理人身份，对公民处以 3 万—5 万卢布的罚款；对组织负责人，处 10 万—30 万卢布的罚款；对法人，处 30 万—50 万卢布的罚款。①

（4）外国代理人在实施《受外国影响者活动管控法》第 4 条规定的活动时制作、传播的材料，提交给国家机关、教育组织、其他机构和组织与实施《受外国影响者活动管控法》第 4 条规定的活动有关的材料，与实施《受外国影响者活动管控法》第 4 条规定的活动有关的信息，包括通过媒体和互联网传播的信息和材料，未同时说明这些材料和信息由外国代理人制作、分发或发送，或未说明这些材料和信息与外国代理人的活动有关，则对公民处以 3 万—5 万卢布的罚款，可并没收违法物品；对组织负责人处 10 万—30 万卢布的罚款，可并没收违法物品；对法人处 30 万—50 万卢布的罚款，可并没收违法物品。②

（5）属于外国代理人的非法人公共联合组织的创始人、成员、参与者、负责人，属于外国代理人的法人的负责人或其成员，在实施《受外国影响者活动管控法》第 4 条规定的活动时制作、传播的材料，提交给国家机关、教育组织、其他机构和组织与实施《受外国影响者活动管控法》第 4 条规定的活动有关的材料，与实施《受外国影响者活动管控法》第 4 条规定的活动有关的信息，包括通过媒体和互联网传播的信息和材料，未同时说明这些材料或信息由属于外国代理人的非法人公共联合组织的创始人、成员、参与者、负责人，属于外国代理人的法人的负责人或其成员制作、传播或提交，则对其处以 1 万—3 万卢布的罚款。③

（6）外国代理人未按照法律规定的程序和时间要求在互联网上发布其相关活动的报告或向媒体提供该等报告，对公民处以 3 万—5 万卢布的罚款；对组织负责人处 10 万—30 万卢布的罚款；对法人处 30 万—50 万卢布的罚款。④

（7）外国代理人未按照法律规定在俄罗斯建立法律实体或未依照法律

---

① 《行政违法法典》第 19. 34 条第 3 款。

② 《行政违法法典》第 19. 34 条第 4 款。所谓涉案财物，有些专业人士解读为制作材料的电脑等。参见 " Created and (or) distributed: Discriminatory aspects of the application of legislation on 'foreign agents' ", *Ovd-Info*, https://ovdinfo.org/ino/created-and-or-distributed#1.

③ 《行政违法法典》第 19. 34 条第 5 款。

④ 《行政违法法典》第 19. 34 条第 6 款。

规定将建立法律实体的情况通知主管机关，对公民处以 3 万—5 万卢布的罚款；对组织负责人处 10 万—30 万卢布的罚款；对法人处 30 万—50 万卢布的罚款。①

（8）外国代理人未遵守法律关于外国代理人的各种限制，对公民处以 3 万—5 万卢布的罚款；对组织负责人处 10 万—30 万卢布的罚款；对法人处 30 万—50 万卢布的罚款。②

（9）如果外国公民或无国籍人存在前述 1—8 类中的违法行为，则对该外国公民或无国籍人处以 3 万—5 万卢布的罚款，可并处驱逐出境。③

（10）在媒体以及信息和电信网络中的媒体报道和材料中传播有关外国代理人的信息或其生产的材料时，未注明相关主体的外国代理人的身份（在俄罗斯联邦法律规定的国家统一登记册和国家信息系统中发布的信息除外），对公民处以 2000—2500 卢布的罚款，可并没收违法物品；对于组织的工作人员，处 4000—5000 卢布的罚款，可并没收违法物品；对法人，处 4 万—5 万卢布，可并没收违法物品。④

（11）外国代理人名单中的非营利组织被决定暂停活动后仍组织活动，或参与该等活动，对组织者处以 3 万—5 万卢布罚款，对参与者处以 3000—5000 卢布罚款。⑤

与其他国家类似，俄罗斯亦规定了刑事责任。俄罗斯《刑法典》规定：第一，因违反《俄罗斯联邦行政违法法典》第 19.34 条第 1 款规定而被追究行政责任后，一年内两次逃避履行提交列入外国代理人名单所需文件的义务，应处以最高 30 万卢布的罚金，或相当于被定罪人两年以下工资或其他收入的罚款，或最高 480 小时的强制劳动，或最高两年的劳动教养，或相同期限的监禁。第二，因违反《俄罗斯联邦行政违法法典》第 19.34 条第 2—9 款规定而被追究行政责任后，一年内两次违反外国代理人的活动程序，应处以最高 30 万卢布的罚金，或相当于被定罪人两年以下工资或其他收入的罚款，或最高 480 小时的强制劳动，或最高两年的劳动教养，或相同期限的监禁。第三，从事有目的地收集俄罗斯联邦军事和军事技术活

---

① 《行政违法法典》第 19.34 条第 7 款。
② 《行政违法法典》第 19.34 条第 8 款。
③ 《行政违法法典》第 19.34 条第 9 款。
④ 《行政违法法典》第 13.15 条第 2 款之一。
⑤ 《行政违法法典》第 20.28 条第 2 款。

动领域的信息的活动，且外国势力收到该等信息则可能被用于危害俄罗斯联邦的安全（但相关活动不构成本法第 275 条和第 276 条规定的犯罪），却未依据俄罗斯关于外国代理人的法律的要求提交申请列入外国代理人名单，应处以最高 30 万卢布的罚金，或相当于被定罪人两年以下工资或其他收入的罚款，或最高 480 小时的强制劳动，或最高五年的劳动教养，或相同期限的监禁。①

第四节　身份限制

俄罗斯外国代理人法之所以为身份法模式，是因为其针对外国代理人从事特定活动进行了限制，从而使得"外国代理人"成为一种身份标签。当然，外国代理人因其身份标签受到的活动限制在刚开始时并不明显，几乎没有。但近些年俄罗斯在修改外国代理人法过程中，不断扩大针对外国代理人的行为限制。

在《受外国影响者活动管控法》以前，相关法律已经在逐步扩大限制范围。法律逐步规定：第一，除个人类外国代理人②以外的其他类型外国代理人，不得参与支持或反对提名、选举候选人的活动，不得参与或支持启动全民公决的活动，不得参与任何形式的选举竞选或全民公决动员活动。③ 第二，非营利组织外国代理人、未注册公共联合组织外国代理人和个人外国代理人不得资助公共活动。④ 第三，个人外国代理人不得担任国家机关和地方自治组织的官员。⑤ 第四，个人外国代理人不得接触国家秘密。⑥

---

① 《刑法典》第 330 条之一。

② 个人类外国代理人包括个人媒体外国代理人和个人外国代理人。

③ 《俄罗斯公民选举权和全民公决参与权基本保障法》第 3 条第 6 款。2021 年将该要求扩大至媒体外国代理人时，因该法表述并不是很清楚，不少媒体对于机构类媒体外国代理人能否报道俄罗斯的选举活动和全民公决活动产生了疑问，后经俄罗斯中央选举委员会澄清，明确了机构类媒体外国代理人只要不干涉选举活动，可以正常报道选举活动。具体可参见："Памфилова: представители СМИ-иноагентов смогут попасть на избирательные участки", *Коммерсанте*, https://www.kommersant.ru/doc/4976968。

④ 《集会、示威、游行、抗议法》（2004 年第 54 号法）第 11 条第 3 款第 4 项。法条文本见：http://pravo.gov.ru/proxy/ips/? docbody = &nd = 102087370。

⑤ 《对参与侵犯俄罗斯联邦公民基本人权和自由的人采取的措施法》第 2 条之一第 8 款。

⑥ 2020 年第 481 号法第 2 条，即《国家秘密法》（1993 年第 5485 号）第 22 条。《国家秘密法》文本见：http://pravo.gov.ru/proxy/ips/? docbody = &nd = 102025035。

除了法律对外国代理人所作的限制在不断扩大外，有关国家机关制定的规范性文件、地方立法，甚至行业组织的相关规范，实际上会对外国代理人名单中的个人或组织产生不少限制作用。有些国家机关在给非营利组织提供补贴时，明确排除外国代理人的申报资格。如俄罗斯教育部的"俄罗斯公民爱国主义教育项目"中的青少年爱国主义教育子项目，明确排除外国代理人申报相关资助的资格。① 有些国家机关则排除外国代理人提名一些法定机构组成人员的资格。例如，俄罗斯卫生部管理了一个叫作"病人权利保护公共组织委员会"的咨询机构②，该咨询机构的成员由涉及病人权利保护的公共组织提名。但俄罗斯卫生部明确规定，被列入外国代理人名单的非营利组织无权提名该机构组成人员。③

2022 年的《受外国影响者活动管控法》将过去分散在各项法律中的行为限制进行了整合，并将实践中有些国家机关的做法法定化，并进一步扩大了相关限制，最终法律中明确列举规定了 20 项限制，④ 具体包括：第一，外国代理人名单中的个人不能被任命担任国家机关的职务，包括提任国家公务员和市政部门的职务，亦不得成为选举委员会、公民投票委员会的成员。第二，官员或公民被列入外国代理人名单可以成为其不得接触国家机密的理由。第三，外国代理人无权参与国家机构下设的工作委员会、议事委员会、咨询性或辩论性的专家组或其他组织的活动。第四，外国代理人名单中的公共联合组织不得提名公共监督委员会候选人。第五，不得委托外国代理人对规范性法律文件（规范性法律文件草案）进行独立的反腐败鉴定。第六，外国代理人不得从事有助于或妨碍提名候选人、候选人名单、选举已登记候选人、提出公民投票倡议和举行公民投票、在选举或公民投票中取得某种结果的活动，也不得以其他方式参与选举、公民投票的竞选活动。禁止外国代理人向候选人、登记候选人、选举协会的选举基金和公民投票基金捐款。第七，不得为组织和举办公共活动目的转让、接

---

① 见俄罗斯教育部就该项目发布的申报公告一般条款第 9 条，https：//docs. edu. gov. ru/document/5335901a3217a74bbafe1d7e01b4a217/download/3803/.

② 该机构主要职责是就病人权益保护问题向俄罗斯卫生部提供咨询意见，其详细职责可参见俄罗斯卫生部《病人权利保护公共组织委员会管理条例》第 3 条、第 6 条、第 7 等条。条例文本见：https：//minzdrav. gov. ru/open/supervision/patients/polozhenie-i-reglament.

③ 详见俄罗斯卫生部《病人权利保护公共组织委员会管理条例》第 23 条第 4 款。

④ 《受外国影响者活动管控法》第 11 条。

受外国代理人的资金或其他财物。外国代理人不得组织公共活动。第八，不允许外国代理人向政党及其地方分支机构捐款，也不允许政党及其地方分支机构和其他分支机构与外国代理人进行交易。第九，外国代理人不得在州和市教育机构开展与未成年人有关的教育活动和教学活动。未成年人的教育活动不能由被认定为外国代理人的组织开展。第十，外国代理人不得为未成年人制作信息产品。第十一，外国代理人无权参与各类政府采购，具体包括：（1）满足国家和市政需求的货物、工程、服务的采购；（2）依据 2011 年 7 月 18 日第 223 号联邦法律《关于某些类型的法人实体的货物、工程、服务的采购法》实施的采购；（3）依据 2020 年 7 月 13 日第 189 号联邦法律《关于在社会领域提供国家（市政）服务的国家（市政）社会订单法》实施的服务采购。第十二，外国代理人无权获得国家财政支持，包括在开展创新活动时。第十三，外国代理人（个人除外）存入的资金或以他们为受益人而存入的资金不在保险范围内。第十四，外国代理人受俄罗斯联邦税法规定的限制和禁令的约束，包括与适用简化税制有关的限制和禁令。第十五，外国代理人无权采用简化会计方法，包括简化会计（财务）报表。第十六，外国代理人受 2008 年 4 月 29 日第 57 号联邦法律《对国防和国家安全具有战略重要性的商业实体进行外国投资以确保国防和安全的程序法》规定的限制和禁令的约束。第十七，外国代理人无权运营重要的关键信息基础设施，不得开展重要的关键信息基础设施的安全保障活动。第十八，外国代理人不得以专家身份参加国家环境影响评价，不得参与组织和实施公共环境影响评价。第十九，外国代理人不得进行环境保护领域的公众监督。第二十，外国代理人适用 2006 年第 38 号法律（《广告法》）中规定的限制和禁止。①

从历史经验看，后续仍有继续扩大的可能。前述第十九项、第二十项限制均是近两年修改外国代理人法新增加的限制。不过，基于外国代理人身份对相关主体从事特定活动予以限制，这是外国代理人法近些年所面临的巨大挑战，将极大地削弱外国代理人法的正当性，亦可能对基本权利构成不合理限制。

---

① 2024 年俄罗斯修改《广告法》，明确规定不得在外国代理人作为广告主的信息渠道上发布广告；不得为外国代理人的信息渠道发布广告。该限制的目的是防止外国代理人获得更多收入。详见 2024 年第 42 号法律的解释性注释，https：//sozd. duma. gov. ru/bill/553750-8.

第六章　新加坡的外国代理人法

新加坡外国代理人法，集中体现在《2021 年反外国干涉法》及其实施条例中。新加坡虽然仍然是以信息披露制度作为核心制度，但整体制度框架较美国、澳大利亚的纯信息披露法已有较大变化，本书将其特点总结为阀门控制模式的外国代理人法。本章将介绍其基本情况。

第一节　制度框架与主要特点

一、立法过程

2021 年 9 月 13 日，新加坡内政部政务部长易卜拉欣（Muhammad Faishal Ibrahim）代表内政部部长向国会提请审议《2021 年反外国干涉法（草案）》，国会当日进行一读。随后国会定于 2021 年 10 月 4 日对该法案进行二读。但是，新加坡前进党党员、非选区议员梁文辉试图阻挠该法案迅速通过，其提出，该法案涉及面广，对公众权益影响甚大，应当向社会公众征求意见并由专门委员会（select committee）审议后再交由国会二审。梁文辉向议长提交了推迟审议的请求（petition），该请求由其他 7 位议员联署；梁文辉同时发起了网络签名支持活动，征集到 35 家民间组织和 7419 名个人支持。但是，内政部强力推进该法案的审议进程，于原定的 10 月 4 日进行了二读，并于当日三读并顺利通过该法案。① 随后，总统于 2021 年 10 月 29 日签署该法。2021 年 11 月 25 日，新加坡《宪报》（*Ga-zette*）刊登该法全文。

根据该法第 1 条，该法将于内政部部长（the Minister for Home Affairs）指定的日期生效。内政部部长已经发布命令决定该法关于网络传播活动的

---

① 详见该法案二读当日的国会议事录，第十四届国会第一次会期 2020 年 10 月 4 日国会议事录，总第 95 卷第 39 期，https：//sprs. parl. gov. sg/search/fullreport？sittingdate = 04-10-2021.

各项规定于 2022 年 7 月 7 日生效,① 除此以外的部分（核心是关于具政治影响力者的规定）于 2023 年 12 月 29 日生效。② 《2021 年反外国干涉法》第 122 条规定,内政部部长有权就该法颁布实施条例。在新加坡,实施条例的颁布与生效,通常与法律的生效同步。③ 为配合《2021 年反外国干涉法》的部分条款于 2022 年 7 月 7 日生效,内政部部长于 2022 年 7 月 6 日下午公布了三部配套实施条例,④ 均与《2021 年反外国干涉法》的部分条款于 2022 年 7 月 7 日同时生效。为配合剩余条款于 2023 年 12 月 29 日生效,内政部部长对三部配套条例中的《2022 年反境外干涉（有害网络传播活动）实施条例》作了修改,并更名为《2023 年反境外干涉实施条例》。⑤

二、制度框架

新加坡外国代理人法主要针对网络传播活动⑥和具政治影响力者（po-

---

① 即该法第 2 条,第 3 条（除涉及具政治影响力者相关的概念定义外）,第 4—13 条,第 15—16 条,第二章和第三章,第 92 条,第 8 章第 2 节和第 4 节,第 105 条第 1、2、4、5 款,第 106-107 条,第 108 条第 1 款、第 2 款第 a 项第 i 目、第 2 款第 b 项及第 3—10 款,第 109—118 条,第 119 条第 1 款第 a 项和第 2 款,第 120—121 条,第 122 条第 1 款、第 2 款第 d 项,第 3 和 4 款,第 124 条第 6、7、9、10 款,第 125 条第 4、5、7、8 款,第 126 条,第 127 条第 5 款。详见 https：//sso. agc. gov. sg/Act/FICA2021/Uncommenced/20220630040037？ DocDate = 20211125.

② Foreign Interference （Countermeasures） Act 2021 （Commencement） Notification 2023, https：//sso. agc. gov. sg/SL/FICA2021-S880-2023？ DocDate = 20231222.

③ 例如,《2019 年防止网络假信息和网络操纵法》（Protection from Online Falsehoods and Manipulation Act 2019）于 2019 年 6 月制定后,通信和信息部部长于 2019 年 10 月 1 日颁布该法实施条例,并指定该法和实施条例同步于 2019 年 10 月 2 日生效。

④ 三部配套实施条例分别是《2022 年反境外干涉（有害网络传播活动）实施条例》[Foreign Interference （Countermeasures） （Harmful Online Communications Activity） Regulations 2022]、《2022 年反境外干涉（复议委员会）规则》[Foreign Interference （Countermeasures） （Reviewing Tribunal） Rules 2022]、《2022 年反境外干涉（网络送达）通知》[Foreign Interference （Countermeasures） （Service of Documents Website） Notification]。相关条例的全文见 https：//sso. agc. gov. sg/Act/FICA2021/Uncommenced/20230220160115？ ViewType = Sl.

⑤ 《2023 年反境外干涉实施条例》（Foreign Interference （Countermeasures） Regulations 2023）, https：//sso. agc. gov. sg/SL/FICA2021-S881-2023？ DocDate = 20231222.

⑥ 网络传播活动（"electronic communications activity" or "online communications activity"）是指任何个人或组织通过短信、彩信、社交媒体、相关电子设备或互联网接入服务等传播或散布信息材料的活动。详见新加坡《2021 年反外国干涉法》第 10 条。该条还列举了一些构成网络传播活动的情形以及不视为网络传播活动的情形。根据该条规定,只是提供网络服务一般不视为网络传播活动。

litically significant person）① 规定了两类不同的外国代理人制度。② 新加坡认为，在信息网络和社交媒体时代，外国势力开展的颠覆破坏活动并不局限于间谍手段，通过网络传媒发动敌意信息攻势（Hostile Information Campaigns）成为新的手段。而新加坡作为一个族群和宗教复杂的社会，极易受到敌意信息攻势的影响。因此，需要在网络传媒领域防范外国势力通过代理人以隐藏身份的方式危害新加坡的意识形态安全或干涉新加坡内外政策。同时，新加坡的政治应当由新加坡人说了算，具政治影响力者作为新加坡政治运行过程中的关键人物，如果受到外国势力的不当影响，将对新加坡的政治安全造成严重威胁。因此，需要对具政治影响力者可能与外国势力发生勾连的情况高度警惕。③

为此，《2021 年反外国干涉法》针对这两种情况设定了两类不同的制度。一是针对外国势力通过外国代理人在新加坡从事网络传播活动设定了信息披露及其他监管制度；④ 二是针对在新加坡具有政治影响力的具政治影响力者与外国势力之间发生勾连可能成为外国代理人时设定了信息披露及其他监管制度。⑤ 当然，《2021 年反外国干涉法》的制度设计，从本质上来说，与其他国家外国代理人法关注舆论宣传和国家权力运行（含国家机构及其官员决定内外政策以及政治官员的选举）两个重点领域并无区别。

就管理体制而言，新加坡外国代理法规定的监管机构包括内政部部长及其指定的主管机关（competent authority）。在新加坡，法律通常会规定某个部的部长作为该法实施的负责人。负责部长的权力一般比较大，有权指定法律的生效日期；有权制定该法的实施条例；有权就该法的执法指定具

----

① 具政治影响力者是新加坡外国代理人法中的核心概念，主要是指在新加坡具有政治影响力的组织和个人，包括法定具政治影响力者和主管机关指定具政治影响力者。

② 需要说明的是，《2021 年反外国干涉法》废除了《2000 年政治捐赠法》（Political Donations Act 2000）而对政治捐赠制度作了全面的改革与升级（第五章）。改革后的政治捐赠制度，除第 67 条规定主管机关可以禁止指定政治人物接受外国势力的政治捐赠外，并未针对涉外国势力的政治捐赠规定特别制度。因此，本研究报告在讨论新加坡外国代理人法时，未将《2021 年反外国干涉法》第五章规定的政治捐赠制度纳入。

③ 详见内政部部长在《2021 年反外国干涉法（草案）》二读时的发言，该发言见新加坡第十四届国会第一次会期 2020 年 10 月 4 日国会议事录，总第 95 卷第 39 期，https：//sprs. parl. gov. sg/search/fullreport? sittingdate = 04-10-2021.

④ 主要见新加坡《2021 年反外国干涉法》第三章（Part 3）。

⑤ 主要见新加坡《2021 年反外国干涉法》第四至第六章（Parts 4-6）。

体承担执法职责的部门或官员，即指定该法的主管机关；① 有权向主管机关发出命令或指示，主管机关必须服从；② 还有权行使该法赋予部长的其他权力。负责《2021 年反外国干涉法》实施的部长为内政部部长。除了大选期间外，③ 他全权负责该法的实施，享有前述所介绍的各项权力。目前，该法由内政部自己负责实施。

三、主要特点

新加坡外国代理人法，在很大程度上对其他国家立法有所借鉴，并在借鉴基础上有所创新。以对澳大利亚外国代理人法的借鉴为例，新加坡的立法受澳大利亚影响明显。④ 其中不少条文的具体内容，直接来源于澳大利亚的外国代理人法，甚至措辞都完全一致。例如，二者对外国政府相关个人（"foreign government-related individual"）的定义，几乎只字不差。⑤ 即便是那些较具创新或特色的制度，实际也能在澳大利亚外国代理人法中

---

① 部长可以就不同条文指定不同的主管机关。

② 新加坡《2021 年反外国干涉法》第 105 条。

③ 根据新加坡的政治体制，有些法律在大选期间，其实施职责将由政治官员转向非政治官员。《2021 年反外国干涉法》也作了类似规定。该法第 106 条规定，在新加坡国会和总统大选期间，该法将不再由内政部长负责实施，而由内政部长事先依据该法确定的其他备选官员负责实施。从其他法律的情况来看（以《2019 年防止网络假信息和网络操纵法》为例，通信和信息部部长于 2020 年 6 月指定的大选期间负责该法实施的备选官员均为政治官员所在部的常任秘书 permanent secretary），在《2021 年反外国干涉法》生效后，内政部长应当会适时指定内政部常任秘书负责该法在大选期间的实施。

④ 如前述，澳大利亚外国代理人法深受美国影响，可以说是美国外国代理人法的发展；而新加坡则是在澳大利亚外国代理人法基础上的进一步发展。

⑤ 新加坡《2021 年反外国干涉法》第 4 条 ["foreign government-related individual" means an individual who is related to a foreign principal that is a foreign government, foreign political organisation or foreign public enterprise in either or both of the following ways: (a) the individual is accustomed, or under an obligation (whether formal or informal), to engage in conduct in accordance with the directions, instructions or wishes of the foreign government, foreign political organisation or foreign public enterprise; (b) the foreign government, foreign political organisation or foreign public enterprise (as the case may be) is in a position to exercise, in any other way, total or substantial control over the individual.] 澳大利亚《2018 年外国影响透明机制法》第 10 条 [foreign government related individual means an individual: (a) who is neither an Australian citizen nor a permanent Australian resident; and (b) who is related to a foreign principal that is a foreign government, foreign government related entity or foreign political organisation in either or both of the following ways: (i) the individual is accustomed, or under an obligation (whether formal or informal), to act in accordance with the directions, instructions or wishes of the foreign principal; (ii) the foreign principal is in a position to exercise, in any other way, total or substantial control over the individual.]

找到影子。例如，新加坡外国代理人法重点针对具政治影响力者而不是普通个人或组织规定主动登记报告其与外国势力之间的代理关系的义务。其制度雏形是澳大利亚外国代理人法规定的前内阁部长和前政府高官外国代理人制度。①

同时，新加坡外国代理人法有其自身的特色。首先，与俄罗斯外国代理人法正好相对，新加坡外国代理人法的"行为法"特点更明显。新加坡首先明确外国代理人从事哪些行为/活动属于对国家政治安全具有较高的潜在危害性，然后针对这些行为/活动规定监管措施。正是这一立法思路，新加坡外国代理人法大量针对外国代理人以外的但与外国代理人从事的活动有关的主体规定监管措施。其他国家外国代理人法只在少数情形下调整外国代理人以外的其他主体的行为。例如，俄罗斯外国代理人法明确规定任何传媒机构发表涉及外国代理人的信息材料时应当标示所涉外国代理人的外国代理人身份。② 相较之下，新加坡外国代理人法却大量地针对外国代理人以外的其他主体规定相关义务。例如，其规定社交媒体平台、相关网络服务商等需要承担不向相关账号提供服务、屏蔽相关信息材料的义务。③

其次，新加坡外国代理人法特别强调监管机构的主导性。美澳外国代理人法的基本模式是，外国代理人主动报告，监管机构事后追责。即便俄罗斯近些年的立法和执法强调监管机构主动地将相关个人和组织列入外国代理人名单，但后续的信息披露义务和其他监管义务，仍主要是由外国代理人自行完成，监管机构主要是依赖事后追责实现监管目标。但是，新加坡外国代理人法十分注重监管机构的主导性。一方面，对于哪些活动、哪些主体纳入监管，外国代理人法只做原则性规定，监管机构在执行过程中具有自由裁量权，有在个案中决定是否将某一活动、某一主体纳入外国代理人法调整的裁量权。在很大程度上，新加坡的监管机构是一种筛选机制，确保外国代理人法只针对少数情形执法。另一方面，对于纳入外国代理人法调整的活动和主体，却赋予监管机构大量主动执法的权力，明确规

---

① 澳大利亚《2018年外国影响透明机制法》第22条和第23条。

② 俄罗斯新近外国代理人立法有将这种例外转为常态的趋势，如2021年第91号法规定，选举活动的组织方等需要将外国代理人予以明确标示。

③ 新加坡《2021年反外国干涉法》第34和35条。

定监管机构根据现实需要向相关主体（包括但不限于外国代理人）发出信息披露指令、行为指令及其他各类指令。简言之，新加坡外国代理人法对于是否出手十分慎重，但一出手必是狠招。新加坡外国代理人法强调监管机构主导性的立法特点对英国外国代理人法产生了较大影响，即便英国外国代理人法制定过程中并未提及新加坡外国代理人法。

第二节　外国代理人的含义与范围

一、可以成为外国代理人的主体范围

在新加坡外国代理人法中，可以成为外国代理人的主体范围，不是一成不变的，而是有宽有严且具有动态性。

与加强传媒监管的传统一致，新加坡对外国势力委托代理人从事网络传播活动高度警惕。所谓网络传播活动是指通过短信、彩信、社交媒体、相关电子设备或互联网接入服务等方式传播或散布信息材料的活动。就网络传播活动而言，新加坡规定，任何个人和组织均可以成为外国代理人。[①]换句话说，任何个人或组织，代表外国势力从事可能具有危害性或具有政治目的的网络传播活动，均受新加坡外国代理人法调整。更为重要的是，新加坡明确规定了此类外国代理人制度的域外适用。其认为，在信息网络时代，区别于传统纸媒时代，敌意信息攻势往往从全球性平台发起，因此需要规定域外适用制度。[②]其规定，位于新加坡境外的个人或组织，如果从事的网络传播活动有任何部分发生在新加坡境内及其有管辖权的轮船、飞机等上，均视为在新加坡发生，在构成外国代理人法规定的犯罪时，受新加坡外国代理人法调整。[③]

与新加坡作为国际商业中心的定位相匹配，新加坡对其他领域可以成为外国代理人的主体范围却显得十分谨慎。其认为，美国和澳大利亚外国代理人法规定的可以成为外国代理人的主体范围过宽。比如，在美国，一

---

① 　新加坡《2021年反外国干涉法》第17条、第18条、第19条、第20条。

② 　内政部部长在《2021年反外国干涉法（草案）》二读时的发言，详见新加坡第十四届国会第一次会期2020年10月4日国会议事录，总第95卷第39期，https：//sprs.parl.gov.sg/search/fullreport? sittingdate=04-10-2021.

③ 　新加坡《2021年反外国干涉法》第115条。

个美国公民代表一家跨国公司以推广产品为目的会见国会议员，将纳入外国代理人法的调整范围。这对新加坡来说，显然过宽。新加坡不是美国，也不是澳大利亚，而是一个国际中心，与其他国家、国际商业人士的交往，跨国公司在本地设立办事处，对新加坡来说十分重要。如果将可以成为外国代理人的主体范围设置得过宽，将对新加坡不利。因此，需要规定较美国和澳大利亚更窄的范围。①

在这样的指导思想下，受澳大利亚外国代理人法规定前内阁部长外国代理人和前政府高官外国代理人制度的影响，新加坡推出了"具政治影响力者"的概念。除了网络传播活动外，新加坡外国代理人法只调整具政治影响力者作为外国代理人的情形。具政治影响力者是指在新加坡具有政治影响力的组织和个人，包括法定具政治影响力者和主管机关指定具政治影响力者。法定具政治影响力者，在新加坡政治体制下具有特殊身份和权力职责，一旦成为外国代理人或与外国势力之间有其他利益关联，将很可能对新加坡国家安全（特别是政治安全）产生危害。其具体包括政党、选举候选人、候选人的选举代理人（an election agent of a candidate）、政治领袖、议员（不论是否担任政治领袖）、政党行政委员会或类似的负责机构的成员（不论其是不是政党负责人）。② 其中，政治领袖是指总理、副总理、国务资政或统筹部长或部长（Minister, Senior Minister or Co-ordinating Minister）、政务部长或高级政务部长（Minister of State or Senior Minister of State）、政务次长或高级政务次长（Parliamentary Secretary or Senior Parliamentary Secretary）、议会议长或副议长、市长、政治秘书（Political Secretary）以及议会领袖。③ 主管机关指定具政治影响力者（本书将简称"指定具政治影响力者"），在本质上是普通的个人或组织。它们在新加坡政治体制下没有特殊身份和权力职责，但受各种因素影响它们对国家安全的威胁高于其他个人或组织，因而需要采取一事一议的方式由主管机关予以认定后进行区别对待。其具体包括指定具政治影响力机构和指定具政治影响力个人。指定具政治影响力机构，是指主管机关为了保证新加坡国家安全而

---

① 内政部部长在《2021年反外国干涉法（草案）》二读时的发言，详见新加坡第十四届国会第一次会期2020年10月4日国会议录，总第95卷第39期，https：//sprs.parl.gov.sg/search/fullreport? sittingdate = 04-10-2021.

② 新加坡《2021年反外国干涉法》第14条。

③ 新加坡《2021年反外国干涉法》第3条。

认为需要予以特殊对待从而指定的以实现影响政策决策为目的而从事活动的实体。① 指定具政治影响力个人，则是指主管机关为了保证新加坡国家安全而认为需要予以特殊对待的从而指定的以实现政治目的而从事活动且为外国立法机关或外国政治组织成员的个人。② 指定具政治影响力者的机制，能够弥补将登记报告义务限定在具政治影响力者而可能产生的重大遗漏，可以在维护国家安全和权利保护之间寻求平衡。

需要说明的是，被指定意味着可能对国家安全造成影响，可能代理外国势力从事活动。因此，从本质上来说，指定具政治影响力者虽然没有被认定为外国代理人，但实际效果与被认定为外国代理人无异。例如，2024年2月新加坡内政部公开声明其有意指定出生在我国香港但为新加坡公民的陈文平为指定具政治影响人物时，明确提出"陈文平已显示出容易受到外国势力影响的倾向，并愿意推动他们的利益"③。这在本质上与"认定"陈文平为外国代理人无异。

从表面上看，新加坡外国代理人法规定只有具政治影响力者才能成为外国代理人。相较于美国和澳大利亚，确实极大地缩小了外国代理人的调整范围。但新加坡实际并没有直接缩小可以成为外国代理人的主体范围。而是建立了一种由主管机关把控的筛选机制。在指定具政治影响力者机制下，任何个人或组织均可能成为指定具政治影响力者。而一旦某个人或组织被指定为具政治影响力者，它将作为可能成为外国代理人的主体而受外国代理人法调整。新加坡的这种处理思路，与其强调主管机关在实施外国代理人法时应具有主动性的思路相一致。也为我国如何平衡监管需要与权利保护等提供了一种新的思路。

二、外国势力范围

新加坡规定的外国势力范围，其未将国际组织纳入外国势力范围，除此以外，其对外国势力范围的规定也较宽，具体包括"（1）外国人，即不

---

① 新加坡《2021 年反外国干涉法》第 47 条。

② 新加坡《2021 年反外国干涉法》第 48 条。

③ Intended Designation of Chan Man Ping Philip As Politically Significant Person Under the Foreign Interference（Countermeasures）Act，Ministry of Home Affairs，https：//www.mha.gov.sg/mediaroom/press-releases/intended-designation-of-chan-man-ping-philip-as-politically-significant-person-under-the-foreign-interference-countermeasures-act/.

是新加坡公民的个人；（2）外国政府，包括外国政府的部门和地方或区域政府；（3）与外国政府有关的个人，是指受外国政府、外国政治组织和外国公共组织实质控制的个人；（4）外国立法机关；（5）外国政治组织，包括外国政党及以追求政治目标为业而在外国成立的组织；（6）外国公共组织，指外国政府或外国政治组织通过人事、组织和其他安排而实质控制的法人或非法人组织；（7）外国企业，即依据外国法律成立的企业或住所地在外国的企业"[1]。

三、代理关系的认定

新加坡借鉴了澳大利亚的外国代理人法，其规定，"本法中，除非另有规定，那么某人的行为符合以下条件则构成代表外国势力：（1）该人从事行为属于以下情形之一，一是根据与外国势力的安排从事相关活动；二是为外国势力提供服务；三是根据外国势力的命令或请求从事相关活动；四是在外国势力的控制、指示或监督下从事活动；五是接受外国势力资助从事活动；六是与外国势力串通合作从事活动。（2）在符合（1）中任何情形之一的前提下，该人与外国势力都知悉或预期该人将从事有关活动"[2]。与澳大利亚一样，新加坡亦明确规定，代理关系的成立不以代理人是否得到报酬为条件。[3] 不过，新加坡的规定较澳大利亚稍宽一些。虽然新加坡借鉴澳大利亚将代理人与外国势力都知悉或预期代理人将从事有关活动作为限制认定代理关系的条件，但新加坡另行规定，即便不符合法条列举的六种情形之一，只要代理人与外国势力之间存在默契，二者知悉或预期代理人将从事相关活动，亦构成代理关系。[4]

四、政治活动要素

新加坡外国代理人法规定了两类不同的外国代理人制度：一类是针对外国代理人从事网络传播活动设定的制度；另一类是针对具政治影响力者

---

① 新加坡《2021 年反外国干涉法》第 4 条。
② 新加坡《2021 年反外国干涉法》第 5 条第 1 款。
③ 新加坡《2021 年反外国干涉法》第 5 条第 2 款。
④ 新加坡《2021 年反外国干涉法》第 5 条第 3 款。

设定的制度。不论是哪一类制度，都与政治直接相关。

就外国代理人从事网络传播活动而言，并非代理外国势力从事网络传播活动即纳入外国代理人法调整范围，而只有那些具有政治目的的网络传播活动和那些可能具有危害性的网络传播活动才属于外国代理人法调整的范畴。而所谓具有政治目的的网络传播活动，是指网络传播活动具有以下目的之一：（1）在新加坡推动某一政党或本法规定的重要政治性实体的利益；（2）影响或试图影响依法开展的任何选举或全国性公决的结果；（3）影响或试图影响新加坡政府的决策，包括总统、内阁或内阁委员会、大臣、任何国家机构、任何公共机构、与以上任何机构作出决定有关的工作人员等在他们履行职责过程中作出的行为或决定，不论相关决定是否终局或是否正式；①（4）影响或试图影响以下任何国家权力运行的任何一个方面或结果，一是议会运行，二是总统少数族裔权利委员会的运行，三是总统顾问委员会的运行，四是依法成立的马来社群委员会、印裔及其他少数族裔社群委员会的运行，五是《1991年总统选举法》第8E条规定的社群委员会的运行，六是宪法第18条规定的总统选举委员会的运行；（5）引起或尝试引起新加坡任何法律的全部或部分改变，或以其他方式影响或试图影响新加坡的立法过程；（6）就在新加坡具有公众争议性的问题影响或试图影响社会公众意见；（7）影响或试图影响新加坡内的政治观点的任何方面及与政治辩论主题相关的任何活动中公众行为，推动或反对任何政治观点。②

而所谓可能具有危害性的网络传播活动，是指通过网络传播活动在新加坡发表的信息或材料，具有以下后果之一：（1）会或者可能（likely）会对新加坡或新加坡的任何部分的安全造成损害；（2）会或者可能（likely）会对公共卫生、公共安全、社会稳定或公共财政造成危害；（3）会或者可能（likely）会对新加坡与其他国家的友好关系造成危害；（4）会或可能会煽动新加坡不同群体之间的敌意、仇意或恶意情感从而对新加坡的公共安宁或秩序造成危害；（5）会或可能会使公众对新加坡政府、政府机构或新加坡地方政府及机构履行公共职责或行使公权力的信任

---

① 关于新加坡政府决策的范围，见新加坡《2021年反外国干涉法》第9条。

② 新加坡《2021年反外国干涉法》第8条。

降低。① 从可能具有危害性的内容来看，除了第一项是比较宽泛的国家安全，实际上主要是对政治安全可能具有危害性。

就针对具政治影响力者设定的外国代理人制度而言，亦是直接与政治相关。首先，法定具政治影响力者在新加坡政治体制内所具有的特殊身份和政治权力而很可能对新加坡政治产生影响，所以他们被特别关照而纳入外国代理人法调整。其次，就指定具政治影响力者而言，主管机关在考虑是否指定某一个人或组织为具政治影响力者时，要不然因为具政治影响力者从事的活动具有前述政治目的，要不然因为具政治影响力者从事的活动可能具有前述危害性，实际也与政治直接相关。②

此外，需要特别注意的是，新加坡外国代理人法特别注重监管机构（内政部部长和主管机关）主动性。表面上具有政治目的或可能具有危害性的网络传媒活动，并不必然会纳入新加坡外国代理人法调整，是否纳入取决于监管机构的自由裁量权。类似地，个人或组织从事的活动具有政治目的或可能具有危害性时，并不必然会被指定为具政治影响力者从而被纳入外国代理人法调整，这中间同样有监管机关裁量的过滤机制。通过监管机构享有绝对自由裁量权的过滤机制，新加坡能够灵活掌握其外国代理人法调整范围的大小。这与新加坡试图在维护政治安全与避免伤害其作为国际商业中心地位之间寻求平衡有关。

五、豁免情形

新加坡规定，对于纳入外国代理人法调整范围的情形，如果属于以下情形之一，予以豁免：

1. 议会公开程序豁免。向社会公开的议会委员会或议会全院委员会及依法具有类似权力的机构或官员举行的程序中提交意见，予以豁免。

2. 选民个人事务豁免。议员所在选区选民自己或通过代理人，就不涉及商业的自己个人、家庭事务向选区所选议员提交意见，予以豁免。

3. 应政府要求豁免。政府或任何公共机构就新加坡政府的决策以书

---

① 详见新加坡《2021 年反外国干涉法》第 7 条、第 17 条和第 18 条。其中第 7 条是对主管机关在考虑是否采取监管措施时可以考虑的公共利益因素的规定，第 17 条、第 18 条以规定犯罪构成要件的形式明确哪些信息材料和活动具有危害性。

② 详见新加坡《2021 年反外国干涉法》第 47 条和第 48 条。

面形式征求意见时，被征求意见人自己或通过代理人提交意见，予以豁免。

4. 执法豁免。政府或任何公共机构在执行、解释和适用法律及有关政策、指示、指南等过程中，直接涉及的个人或组织自己或通过代理人提交意见，予以豁免。

5. 法律服务豁免。个人或组织向他人提供法律服务，在刑事或民事询问、调查和司法程序中提供代理服务，在根据法律规定开展的行政程序或监管程序中提供代理服务，予以豁免。

6. 税务破产豁免。税务代理人或破产清算管理人日常执业过程中，在涉及外国势力的行政程序中代表外国势力，如果代理关系和外国势力的身份自然被相关方知悉或向相关方披露，则予以豁免。

7. 公职人员豁免。公共机构的官员或雇员，以个人身份从事职责范围内的活动，予以豁免。

8. 授权条例规定的豁免。该法实施条例，可以另行规定相关豁免。[1]

第三节 信息披露制度

新加坡外国代理人法的核心制度仍然是信息披露制度。类似于其他国家，其规定的信息披露制度亦有四个方面。

一、外国代理人向监管机构登记报告的制度

新加坡未针对个人或组织代理外国势力从事网络传播活动时规定向监管机构主动登记报告的制度，而只是针对具政治影响力者与外国势力发生关联时规定了主动登记报告制度。具体而言：第一，具政治影响力者应向主管机关报告其与外国势力之间的代理关系。[2] 具政治影响力者的这一报

---

① 新加坡《2021年反外国干涉法》第120条。

② 新加坡《2021年反外国干涉法》第78条规定了若干豁免情形：（1）个人类具政治影响力者与外国公民或外国政府相关个人（即外国政府、外国政治组织或外国公共企业可以实质控制的个人或听命于这些组织的个人，详细定义见第4条）之间的婚姻关系；（2）个人类具政治影响力者代理外国公民或外国政府相关个人从事活动时，是因为其与外国公民或外国政府相关个人为同一家庭或属于朋友关系，从事活动时完全以个人名义而不涉及其政治人物身份，并且从事的活动属于为了外国公民或外国政府相关个人的纯粹私人利益；（3）具政治影响力者与外国势力之间的安排仅仅因为二者同属于某一不属于外国势力的组织或公司的共同成员。

告义务，不需要具政治影响力者实际已经从事任何活动或采取任何行动，亦不考虑相关安排是一次性的还是长期的。① 报告时，应当披露外国势力的身份及其他具体信息，双方之间的具体安排，并声明报告内容完整而无遗漏。② 第二，部分个人类具政治影响力者，包括选举候选人、候选人的选举代理人、政治领袖、议员（不论是否担任政治领袖），以及指定具政治影响力个人，如果被外国政府或其代理人授予移民利益，不论个人类具政治影响力者是否自愿或是否实际主张该等利益，均应向主管机关报告。而所谓移民利益，是指外国政府赋予的该国荣誉公民身份、外国政府颁发的包括护照在内的可以用于国际旅行时证明身份的证件、外国政府赋予其在该外国工作或居住（不含短期）的权益等。③

除此以外，新加坡还规定，该国公民（不论是否实际在新加坡居住），在《2021 年反外国干涉法》第 79 条生效时已经是外国立法机关或外国政治组织成员的，应当在该条生效后立即向主管机关提交一份书面声明；如果是在该条生效后成为外国立法机关或外国政治组织成员的，则应当在成为外国立法机关或外国政治组织成员后立即提交一份书面声明。书面声明应当载明该公民的姓名、住址、外国立法机关或外国政治组织的基本情况、其作为成员的性质、实施条例规定的其他信息。④

二、监管机构调查搜集及分享相关信息的权力

新加坡外国代理人法规定，主管机关为实施该法的目的，包括但不限于为了确定有关主体提交的信息材料是否准确，主管机关是否应当采取相关监管措施等，可以向知悉相关信息或占有相关材料的主体（不论该主体是否在新加坡）发出指令要求其向主管机关提供信息材料。不按照主管机关的要求提供信息材料或提供的信息材料存在错误或误导性的，可能构成犯罪。⑤

---

① 新加坡《2021 年反外国干涉法》第 78 条。
② 新加坡《2021 年反外国干涉法》第 76 条。
③ 新加坡《2021 年反外国干涉法》第 78 条。
④ 新加坡《2021 年反外国干涉法》第 79 条。
⑤ 新加坡《2021 年反外国干涉法》第 108 条。

三、从事活动披露代理关系的制度

新加坡规定，在涉外国势力的政治发表活动中，及外国代理人从事的网络传播活动中，[1] 外国代理人或其他相关主体，应当承担身份披露义务。需要注意的是，区别于美国、澳大利亚和俄罗斯以外国代理人的披露义务为主，在新加坡外国代理人法中，承担身份披露义务的主体，并不限于外国代理人，而包括其他相关主体。

（一）在涉外国势力的政治发表活动中披露身份的制度

新加坡规定，具政治影响力者从事政治发表、报社刊发政治报道或从事至少一项新加坡新闻报道的广播电视台播发政治报道时，如果该发表或报道的作者为外国公民或是为了外国势力利益或根据外国势力的要求而发表或刊播，则主管机关有权向具政治影响力者、报社和广播电视台发出涉外国势力政治发表透明指令（transparency directive for publishing political matters with foreign link），要求它们以显著的方式在相关发表或报道中披露：（1）相关发表或报道的作者的姓名或笔名及国籍；（2）相关发表或报道所服务的外国势力或所听命的外国势力的身份。并要求它们在相关发表或报道中声明该发表或报告与外国势力有关；以及有关标示和声明是依据《2021年反外国干涉法》作出。[2] 所谓政治发表或报道，是指会被合理地认为具有以下目的之一的文章、论文、评论、谈话、表演或节目，或它们的一部分：（1）提升具政治影响力者的利益；（2）影响或试图影响依法开展的选举或全国公投；（3）改变或试图改变新加坡某一法律的全部或部分，或影响或试图影响新加坡的立法过程；（4）影响新加坡政府决策；（5）就新加坡有争议的政治话题影响某一政治观点或政治行为。[3]

---

[1]　除此以外，新加坡《2021年反外国干涉法》第五章规定了政治捐赠活动中披露身份的义务。因相关规定严格来说不是特别针对外国代理人的规定，因此本文不作详细介绍。

[2]　新加坡《2021年反外国干涉法》第80条、第81条和第82条。

[3]　新加坡《2021年反外国干涉法》第80条。

（二）外国代理人从事特定网络传播活动时的身份披露制度

外国代理人从事有危害性[①]的网络传播活动或从事具有政治目的[②]网络传播活动[③]时，外国代理人及其他相关主体应当披露外国代理人的身份，具体包括外国代理人的身份信息、其与外国势力之间的代理关系、及外国代理人所代理的外国势力的身份信息等。新加坡具体以两种方式规定了外国代理人从事特定网络传播活动时的这一信息披露制度：一是规定外国代理人从事特定网络传播活动未披露身份构成犯罪；二是规定主管机关可以视情况要求外国代理人、网络服务提供商等在网络传播活动发表的信息或材料中作出明确标示以使新加坡受众能够直观地识别相关信息或材料为外国代理人为外国势力利益而传播。

就外国代理人以掩盖身份的方式从事特定网络传播活动，新加坡规定了三种犯罪。第一种，以掩盖身份的方式通过网络传播活动危害政治安全的犯罪，其具体包括四项构成要件：（1）个人或组织从事网络传播活动，

---

① 具有危害性是指通过网络传播活动在新加坡发表的信息或材料，具有以下后果之一：（1）会或者可能（likely）会对新加坡或新加坡的任何部分的安全造成损害；（2）会或者可能（likely）会对公共卫生、公共安全、社会稳定或公共财政造成危害；（3）会或者可能（likely）会对新加坡与其他国家的友好关系造成危害；（4）会或可能会煽动新加坡不同群体之间的敌意、仇意或恶意情感从而对新加坡的公共安宁或秩序造成危害；（5）会或可能会使公众对新加坡政府、政府机构或新加坡地方政府及机构履行公共职责或行使公权力的信任降低。详见新加坡《2021年反外国干涉法》第7条、第17条和第18条。其中第7条是对主管机关在考虑是否采取监管措施时可以考虑的公共利益因素的规定，第17条、第18条以规定犯罪构成要件的形式明确哪些信息材料和活动具有危害性。三个条文是从不同角度对同一事务作出的相同规定。

② 具有政治目的，是指试图影响新加坡国家机关决定内外政策或选举等目的。关于政治目的的定义和表现形式，详见《2021年反外国干涉法》第8条。

③ 网络传播活动（"electronic communications activity" or "online communications activity"）是指任何个人或组织通过短信、彩信、社交媒体、相关电子设备或互联网接入服务等传播或散布信息材料或任何包含信息材料的事物。新加坡《2021年反外国干涉法》第10条。该条还列举了一些构成网络传播活动的情形以及不视为网络传播活动的情形。根据该条规定，只是提供网络服务一般不视为网络传播活动。

该活动将造成或涉及在新加坡发表/出版任何信息或材料。① （2）前述个人或组织从事网络传播活动是代表外国势力或代表另一个代表外国势力的人。② 即，犯罪主体为外国代理人。（3）前述个人或组织从事网络传播活动时，知道或应当知道该活动或在新加坡发表的信息或材料具有危害性或具有政治目的。（4）前述个人或组织与外国势力的代理关系处于隐藏状态或具有欺骗性，或者前述个人或组织从事活动本身处于隐藏状态或具有欺骗性。③ 第二种，以掩盖身份的方式通过网络传播活动影响第三人使其实施危害新加坡政治安全活动的犯罪。该种犯罪亦有四项构成要件。第（1）项、第（2）项构成要件与第一种犯罪相同。第（3）项构成要件是外国代理人从事网络传播活动的目的是通过网络传播活动或在新加坡发表/出版的信息或材料影响第三人，以使第三人在新加坡从事具有危害性或具有政治目的的活动。第（4）项构成要件是外国代理人向试图影响的第三人隐瞒了或者未向第三人披露其与外国势力之间的代理关系。④ 第三种犯罪则是第一种犯罪和第二种犯罪的准备犯与计划犯形态。⑤ 在这三种犯罪中，外国代理人掩盖自己的身份信息，掩盖其与外国势力之间的代理关系，或掩盖其所代理的外国势力的身份信息，是必不可少的构成要件。换句话说，外国代理人在从事网络传播活动时，如果能够如实披露自己的身份信息，同时披露其与外国势力之间的代理关系，以及所代理的外国势力的身份信息，则不构成违法行为。

新加坡外国代理人法规定，如果发现或怀疑在新加坡境内外从事的网

---

① 新加坡《2021年反外国干涉法》第12条规定，信息材料的发表是指：（1）将该等信息材料包含在公众可以获取或向公众传播的报纸、杂志、传单、票券及其他文档上；（2）将该等信息材料包含在可以从互联网访问的网站上；（3）将该等信息材料包含在公众可以获取或向公众传播的电影、视频、电视节目或广播节目中；（4）将该等信息材料及包含将该等信息材料的其他材料在公共空间（包括各类交通工具或工作场所等）展示、播放；（5）将该等信息材料及包含将该等信息材料的其他材料向公众出售、租用或提供；或（6）以其他任何方式使公众可以知悉该等信息材料。而在新加坡发表是指：（1）任何物理上在新加坡的人可以获取前述发表的信息材料；（2）前述发表的信息材料源自新加坡，即便任何物理上在新加坡的人均无法获取前述发表的信息材料；（3）前述两种情形不适用时或无法决定相关信息材料是否源自新加坡时，只要相关信息材料可以被获取、展示、散布、传播等有新加坡相关人士参与，即视为在新加坡发表。而新加坡相关人士是指新加坡公民、永久居民、物理上在新加坡的任何个人、在新加坡注册的实体等。

② 关于代理关系的认定，详见新加坡《2021年反外国干涉法》第5条。

③ 新加坡《2021年反外国干涉法》第17条。

④ 新加坡《2021年反外国干涉法》第18条。

⑤ 新加坡《2021年反外国干涉法》第19条。

络传播活动是外国势力或其代理人所为，而网络传播活动导致或将导致在新加坡境内发表任何信息材料，在考虑相关因素后，为防范外国势力及其代理人危害国家安全①，内政部长可以指示主管机关向网络用户（不论其是否为外国代理人）、社交媒体平台、相关网络服务商②、根据《1999 年通信法》第 5 条持有牌照的通信服务商、根据《1974 年报纸与纸质传媒法》第 21 条持有在新加坡出版报纸牌照的主体、根据《1994 年广播法》第 8 条持有在新加坡提供广播服务牌照的主体、其他容易让公众知悉相关指令已经给出的服务提供商、相关网站所有人等（本文合称"网络传播活动相关方"），发出必须携带指令（must-carry direction），要求接受指令的人采取所有合理的手段，以醒目的方式按照指令的要求对指令所指向的信息材料予以标示，以使社会公众能够清楚知悉相关信息材料为外国代理人代表外国势力发表。③

四、向社会公开外国代理人名单及其他相关信息的制度

新加坡外国代理人法，十分注重监管机构的主导性，因此既未规定公布外国代理人名单的制度，也未规定公布外国代理人的身份信息及其他相关信息的制度。但是，其明确规定主管机关采取监管措施时应当向社会公开，具体包括：主管机关作出的指定具政治影响力者的决定，就网络传播活动采取监管措施作出的所有指令（除了属于前期调查阶段需要保密的技

---

① 新加坡外国代理人法规定，主管机关"为了公共利益（in the public interest）"可以发出必须携带指令。同时，《2021 年反外国干涉法》第 7 条将"为了公共利益"定义为：（1）防范对新加坡或新加坡的任何部分的安全造成损害；（2）防范对公共卫生、公共安全、社会稳定或公共财政造成危害；（3）防范对新加坡与其他国家的友好关系造成危害；（4）防范新加坡不同群体之间的敌意、仇意或恶意情感被煽动从而对新加坡的公共安宁或秩序造成危害；（5）防范公众对新加坡政府、政府机构或新加坡地方政府及机构履行公共职责或行使公权力的信任降低；（6）防范具有政治目的的外国势力干涉。这六项内容，实质是为防范外国势力及其代理人危害国家安全。

② 新加坡《2021 年反外国干涉法》第 13 条对"相关网络服务商"作了定义，该条规定，相关网络服务商是指向公众提供网络服务的下列服务商之一：（1）为终端用户通过电子邮件与他人交流提供服务的服务商；（2）为终端用户之间开展即时交流提供服务的服务商；（3）为终端用户与其他终端用户一起玩网络游戏提供服务的服务商；（4）以提供链接及其他网站信息为业务的服务商，包括但不限于搜索引擎、目录服务及网页浏览器等服务商；（5）点对多的网络服务提供商（即可以使任何人能够同时向多处传送材料的网络服务提供商）。

③ 新加坡《2021 年反外国干涉法》第 20 条、第 29 条和第 32 条。

术协助指令)①，就具政治影响力者可能与外国势力发生勾连而采取监管措施作出的指令,② 必须在主管机关的官方网站上公布，并且必须采取其他公布措施确保相关指令获得足够的公众关注。③

第四节　其他监管制度与特殊的救济机制

一、其他监管制度

虽然新加坡外国代理人法也是以信息披露作为核心制度，但相较于美国、澳大利亚和俄罗斯，新加坡外国代理人法在信息披露制度之外规定了更多的其他监管措施，特别是针对网络传播活动规定了大量信息披露之外的监管措施。

就网络传播活动，如果发现或怀疑在新加坡境内外从事的网络传播活动是外国势力或其代理人所为，而网络传播活动导致或将导致在新加坡境内发表任何信息材料，在考虑相关因素后，为防范外国势力及其代理人危害国家安全④，内政部部长不仅可以指示主管机关向网络传播活动相关方发出"必须携带指令"实现外国代理人的身份披露，还可以指示主管机关向相关主体发出其他指令实现维护国家安全的目标：第一，技术协助指令（Technical assistance direction）。主管机关可以向社交媒体平台、相关网络服务商⑤、互联网服务接入商、存储网站服务商、App 分发商、网站所有人等发出技术协助指令，要求指令接收方向主管机关提供相关信息以便主管机关确定相关账户是否为外国势力运营，以及其他有助于调查相关活动的信息。⑥ 第二，宣布网站禁止访问（declare an online location as pro-scribed）。内政部部长可以宣布载有相关信息材料的网站（含网页、聊天

---

① 内政部部长在《2021 年反外国干涉法》（草案）二读发言时，明确提到技术协助指令是调查阶段发出的指令，如果该指令也公布，可能会使调查对象提前获知其已经被调查。内政部部长二读发言见新加坡第十四届国会第一次会期 2020 年 10 月 4 门发言记录（总第 95 卷第 39 期），发言记录可从以下链接获取：https：//sprs. parl. gov. sg/search/fullreport? sittingdate = 04-10-2021.

② 有关决定和指令，详见本书相关部分的介绍。

③ 新加坡《2021 年反外国干涉法》第 116 条。

④ 危害国家安全的表现，详见新加坡《2021 年反外国干涉法》第 7 条。

⑤ 相关网络服务商的含义和范围见新加坡《2021 年反外国干涉法》第 13 条。

⑥ 新加坡《2021 年反外国干涉法》第 36 条。

室、论坛及其他通过互联网可视可听的站点)[1] 为禁止访问网站。[2] 第三，终端用户停止传播指令（Stop communication (end-user) direction）。主管机关可以向社交媒体平台、相关网络服务商[3]或互联网服务接入商的终端用户发出终端用户停止传播指令，要求该用户采取所有合理的手段确保其在社交媒体平台、其他网络上发布的指令所指向的信息材料被移除，或要求该用户停止一切传播指令所指向的信息材料及类似信息材料的活动。[4] 第四，关闭指令（disabling direction）。主管机关可以向社交媒体平台或相关网络服务商发出关闭指令要求指令接收方采取一切合理的措施使得在新加坡的所有终端用户都无法访问指令所指向的信息材料及类似信息材料。[5] 第五，屏蔽指令（Access blocking direction）。主管机关在满足特定条件时，可以向互联网接入服务商、社交媒体平台或相关网络服务商发出屏蔽指令，确保在新加坡的所有用户都无法访问社交媒体平台、相关网络服务商的网络服务或被禁止网站上所载的特定信息材料。[6] 第六，账户限制指令（account restriction direction）。主管机关可以向社交媒体平台或相关网络服务商发出账户限制指令，要求其终止或暂停为指令所载的相关账户提供服务。[7] 第七，服务限制指令（service restriction direction）。主管机关可以向社交媒体平台、相关网络服务商或互联网接入服务商发出服务限制指令，要求其针对新加坡特定区域或特定终端用户（含全部区域或全部终端用户）停止或推迟指令所载信息材料的传播、限制相关终端用户访问指令所载信息材料、限制终端用户在其提供的网络服务上的相关功能（如评论功能等）、暂停或限制提供相关服务。[8] 第八，App 移除指令（App removal

---

[1] 新加坡《2021 年反外国干涉法》第 3 条。
[2] 新加坡《2021 年反外国干涉法》第 24 条，宣布禁止访问网站的权力在内政部部长，而不是通过部长指示主管机关作出。
[3] 相关网络服务商的含义和范围见新加坡《2021 年反外国干涉法》第 13 条。
[4] 新加坡《2021 年反外国干涉法》第 30 条。
[5] 新加坡《2021 年反外国干涉法》第 31 条。
[6] 新加坡《2021 年反外国干涉法》第 33 条。
[7] 新加坡《2021 年反外国干涉法》第 34 条。
[8] 新加坡《2021 年反外国干涉法》第 35 条。

direction）。在满足法律规定的条件时①，主管机关可以向 App 分发商（应用市场）发出 App 移除指令，要求其采取合理措施确保在新加坡的终端用户无法下载可以接触相关信息材料的 App。② 第九，没收指令（disgorgement direction）。主管机关可以向外国代理人发出指令，要求其将收到的外国势力或其代理人资助其从事应被监管的网络传播活动的财物，向外国势力或其代理人返还，或向主管机关上缴。③

除此以外，为防范具政治影响力者与外国势力之间发生勾连，新加坡还赋予主管机关针对具政治影响力者发布特定行为禁止指令的权力。第一，禁止任命外国公民指令。主管机关可以向指定具政治影响力机构发布禁止任命外国公民的指令，要求接受指令的指定具政治影响力机构不得任命任何外国公民或指令中确定的特定外国公民为该机构负责人，不得接收任何外国公民或指令中确定的特定外国公民为该机构成员，在规定时间内暂停或撤销已任该机构负责人、员工或成员的外国公民的负责人职务、劳动关系或成员资格。④ 第二，终止代理关系指令。主管机关可以向所有类型的具政治影响力者发出终止代理关系指令，要求其在接到指令后于指令规定的时间内终止与外国势力之间的需要向主管机关报告的各类安排。⑤ 第三，禁止接受外国公民志愿服务指令。主管机关可以向指定具政治影响力者发布禁止接受外国公民志愿服务的指令。接收指令的指定具政治影响力者，将不得接受任何外国公民或指令中确定的特定外国公民为该具政治影响力者提供志愿劳务或服务。⑥

二、法律责任

新加坡在整体上是一个严刑峻法的国家，外国代理人法领域也不例

---

① 相关条件包括：相关信息和材料被主管机关认定为应当采取监管措施（包括但不限于有关网站被宣布为禁止访问、发出停止传播指令、发出关闭指令、发出屏蔽指令、发出必须携带指令等）且正在采取监管措施，且至少有一名新加坡的终端用户可以通过 APP 接触该等相关信息材料。详见新加坡《2021 年反外国干涉法》第 37 条第（2）款。

② 新加坡《2021 年反外国干涉法》第 37 条。

③ 新加坡《2021 年反外国干涉法》第 38 条。

④ 新加坡《2021 年反外国干涉法》第 83 条。

⑤ 新加坡《2021 年反外国干涉法》第 84 条，应当终止的安排范围见新加坡《2021 年反外国干涉法》第 78 条。

⑥ 新加坡《2021 年反外国干涉法》第 85（1）和 85（2）（a）条。

外。其针对各项监管措施，规定了较重的刑事责任。①

（一）与外国代理人从事特定网络传播活动相关的刑事责任

违反外国代理人法就外国代理人从事特定网络传播活动而规定的有关措施，可能产生的刑事责任主要有：

第一，外国代理人以掩盖身份的方式通过网络传播活动危害政治安全②，对个人可处最高 5 万新加坡元或最高 7 年监禁，可并处；对组织最高可处 50 万新加坡元。③

第二，外国代理人以掩盖身份的方式通过网络传播活动影响第三人使其实施危害新加坡政治安全的活动，④ 对个人可处最高 10 万新加坡元或最高 14 年监禁，可并处；对组织最高可处 100 万新加坡元。⑤

第三，任何人准备或计划犯前述第一种犯罪，对个人可处最高 3 万新加坡元或最高 5 年监禁，可并处；对组织最高可处 30 万新加坡元。准备或计划犯前述第二种犯罪，对个人可处最高 6 万新加坡元或最高 9 年监禁，可并处；对组织最高可处 60 万新加坡元。⑥

第四，运营禁止访问网站罪。任何人如果是被主管机关宣布为禁止访问网站的运营方，且该人为了运营网站而筹集财物或因网站运营而获利，除非该人可以证明其尽合理注意义务而不知道或应当不知道该网站为与新加坡相关⑦的禁止访问网站，则构成犯罪，对个人可处最高 4 万新加坡元或最高 4 年监禁，可并处；对组织最高可处 50 万新加坡元；相关获利以罚

---

① 本部分内容只含新加坡《2021 年反外国干涉法》规定的刑事责任。根据《2021 年反外国干涉法》第 122（3）（a）条，内政部部长在制定该法实施条例时，有权创设不超过 5000 新加坡元罚款的刑事责任。

② 具体构成要件参见新加坡《2021 年反外国干涉法》第 17 条。

③ 新加坡《2021 年反外国干涉法》第 17 条。

④ 具体构成要件参见新加坡《2021 年反外国干涉法》第 8 条。

⑤ 新加坡《2021 年反外国干涉法》第 18 条。

⑥ 新加坡《2021 年反外国干涉法》第 19 条。

⑦ 与新加坡相关是指至少有一位在新加坡境内的终端用户可以访问该网站。详见新加坡《2021 年反外国干涉法》第 39（8）条。如果运营方采取各种措施确保没有任何一位在新加坡境内的终端用户可以访问该网站，则该运营方不构成犯罪。运营方需要采取的措施包括：（1）要求网站的所有终端用户提供个人信息，该等个人信息显示他们不处于新加坡境内；（2）要求网站的所有终端用户签署协议，明确如果终端用户在新加坡境内，则不得访问该网站；（3）以适当方式告知潜在的终端用户，新加坡法律禁止此网站向在新加坡境内的用户提供访问或服务；以及（4）采取其他合理措施确保没有任何一位在新加坡境内的终端用户可以访问该网站。[详见新加坡《2021 年反外国干涉法》第 39（6）条]

款形式没收。①

第五，为禁止访问网站提供财物支持罪。任何人，不论在新加坡境内还是境外，为在新加坡发表信息材料而为网站提供财物支持，并且知道或应当知道所支持的网站为新加坡禁止访问的网站，同时该人知道或应当知道在新加坡发表的信息材料具有危害性或政治目的，则构成犯罪。对个人可处最高 4 万新加坡元或最高 3 年监禁，可并处；对组织最高可处 50 万新加坡元。②

第六，与禁止访问网站等开展广告合作业务罪。任何人如果与禁止访问网站的运营方有广告合作业务，在网站被宣布为禁止访问网站后未采取足够措施避免相关信息材料不在新加坡传播，则构成犯罪；任何人如果与推广禁止访问网站的相关方有广告合作业务，亦构成犯罪。构成犯罪的，对个人可处最高 2 万新加坡元或最高 1 年监禁，可并处；对组织最高可处 50 万新加坡元。③

第七，违反主管机关指令罪。任何人如果违反主管机关发出监管指令而没有合理的理由，则构成犯罪。终端用户违反终端用户停止传播指令、终端用户违反必须携带指令、外国代理人违反没收指令、网站运营者违反技术协助指令的，对个人可处最高 2 万新加坡元或最高 2 年监禁，可并处；对组织最高可处 50 万新加坡元。违反关闭指令、服务限制指令、技术协助指令（发给网站运营者的指令除外）以及各类网络服务商（社交平台、相关网络服务商、网络接入服务商等）违反必须携带指令，对个人可处最高 2 万新加坡元或最高 1 年监禁，可并处；对组织最高可处 100 万新加坡元；如果定罪后仍不改正的，则最高可处 10 万新加坡元每日的罚款。网站运营者违反必须携带指令，对个人可处最高 4 万新加坡元或最高 4 年监禁，可并处；对组织最高可处 50 万新加坡元。违反屏蔽指令或 App 移除指令，按日最高计罚 2 万新加坡元，但累计最高不超过 50 万新加坡元。④

第八，泄露技术协助指令信息罪。技术协助指令的接收方或其雇员及

---

① 新加坡《2021 年反外国干涉法》第 39 条。该条规定的筹集财物或获利包括出售或要约出售网站上的广告位，为广告运营而募捐。此外，该条还规定了域外效力，即运营方在新加坡境外亦可构成犯罪。

② 新加坡《2021 年反外国干涉法》第 40 条。

③ 新加坡《2021 年反外国干涉法》第 41 条。

④ 新加坡《2021 年反外国干涉法》第 45 条。

外包方在未得到主管机关事先批准的情况下，将技术协助指令中的相关信息及根据技术协助指令而从事的行为向第三人披露，则构成犯罪。如果泄露者是网站运营者，对个人可处最高 2 万新加坡元或最高 2 年监禁，可并处；对组织最高可处 50 万新加坡元。泄露者属于其他情形时，对个人可处最高 2 万新加坡元或最高 1 年监禁，可并处；对组织最高可处 100 万新加坡元。①

新加坡外国代理人法特别规定，以上各类犯罪，如果犯罪嫌疑人被拘捕，将适用《201 年刑事程序法典》关于不可保释犯罪的规定。②

（二）与具政治影响力者和外国势力发生关联有关的刑事责任

违反外国代理人法就具政治影响力者和外国势力发生关联而规定的各项措施，可能产生的法律责任主要有：

第一，承担主动报告义务的主体未及时报告的，构成犯罪行为，对相关责任人处以罚款。罚款数额为最高不超过 5000 新加坡元，处罚后违法行为持续的，按照日处最高不超过 200 新加坡元。③

第二，承担主动报告义务的主体虽然按照规定报告了，但报告时未根据主管机关的要求报告，亦构成犯罪行为，对相关责任人处以罚款。罚款数额为最高不超过 5000 新加坡元，处罚后违法行为持续的，按照日处最高不超过 200 新加坡元。④

第三，承担主动报告义务的主体虽然按照规定报告了，但报告时内容存在错误或存在造成误导性的遗漏，亦构成犯罪行为。对初犯，处以最高不超过 1 万新加坡元或最高一年监禁，可并处；对累犯，处以最高不超过 2 万新加坡元或最高三年监禁，可并处。⑤

第四，具政治影响力者从事政治发表、报社刊发政治报道或广播电视台播发政治报道，未按照主管机关发出的涉外国势力政治发表透明指令在相关发表报道中披露外国势力身份及其他信息⑥，构成犯罪行为。对初犯，处以最高不超过 1 万新加坡元或最高一年监禁，可并处；对第二次及随后

---

① 新加坡《2021 年反外国干涉法》第 46 条。
② 新加坡《2021 年反外国干涉法》第 112（a）条。
③ 新加坡《2021 年反外国干涉法》第 86（1）（2）（3）条。
④ 新加坡《2021 年反外国干涉法》第 86（4）条。
⑤ 新加坡《2021 年反外国干涉法》第 87 条。
⑥ 新加坡《2021 年反外国干涉法》第 81 条。

的违反，每次处以最高不超过 2 万新加坡元或最高三年监禁，可并处。[1]

第五，指定具政治影响力机构违反主管机关发布的禁止任命外国公民指令，具政治影响力者违反主管机关发布的终止代理关系指令，[2] 构成犯罪行为，处以最高不超过 1 万新加坡元或最高一年监禁，可并处。[3]

第六，具政治影响力者违反主管机关发布的禁止接受外国公民志愿服务指令[4]，构成犯罪行为，处以最高不超过 1 万新加坡元或最高一年监禁，可并处。[5]

此外，新加坡还规定，在主管机关依法行使调查取证权时，如果相关主体未按照主管机关的要求提供信息或材料，或篡改、隐瞒、销毁相关信息或材料，则构成犯罪，最高可处 5000 新加坡元罚款，定罪后继续犯罪的，每日最高可处 500 元新加坡元罚款。[6] 如果相关主体向主管机关提供错误或有误导性的信息或材料，并且知情的，亦构成犯罪，最高可处 1 万新加坡元罚款或 1 年监禁，可并处；累犯的，每次最高可处 2 万新加坡元罚款或 3 年监禁。如果相关主体向主管机关提供错误或有误导性的信息或材料，没有知情情节的，亦构成犯罪，最高可处 5000 新加坡元罚款。[7]

三、新加坡对救济制度的特殊规定

美澳俄三国总体上未因为外国代理人法涉及国家安全（政治安全）或对外关系而对外国代理人及其他相关主体依照各自国家的法律所享有的寻求救济的权利有特别限制。外国代理人及其他相关主体，认为其权利受到主管机关侵害的，可以依法提起诉讼或寻求其他救济。俄罗斯外国代理人法对此甚至有明确规定。如其明确规定，个人或组织被动地被主管机关列入外国代理人名单后，对主管机关的决定不服的，可以向法院提出诉讼寻求救济。[8]

---

[1]　新加坡《2021 年反外国干涉法》第 91（2）（d）条。

[2]　新加坡《2021 年反外国干涉法》第 83 条、第 84 条。

[3]　新加坡《2021 年反外国干涉法》第 91（2）（e）条。

[4]　新加坡《2021 年反外国干涉法》第 88 条。

[5]　新加坡《2021 年反外国干涉法》第 91（2）（f）条。

[6]　新加坡《2021 年反外国干涉法》第 108（5）（6）条。

[7]　新加坡《2021 年反外国干涉法》第 109 条。

[8]　例见《非营利组织法》第 32 条第 7 款第 4 段；《对参与侵犯俄罗斯联邦公民基本人权和自由的人采取的措施法》第 2 条之一第 3 款。

不过，新加坡却因为外国代理人法的特殊性而对救济制度作了特殊安排。立法过程中，有议员对《2021 年反外国干涉法》不允许当事人寻求司法救济提出异议，认为这与法治原则和分权制衡原则不符，可能导致政府部门滥用权力。内政部部长对此作了回应。从相关回应中可以看出新加坡就外国代理人法不允许当事人寻求司法救济而另设救济制度的内在逻辑。内政部部长提出，毫无疑问，外国代理人法赋予了政府大量自由裁量权，政府确有可能滥用权力，需要制约和监督。但对滥用权力的担忧，对权力的制约和监督，并不必然需要通过司法程序。例如，新加坡《1960 年国内安全法》（*Internal Security Act* 1960）赋予政府无需司法批准即予羁押的权力，对新加坡的安全起到了十分重要的作用，也被新加坡人民所接受。更为重要的是，新加坡受到外国干涉的风险远大于政府滥用权力的风险，针对政府滥用权力的风险，可以通过替代救济机制解决，并不一定需要通过司法审查程序来实现。司法审查程序并不适合解决外国代理人法中的问题。新加坡是一个小国。不像美国在对外关系上想点谁名就点谁名，新加坡在对外关系上需要慎之又慎，尽量不点名。2017 年，新加坡以代理外国政府对新加坡施加影响为由驱逐国立大学黄靖教授时，政府并未点明黄靖教授是与哪个国家有勾连。[①] 这背后是新加坡对外关系的考量，点出是哪个国家在外交上需要付出代价。而在涉及外国代理人法时，如果由法院审理相关案件，很难想象相关信息不泄露。如此，将对新加坡造成损害。因此，新加坡外国代理人法因为涉及敏感情报、国家安全和对外关系，不宜由法院处理。[②] 除涉及定罪问题由法院处理外，新加坡的外国代理人法就内政部长和主管机关采取的各项监管措施，包括发出的各项指令，排除当事人申请司法救济的权力，而是另外建立了一套制约监督机制为当事人提

---

① 黄靖为华裔美国公民，有新加坡永久居民身份，为新加坡国立大学公共政策学院讲座教授。新加坡决定驱逐黄靖时，确实未公开黄靖是为哪国服务。有关媒体报道参见 Tashny Sukumaran，"Huang Jing, Chinese-American academic expelled by Singapore, is working in Beijing and has 'no hard feelings'"，*South China Morning Post*，https：//www.scmp.com/news/asia/southeast-asia/article/3014872/huang-jing-chinese-american-academic-expelled-singapore.

② 内政部部长在《2021 年反外国干涉法》（草案）二读发言时，发言全文见新加坡第十四届国会第一次会期 2020 年 10 月 4 日发言记录（总第 95 卷第 39 期）：https：//sprs.parl.gov.sg/search/fullreport? sittingdate = 04-10-2021. Foreign Interference (Countermeasures) Bill - Wrap-Up Speech by Mr K Shanmugam, Minister for Home Affairs and Minister for Law https：//www.mha.gov.sg/mediaroom/parliamentary/foreign-interference-countermeasures-bill-wrap-up-speech.

供了替代救济机制。

新加坡规定的替代救济机制分为两个层次：一是向内政部部长申请复核（reconsideration）的机制；二是向专门设立的复议委员会（reviewing tribunal）申请复议的机制。不论是哪个层次下作出的决定，均不得向法院申请司法审查，除非该决定的作出属于没有管辖权而作出的决定或只是向法院申请审查决定的作出是否遵循了法定程序。[①] 同时，当事人就内政部部长作出的原始决定或主管机关作出的决定申请复核或复议，在决定被改变或撤销以前，决定的效力不受影响。[②]

（一）向内政部部长申请复核的机制

向内政部部长申请复核的机制又包括两类：一是复核前置的机制。当事人必须先向内政部部长申请复核，未经复核不得向复议委员会申请复议。二是复核终局的机制。当事人向内政部部长申请复核后，内政部部长作出的决定为终局决定。就该终局决定，既不能向复议委员会申请复议，也不能向法院寻求司法审查。

复核前置的机制，适用于内政部部长和主管机关针对网络传播活动采取的监管措施。外国代理人法规定，内政部部长可以指示主管机关向有关主体发出网络传播活动监管指令，具体包括必须携带指令、技术协助指令、终端用户停止传播指、令关闭指令、屏蔽指令、账户限制指令、服务限制指令、App 移除指令、没收指令等。主管机关接到内政部部长指示后须立即作出并发出指令。[③] 指令接收方如果对主管机关发出的指令不服的，可以在指令所载时限内（即指令作出后 30 日内）向内政部部长申请复核。[④] 法律还规定，内政部部长可以宣布某一网站为禁止访问网站。[⑤] 网站的运营方可以在该宣布作出后 30 日内向内政部部长申请复核。[⑥] 指令接收方或网站运营方未依法向内政部部长申请复核的，不得向复议委员会申请复议。[⑦]

---

① 新加坡《2021 年反外国干涉法》第 104 条。
② 新加坡《2021 年反外国干涉法》第 103 条。
③ 新加坡《2021 年反外国干涉法》第 20 条。
④ 新加坡《2021 年反外国干涉法》第 23 条。
⑤ 新加坡《2021 年反外国干涉法》第 24 条。
⑥ 新加坡《2021 年反外国干涉法》第 23 条。
⑦ 新加坡《2021 年反外国干涉法》第 92（2）条。

复核终局的机制，适用于主管机关针对具政治影响力者采取的监管措施。根据法律规定，主管机关可以依法指定任何个人或组织为指定具政治影响力者①；主管机关亦可以针对具政治影响力者及其他关联主体发布监管指令，包括但不限于向指定具政治影响力者发出披露外国势力提供志愿服务的指令②，向具政治影响力者、报社和广播电视台发出涉外国势力政治发表透明指令③，向指定具政治影响力机构发布禁止任命外国公民的指令，向具政治影响力者发出终止代理关系指令，向指定具政治影响力者发布禁止接受外国公民志愿服务的指令等。④ 被指定的组织或个人，以及指令接收方，在收到主管机关的决定后 30 日内⑤，向内政部部长申请复核。⑥内政部部长应当审理此类复核申请，但如果内政部部长认为该等申请或相关审理并无意义，则可以不予审理。内政部部长经审理后可以直接撤销或改变主管机关的决定。⑦ 此外，内政部部长可以就审理此类复核申请任命咨询委员会，但咨询委员会的意见对部长没有约束力。⑧

（二）向专门设立的复议委员会申请复议的机制

针对内政部部长和主管机关就网络传播活动采取的监管措施经历复核机制后，如果当事人对内政部部长的复核决定仍不服的，可以在收到复核决定 30 日内⑨，向外国代理人法专门设立的复议委员会申请复议。⑩ 每个复议委员会（复议委员会可以设多个）由 3 名成员组成，具体由总统根据内阁的建议委任。非新加坡公民不得担任复议委员会成员；复议委员会的主席必须是新加坡最高法院法官；成员任期为 3 年，但可连任；成员作为复议委员会成员履行职责时，享有与高等法院法官类似的保护与豁免。⑪

---

① 新加坡《2021 年反外国干涉法》第 47 条和第 48 条。
② 新加坡《2021 年反外国干涉法》第 85（2）(b)、85（3）（4）（5）条。
③ 新加坡《2021 年反外国干涉法》第 86 条。
④ 分别见新加坡《2021 年反外国干涉法》第 83、84、85 条。
⑤ 新加坡《2021 年反外国干涉法》第 100 条。
⑥ 新加坡《2021 年反外国干涉法》第 93 条。
⑦ 新加坡《2021 年反外国干涉法》第 101 条。
⑧ 新加坡《2021 年反外国干涉法》第 102 条。
⑨ 新加坡《2021 年反外国干涉法》第 98（1）条。
⑩ 新加坡《2021 年反外国干涉法》第 92 条。
⑪ 新加坡《2021 年反外国干涉法》第 95 条。

内政部部长应当任命秘书长和其他工作人员协助复议委员会工作。①

复议委员会对适格当事人的申请应当审理，但如果认为当事人的申请没有意义或属于滥用权利（包括过往是否提出类似没有意义的复议申请的情况），或者当事人无正当理由而未遵循复议审理规则规定的各类时限要求的，可以不予审理。② 复议委员会审理后，可以简易程序的方式驳回申请，亦可以在审理后维持原决定或撤销原决定。③ 复议委员会审理复议申请的规则，包括但不限于信息保密规则、证据规则、缺席审理规则、合并审理规则等，由内政部部长规定；④ 复议委员会除此以外亦可以规定具体审理规则。⑤

---

① 新加坡《2021 年反外国干涉法》第 96 条。
② 新加坡《2021 年反外国干涉法》第 98（2）条。
③ 新加坡《2021 年反外国干涉法》第 97 条。
④ 新加坡《2021 年反外国干涉法》第 99 条。
⑤ 新加坡《2021 年反外国干涉法》第 98（3）条。

第七章　英国的外国代理人法

英国外国代理人法，集中体现在《2023 年国家安全法》第四编，是英国 2023 年对国家安全法律制度进行全面改革时专门增加的一项内容。根据该法，英国内政部有权依据该法制定实施条例。不过，截至 2024 年 7 月，英国内政部尚未制定任何实施条例。本章将以《2023 年国家安全法》第四编为基础，介绍英国外国代理人法的基本情况。

第一节　制度框架与主要特点

一、立法过程与背景

英国最早在 2017 年就考虑过外国代理人法的问题。2015 年，英国内阁要求英国负责法律改革的机构法律委员会①考虑如何改进英国保护国家秘密的法律制度。法律委员会于 2017 年发布的报告对美国的外国代理人法进行了详细描述，但未给出英国应否引进该法律制度的建议。2019 年大选后，英国政府公布的立法规划包括对反间谍法律制度的改革，其中明确提出考虑引入新的机制和措施保护国家安全，而其中"新的机制与措施"被认为指的即引入美国式的外国代理人法。2020 年，英国议会情报与安全委员会发布的一份涉及俄罗斯对英国的安全威胁的报告中，明确提出考虑引入美国和澳大利亚式的外国代理人法。② 2021 年 5 月，英国政府公布以"应对国家威胁的立法"为名的咨询文件，其中明确提出拟考虑制定外国

---

① 关于英国法律委员会的介绍，参见迈克尔·赞德：《英国法（第六版）》，江辉译，中国法制出版社 2014 年版，第 773—864 页。

② https：//www.cov.com/-/media/files/corporate/publications/2020/07/uk-government-considers-new-foreign-agents-registration-act.pdf.

代理人法应对国家威胁。① 但该咨询文件受到的关注很低，并没有多少人留意其中的外国代理人法，更别说提出不同意见。②

2022 年 5 月，英国政府向下院正式提出了国家安全法草案。刚开始的草案未包括外国代理人法的内容，原因是各方面对于外国代理人法应当覆盖的范围无法达成一致。不过，在 2022 年 10 月下院委员会审议阶段，英国政府以国家安全法草案修正案的形式在国家安全法草案中加入了外国代理人法的内容。虽然下院不少议员对于英国政府在委员会阶段才以法律草案修正案的形式将外国代理人法的内容加入提出了异议③，但包括外国代理人法内容的国家安全法草案最终于 2023 年 7 月 4 日在议会两院通过，并于 7 月 11 日取得御准成为《2023 年国家安全法》。④ 不过，截至 2024 年 7 月，《2023 年国家安全法》第四编（即英国外国代理人法）尚未生效。

二、制度框架

英国的外国代理人法，将外国代理人区分为两类。一类是普通外国代理人，该类外国代理人与美澳外国代理人大体一致，相关制度框架也大同小异。其规定，任何个人或组织如与外国势力之间就该个人或组织接受外国势力的指示在英国境内开展政治影响活动达成协议，则该个人或组织构成普通外国代理人，应当向英国内政部登记。未经登记从事活动构成犯罪。

另一类外国代理人则被称为"提级层次"（enhanced tier）的外国代理人。该制度是目前其他国家外国代理人法从未规定过的制度，具有鲜明的英国特色。该类外国代理人的整体制度框架是：首先，英国内政部确定某一外国势力为指定外国势力，其中英国内政部可以指定外国国家、外国政府、外国政府机构、外国政府控制的非自然人实体为指定外国势力。立法过程中的文件与议会辩论记录显示，英国政府将指定对英国具有敌意而可

---

① https：//www. gov. uk/government/consultations/legislation-to-counter-state-threats/consultation-document-legislation-to-counter-state-threats-accessible-version.

② https：//www. herbertsmithfreehills. com/insights/2022-12/the-uk% E2% 80% 99s-proposed-new-foreign-influence-registration-scheme-significant-unintended.

③ James Tobin, Library Briefing on National Security Bill HL Bill 68 of 2022-23, p. 39, https：//researchbriefings. files. parliament. uk/documents/LLN-2022-0055/LLN-2022-0055. pdf.

④ https：//bills. parliament. uk/bills/3154/stages.

能影响英国利益和安全的主体为指定外国势力。其次，任何个人或组织如果与指定外国势力达成协议接受指定外国势力指示在英国境内从事任何活动，而不限于政治影响活动，包括商业、文化、学术等非政治活动，除非内政部将有关活动明令排除，否则该个人或组织作为提级层次的外国代理人应当向内政部报告登记，未经报告登记不得从事相关活动。最后，如果指定外国势力不是外国国家、外国政府、外国政府机构，而是外国政府控制的非政府类的实体，即便该实体不通过代理人而是自行开展活动，亦需要事先登记报告。外国代理人或非政府类指定外国势力未经登记报告而从事活动，将构成犯罪，最高可处五年监禁。

三、主要特点

英国外国代理人法在很大程度上融合了美澳外国代理人法与新加坡外国代理人法的特点。虽然英国最早是以美国和澳大利亚的外国代理人法为蓝本，制定过程中并未提及新加坡外国代理人法，但从其内容来看，实际深受新加坡外国代理人法的影响，并创新性地规定了具有特色的制度。

首先，英国外国代理人法坚持美澳外国代理人法纯信息披露法的模式，不论是政治影响型外国代理人还是升级型外国代理人，法律上并不禁止外国代理人从事任何活动，而只是要求外国代理人向主管机关申报登记。

其次，英国外国代理人法注重主管机关对执法活动的控制。不论是在美国外国代理人法还是在澳大利亚外国代理人法中，不像新加坡外国代理人法，主管机关更多是"被动"执法，制度本身的刚性较强。但英国外国代理人法却充分"借鉴"新加坡外国代理人法的特点，注重赋予主管机关以灵活的执法控制权：一方面，通过引入升级型外国代理人，既可以将外国代理人法的外交斗争工具属性发挥到极致，又可以使主管机关灵活把握外国代理人的范围；另一方面，在普通型外国代理人中，主管机关可以通过豁免制度灵活掌握外国代理人的范围，避免盟友等外国代理人被认定为外国代理人；再一方面，英国外国代理人法不再像美国外国代理人法那样将外国代理人申报的所有信息都公开，而是将公开的信息限制在较小的范围内，并赋予主管机关以相当的自由裁量权。

最后，规定了"外国势力"登记报告制度。对于大部分外国代理人法来说，通常仅指向外国代理人。因为管辖权、对外关系的复杂性等，外国代理人法通常不要求外国势力本身申报登记。但英国外国代理人法却十分独特地规定，部分外国势力也需要向主管部门登记报告。其规定三类情形下外国势力的登记报告义务。第一，如果某一非政府类的外国势力，当其受外国政府控制而被英国内政部列入指定外国势力时，该外国势力在英国从事任何活动均需要提前向内政部登记报告。对于政府类外国势力法律没有规定登记报告义务。[①] 第二，政府类外国势力如被列入指定外国势力，而其工作人员工作时如果不对外披露其为指定外国势力的工作人员，则应由指定外国势力在活动开始前进行登记（工作人员无需自行申报登记）[②]；第三，政府类外国势力的工作人员拟为政府类外国势力在英国从事政治影响活动，如果在工作时不对外披露其为该外国势力工作人员，则政府类外国势力亦应当在政治影响活动开始前申报登记。

第二节　外国代理人的含义与范围

一、可以成为外国代理人的主体

可以成为外国代理人的主体，通常包括个人和组织。英国外国代理人法未对可以成为外国代理人的主体作出规定，亦即默认任何个人或组织均可能成为外国代理人。

二、外国势力的范围

英国的外国代理人法区分了普通外国代理人与升级层次的外国代理人，其中外国势力范围存在差异。对于普通外国代理人而言，其规定的外国势力范围相对其他几个国家较窄，其仅包括外国政府类的主体（本书统称为"外国政权"），具体包括：（a）外国国家的元首或其他首脑的公职身份，（b）外国政府，或外国政府的一部分，（c）外国政府或其一部分的机构或机关，（d）负责管理外国国家某一地区事务的机关，或行使此类机关

---

① 英国《2023 年国家安全法》第 68（1）（2）条。
② 英国《2023 年国家安全法》第 68（3）条。该条优先于第 72 条（即第三点）适用。

职能的人员，或（e）作为外国政府执政党的政党。① 其中，基于英国（北爱尔兰）与爱尔兰的特殊关系，英国外国代理人法将爱尔兰明确排除出外国势力范围。②

对于升级层次的外国代理人而言，外国势力限于内政部指定的外国势力。而内政部可以指定的外国势力范围较宽，除了与普通外国代理人类似的外国政权外，还包括外国政权控制的非自然人实体。而《2023年国家安全法》附表13则对什么情形构成"控制"作了具体规定。该附表13第1条规定，"（1）如果满足以下一个或多个条件，则该个人或组织（'主体'）受到外国政权的控制。（2）条件一是外国政权有权指示或控制，或实际上指示或控制主体的活动（全部或部分）。（3）条件二是外国政权直接或间接持有该主体超过25%的股份。（4）条件三是外国政权直接或间接持有该主体超过25%的投票权。（5）条件四是外国政权直接或间接拥有任命或罢免该主体的官员的权力。（6）条件五是：（a）该主体为信托或根据管辖其的法律为非法人实体（如合伙企业、非注册协会或其他实体等），而外国政权为该信托的受托人，或非法人实体的成员，满足条件一至条件四中的一个或多个；且（b）外国政权有权指示或控制，或实际上指示或控制该信托或实体的活动（全部或部分）"。除此之外，附表13还对与"控制"有关的各项因素的认定作了较为细致的规定。例如，其第4条细化规定，"如果外国政权与另一主体（无论是否为外国政权）共同持有股份或权利，则每一方均应被视为持有该股份或权利"。

三、代理关系的认定

英国外国代理人法中两类代理人的代理关系的认定核心均在于"指示"，它不仅要求外国势力与代理人之间存在协议或安排（协议或安排可以是正式的书面形式亦可以任何其他的非正式形式），还要求在协议中外国势力可以"指示"代理人从事活动。外国代理人法本身未对什么情形构成"指示"作出规定。但内政部正在草拟的指南对此作了规定。其明确，指示可理解为一种命令或要求行动的指令。它暗示了外国势力对你施加某种程度的控制或期望。如果符合以下任何条件，来自外国势

---

① 《2023年国家安全法》第32条。
② 《2023年国家安全法》第83（2）条。

力的请求也可能被视为"指示"：外国势力对你拥有权力或权威；请求中包含控制或期望的因素；遵从请求后会提供某种利益（例如，付款、补偿、就业机会或未来的优惠待遇）；请求伴随有强迫或威胁。其中指示并不一定需要提供利益作为构成条件。同时，外国势力提供资金支持本身并不构成"指示"。例如，文化、政治、语言或经济研究所，仅仅因为接受外国资金资助并不构成外国代理人，并不需要登记报告。只有当资金附带特定使用条件，或以期其将被特定方式使用的预期提供时，才会被视为指示。[①]

四、政治活动要素

英国外国代理人法对政治活动要素的规定，需要区分普通外国代理人和升级层次的外国代理人来理解。就普通外国代理人而言，其与美澳规定有些类似，但范围明显更窄，其仅规定直接影响政治决策的活动构成政治活动。《2023 年国家安全法》第 70 条具体从活动形式和活动目的两个方面对何为政治活动进行了界定，只有同时满足活动形式和活动目的两方面条件才构成。其规定的活动形式为三种活动之一：一是法定公职人员进行任何形式的沟通，包括面对面的沟通、书信沟通等；二是公开发布信息；三是向英国的个人或组织捐赠财物。其中该法附表 14 对哪些人员构成第一种

---

① 　外国影响登记机制指南（草案），https：//www.gov.uk/government/consultations/foreign-in-fluence-registration-scheme-draft-guidance/draft-guidance-on-the-foreign-influence-registration-scheme-ac-cessible#the-political-influence-tier.

活动形式中的公职人员进行了全面列举。① 在属于任一活动形式的情况下，且有影响英国政府官员选任与政策决策的目的，则构成政治活动。其中影响英国政府官员工作与政策决策的具体范围包括：（1）英国境内的选举或全民公投。（2）下列决策者作出的决定：（a）根据《1975年国王大臣法》定义的英国内阁大臣或英国政府部门；（b）北爱尔兰部长、北爱尔兰首席部长、北爱尔兰副首席部长、根据《1998年北爱尔兰法》第19条任命的初级部长、北爱尔兰部门或北爱尔兰议会执行委员会；（c）苏格兰大臣或苏格兰首席部长；（d）威尔士大臣、威尔士首席部长或威尔士政府总检察长。（3）英国依法登记的政党开展的活动。（4）英国议会上下院议员、北爱尔兰议会、苏格兰议会或威尔士国民议会成员以议会成员身份从事的活动。

对于升级层次的外国代理人，不存在政治活动的要件。除非内政部在实施条例中将某一活动排除在外，否则代理指定外国势力从事任何活动，均构成外国代理人而触发登记报告机制。

---

① 附表14列举的公职人员范围较宽，具体包括：第一，部长大臣类。具体包括：（1）根据《1975年国王大臣法》定义的王室部长。（2）北爱尔兰部长、北爱尔兰首席部长、北爱尔兰副首席部长或根据1998年《北爱尔兰法》第19条任命的初级部长。（3）苏格兰首席部长、根据《1998年苏格兰法》第47条任命的部长或苏格兰初级部长。（4）威尔士首席部长、根据《2006年威尔士政府法》第48条任命的威尔士部长、威尔士政府的总法律顾问或根据该法第50条任命的副威尔士部长。第二，议员类。具体包括：（1）英国议会两院的议员。（2）北爱尔兰议会的成员。（3）苏格兰议会的成员。（4）威尔士议会的成员。（5）以上四类议员的雇员或其他工作人员。第三，地方选举产生的领导。具体包括：（1）伦敦市长。（2）根据《2009年地方民主、经济发展与建设法》第103条设立的联合当局区域的市长。第四，政党。具体包括依法登记的英国政党的官员、受托人或代理人及代表政党行使执行职能的该政党成员。第五，法定选举中的候选人。第六，公务员，具体包括：（1）高级公务员序列、北爱尔兰高级公务员序列或英国外交服务高级管理团队的成员。（2）服务于政府并且是根据《2010年宪法改革和治理法》第15（1）条（特别顾问）对该职位设定的要求被任命的国家公务员体系中的人员。（3）根据《2013年北爱尔兰（公务员特别顾问）法》〔c.8（N.I.）〕第1条定义的特别顾问。第七，军事人员。具体包括：（1）军阶达到海军准将、陆军准将或空军准将及以上，且受《2006年武装部队法》（见该法第374条）中"受服兵役法约束"定义的军官。（2）在前款中，"受服兵役法约束"的含义与《2006年武装部队法》中的定义相同。第八，警察。具体包括：（1）根据《1996年警察法》第2条设立警察部队的首席警官或副首席警官。（2）警务与犯罪专员。（3）大伦敦警察厅下列级别的人员：（a）伦敦警察厅长；（b）伦敦副警察厅长；（c）伦敦助理警察厅长；（d）伦敦副助理警察厅长。（4）伦敦市警察局局长或伦敦市助理警察局长。（5）北爱尔兰警察局的首席警官或副首席警官。（6）苏格兰警察局的首席警官或副首席警官。（7）国防部警察的首席警官或副首席警官。（8）英国交通警察部队的首席警官或副首席警官。（9）民用核警备队的首席警官或副首席警官。第九，实施条例中指定的其他行使公共职能的人。

五、豁免监管的情形

英国在《2023 年国家安全法》附表 15 对豁免情形进行了具体规定，其规定的范围相对较宽，且针对两类不同的外国代理人作了区分规定。

第一，外国势力与英国政府达成的安排，两类外国代理人均适用。当英国政府、英国政府的任何部门、英国政府官员或代表王室行事的任何个人是安排的一方，该安排无需登记报告。例如，某国的国家元首受邀对英国进行国事访问，并由一个商务代表团陪同。该国商务部邀请一家汽车公司加入该商务代表团，并期望其利用此机会向英国高级公务员和特别顾问阐述政策变更的必要性，以便在英国高速公路上推广自动驾驶车辆。英国政府对此汽车公司代表加入商务代表团的邀请表示赞同。尽管汽车公司被外国势力指示从事政治影响力活动，但鉴于英国是这一安排的参与方，因此汽车公司无需登记报告。

第二，外国政权豁免，两类外国代理人均适用。政府类外国势力，包括其工作人员，如果公开以该外国势力的名义活动，则无需登记报告。但如果外国政权的工作人员，隐瞒其外国政权工作人员的身份从事活动，则需要登记报告。举例来说，来自某国政府机构的一名官员与英国高级官员沟通，试图影响针对该国一位知名人士访问英国的签证决定。尽管这构成了政治影响活动，但由于该活动是由属于外国政权的外国势力自身实施的，因此无需登记报告。

第三，外交使团的必要活动豁免，该豁免仅适用于升级层次的外国代理人。当个人或组织向外交使团提供对其运作所必需的服务时，即使该外交使团属于指定外国势力，这种情况也免于登记报告。所必需的服务包括为外交使团提供餐饮或维护服务等活动。需要注意的是，该豁免仅适用于升级层次的外国代理人。然而，在实践中，向外交使团提供基本服务的个人通常不会被认定为外国代理人，因为在普通外国代理人层级中，提供此类服务通常不涉及从事政治活动。例如，某国的外交部已被列入指定外国势力范围。作为该国外交部一部分的位于英国的该国大使馆与一家英国建筑公司签订合同，为大使馆进行必要的维修工作。该建筑公司无需登记报告，因为该安排是为外交使团运作提供合理且必需的服务。

第四，外交人员及其工作人员的家庭成员豁免，两类外国代理人均适用。该豁免承认外交人员的配偶、伴侣及家庭成员在开展外交工作中的作用。当某一自然人是外交使团、领事馆或国际组织（英国必须为成员国）驻英永久代表团的外交人员或工作人员的家庭成员，而该自然人从事的活动是为了外交人员或工作人员完成官方职责。那么该自然人从事活动无需登记报告。但如果该自然人以个人身份或作为与外交人员或工作人员无关的其他工作作出安排时，此豁免将不适用。举例来说，一位外国政府驻英国的大使举办了一场招待会，大使夫人以及多位英国高级官员和特别顾问出席了招待会。活动中，大使的夫人代表大使与高级官员和特别顾问交谈，旨在为一项关于 6G 技术的联合研究项目争取英国政府的资金支持。虽然大使夫人代表外国势力从事政治影响活动，但由于本豁免适用，因此大使夫人无需登记报告。

第五，认可新闻出版商豁免，仅适用于普通外国代理人。获认可的新闻出版商无需就其与外国势力之间为进行政治影响活动而达成的任何安排登记报告。此豁免同样适用于新闻出版商的员工，前提是他们在作为员工的职责范围内行事。当个人与获认可的新闻出版商达成协议时，只要该协议的目的之一是发布新闻相关材料，他们也可享受此免除。而获认可的新闻出版商包括英国广播公司、威尔士第四频道，以及根据 1990 年或 1996 年《广播法》持有许可证并在许可证授权的广播活动范围内发布新闻相关材料的实体。除此以外，其他机构如果同时符合以下条件，亦可以构成获认可的新闻出版商：（1）机构的主要目的是发布新闻相关材料，且这些材料由不同的人创建但受到编辑控制；（2）机构是在其经营过程中发布此类材料（无论是否以盈利为目的）；（3）机构受制于标准准则；（4）机构有关于处理和解决投诉的政策和程序；（5）机构有注册办公室或其他商业地址并予以公布；（6）机构对其在英国发布的材料负有法律责任；（7）机构公布了它的名称、地址、注册号（如有）、控制该实体的任何人的名称和地址；（8）该机构不是根据 2000 年《恐怖主义法》被列为禁止组织的实体，或目的为支持该法案下禁止组织的实体，亦不是根据 2018 年《制裁与反洗钱法》第 1 条或第 13 条被指定的制裁实体。举例来说，一家获认可的新闻出版商与某国政府达成协议，该国政府指示他们发表一篇批评英国政府对外援助支出的文章。该外国政府希望通过此举使英国政府将其资金导向某个特定国家，用于内战后的经济重建工作。尽管这家获认可的新闻出版商按照外国势力的指示从事政治影响活动，但它无需登记报告，因为它享有豁免权。

第六，法律活动豁免，两类外国代理人均适用。如果与外国势力的安排涉及律师的法律执业活动执行，那么该安排将免于登记报告。不过，如果律师从事的活动不是法律执业活动，例如以个人身份进行的活动，将不能享受此项豁免。同样，如果安排涉及不符合"律师"定义的个人执行法律活动，该豁免也不适用。例如，某国的一位知名人士最近被英国内政部撤销了英国签证。该国政府指示一名律师对该决定提出上诉。随后，律师写信给相关的英国内政部高级官员和部长，试图说明为何该决定被错误地做出，并请求推翻该决定。尽管律师在外国势力的指示下从事政治影响力活动，但他无需登记报告，因为他享有豁免权。对于豁免不适用的情形，举例而言，如果某国安全部与居住在英国的一名律师会面。该国安全部要求该律师利用自己在英国内政部内的高层联系，试图说服内政部开始就英国与该国之间的司法互助条约进行谈判。律师随后与英国内政部的高级公务员会面，阐述了此类条约的必要性以及该国最近为确保遵守此类条约所采取的积极措施。尽管与外国势力达成安排的个人是律师，但所进行的活动并不是法律执业活动，因此豁免不适用。

第七，其他豁免。英国内政部可以通过实施条例增加豁免类型。截至目前，英国内政部尚未据此作出具体规定。

第三节　信息披露制度

英国外国代理人法的核心制度仍然是信息披露制度。其规定的信息披露制度，除了未规定外国代理人从事具体活动时应当披露其与外国势力之间的代理关系外，规定了信息披露制度的其他三个方面，亦规定了较为严格的法律责任。

一、外国代理人向监管机构登记报告的制度

英国《2023 年国家安全法》对外国代理人向主管机关（英国内政部）申报登记身份信息、代理关系及拟从事的活动等作了规定。对于普通外国代理人，其规定，当个人或组织与外国政权达成一项政治影响活动安排

时，该个人或组织构成外国代理人，应当在达成安排之日起28天内向国务大臣申报登记该安排。① 对于升级层次的外国代理人，其规定的时限则较短。其明确，个人或组织与指定外国势力达成相关活动安排时，该个人或组织构成升级层次的外国代理人，应当在达成安排之日起10日内向国务院大臣申报登记该安排。②

区别于其他国家的外国代理人法通常仅针对外国代理人规定登记报告义务，英国外国代理人法较为奇怪地针对部分外国势力规定了登记报告义务。其规定，第一，非政府类的指定外国势力，如果拟在英国境内从事相关活动，则需要在活动开始前向英国内政部申报登记；③ 第二，外国政权如被列入指定外国势力，而其工作人员工作时如果不对外披露其为指定外国势力的工作人员，则应由指定外国势力在活动开始前进行登记（工作人员无需自行申报登记）；④ 第三，外国政权的工作人员拟为外国政权在英国从事政治影响活动，如果在工作时不对外披露其为该外国势力工作人员，则外国政权亦应当在政治影响活动开始前进行登记。⑤ 其中第二点优先于第三点适用，即如果属于第二点所述情形，则即便满足第三点亦不适用第三点。⑥

至于具体需要申报登记的信息，《2023年国家安全法》授权内政部通过实施条例规定。⑦ 截至2024年5月，英国内政部尚未制定相关实施条例。不过，英国内政部公开征求意见的该法执法指南，提及在所有情形下，相关主体需要申报登记以下信息：外国势力名称；活动内容的描述，包括其性质、目的及任何期望达成的结果；活动实施的频率说明；活动开始和结束日期的具体信息；将执行这些活动的个人的详情；与申报人相关的详情（包括地址和联系方式）等。⑧

---

① 英国《2023年国家安全法》第69条。
② 英国《2023年国家安全法》第65条。
③ 英国《2023年国家安全法》第68（1）（2）条。
④ 英国《2023年国家安全法》第68（3）条。该条优先于第72条（即第三点）适用。
⑤ 英国《2023年国家安全法》第72条。
⑥ 英国《2023年国家安全法》第72（2）条。
⑦ 英国《2023年国家安全法》第74条。
⑧ Draft guidance on the Foreign Influence Registration Scheme, https://www.gov.uk/government/consultations/foreign-influence-registration-scheme-draft-guidance/draft-guidance-on-the-foreign-influence-registration-scheme-accessible#the-enhanced-tier.

二、监管机构调查搜集及分享相关信息的权力

与其他国家类似，英国的刑事司法机关，在调查与外国代理人法有关的罪行时，可以采取刑事诉讼法律赋予的手段调查搜集相关信息和材料。除此以外，英国外国代理人法明确规定英国内政部可以责令外国代理人及其他相关主体主动提交与该法执法相关的信息。其规定，内政部有权向以下人员发出信息提交令：（1）已经登记为指定外国势力代理人的个人或组织；（2）内政部有合理理由认为应当登记但未登记的代理指定外国势力的个人或组织；（3）内政部有合理理由认为正在英国从事涉及前两项中的安排中的相关活动，或准备进行相关活动的人；（4）拟从事指定外国势力已经登记的活动的人；（5）内政部有合理理由认为正在根据前项已经登记的活动从事活动的人；（6）内政部有合理理由认为正在从事指定外国势力未经登记的活动的人；（7）已经登记为普通外国代理人的个人或组织；（8）内政部有合理理由认为应当登记为普通外国代理人但未登记的人；（9）内政部有合理理由认为正在英国从事涉及第（8）（9）项中的安排中的政治影响活动，或准备进行政治影响活动的人；（10）拟从事外国势力已经登记的政治影响活动的人；（11）内政部有合理理由认为正在根据前项已经登记的政治影响活动从事活动的人；（12）内政部有合理理由认为有关人员正违反外国势力应当登记相关政治影响活动的要求而从事政治影响活动的人。收到信息提交令的人员，应当按照提交令的要求提交相关信息材料。不过，英国外国代理人法明确规定，内政部不得向政府类外国势力发出信息提交令。①

三、向社会公开外国代理人名单及其他相关信息的制度

英国虽然未规定外国代理人从事活动时应当主动披露其外国代理人身份，但亦像其他国家外国代理人法一样，规定了主管机关公布外国代理人申报登记信息的制度。其规定，英国内政部有权公布、披露外国代理人及外国势力（法律要求时）向内政部提交的信息。具体公布和披露哪些信息，由内政部通过实施条例规定。② 截至 2024 年 5 月，内政部尚未制定相

① 英国《2023 年国家安全法》第 75 条。
② 英国《2023 年国家安全法》第 79 条。

关实施条件。但从内政部公布的指南来看，其提到，英国将建设外国影响登记系统，相关主体在该系统中进行申报登记。申报登记的部分信息会被纳入一个公共登记册。公共登记册的目的是更好地让公众了解外国势力在英国政治事务中的规模和程度。公共登记册将会公开以下信息：第一，与外国势力达成安排的个人或组织的身份信息；第二，指示政治影响活动的外国势力的名称；第三，安排的形式和性质描述；第四，外国势力发出指示的日期；第五，根据安排将进行的活动类型（与官员沟通还是公开传播抑或捐赠活动）；第六，执行这些活动的个人的详情，包括他们的角色及与做出安排者的关联。除此以外，公共登记册中还会针对不同类型的活动公开不同的信息。其中针对与官员的沟通活动，公共登记册还将包括以下信息：（1）沟通对象的详情；（2）沟通的性质；（3）沟通的目的；（4）通过沟通寻求实现的结果。针对公开传播活动，公共登记册还将包括以下信息：（1）是否涉及发布或制作的详情；（2）传播的性质；（3）传播的目标受众；（4）传播的目的；（5）通过传播寻求实现的结果。针对关于分配活动，公共登记册还将包括以下信息：（1）将被捐赠的货物或服务的性质；（2）将被捐赠的资金、货物或服务的价值；（3）资金、货物或服务将被捐赠给的个人的详情。其中就被捐赠者而言，除个人姓名外，如出生日期、地址和护照号码等个人详细信息不会被纳入公共登记册。[①]

需要注意的是，英国将采取与美国不太相同的策略。美国是采取全部公开的做法，但英国外国代理人法却刻意强调了内政部有权通过制定实施条例规定哪些信息不公开。[②] 从目前指南披露的情况来看，未来英国公布外国代理人及外国势力信息时，将采取仅公布必要信息的做法。

四、法律责任

英国亦规定了相对较重的刑事责任。其规定，在涉及指定外国势力的情形下，有申报登记义务的人未申报登记而从事活动，提供虚假申报登记信息等，构成犯罪。情节较重，将通过公诉程序定罪，最高可处 5 年监禁，

---

① Draft guidance on the Foreign Influence Registration Scheme，https：//www.gov.uk/government/consultations/foreign-influence-registration-scheme-draft-guidance/draft-guidance-on-the-foreign-influence-registration-scheme-accessible#the-enhanced-tier.

② 英国《2023 年国家安全法》第 79（2）条。

可单独或并处罚款。对于情节较轻的，可通过简易程序定罪，在英格兰和威尔士经简易程序定罪的，可处以不超过治安法院监禁判处权限内的监禁或罚金（或两者并罚）；在北爱尔兰经简易程序定罪的，可处以不超过 6 个月的监禁或不超过法定最高额的罚金（或两者并罚）；在苏格兰经简易程序定罪的，可处以不超过 12 个月的监禁或不超过法定最高额的罚金（或两者并罚）。①

涉及普通外国代理人的情形，有申报登记义务的人未申报登记而从事活动，提供虚假申报登记信息等，构成犯罪。情节较重，将通过公诉程序定罪，最高可处 2 年监禁，可单独或并处罚款。对于情节较轻的，可通过简易程序定罪，在英格兰和威尔士经简易程序定罪的，可处以不超过治安法院监禁判处权限内的监禁或罚金（或两者并罚）；在北爱尔兰经简易程序定罪的，可处以不超过 6 个月的监禁或不超过法定最高额的罚金（或两者并罚）；在苏格兰经简易程序定罪的，可处以不超过 12 个月的监禁或不超过法定最高额的罚金（或两者并罚）。②

---

① 英国《2023 年国家安全法》第 80（1）（2）条。
② 英国《2023 年国家安全法》第 80（3）（4）条。

第八章　外国代理人法的实施情况与效果

本章将分析相关国家外国代理人法的实施情况和客观效果。英国外国代理人法制定后目前尚未生效，因此本书未介绍英国外国代理人法的实施情况。

第一节　外国代理人法实施的总体情况

外国代理人法，总体是一部适用频率较低的法律。即便在美国和俄罗斯相对强化执法的国家，它的实施频率亦不算高；而在新加坡，实施频率非常低，实施近两年，只有个位数的执法活动。

一、美国外国代理人法的实施情况

外国代理人法的实施，在美国包括两个部分：一是外国代理人主动登记报告的情况；二是监管机构采取执法措施的情况。

（一）外国代理人主动登记报告的情况

就外国代理人主动登记报告的情况而言，从 1938 年外国代理人法实施开始，至 2024 年 7 月 3 日，累计已有 6818 名外国代理人登记注册[1]，代理了 17143 名外国势力[2]；外国代理人的合伙人、董事、工作人员等实际为外国势力服务人员提交的登记简表共 43103 件。[3] 换句话说，自 1938 年以

① https：//efile. fara. gov/ords/fara/f？ p = 1381：110：9911736359563：：：RP，110：P110_USECNTRY：N.

② https：//efile. fara. gov/ords/fara/f？ p = 1381：136：26455337398118：：：136：P136_DATERANGE：N.

③ https：//efile. fara. gov/ords/fara/f？ p = 1381：120：15512682072112：：：：P120_DATERANGE：N.

来，受外国代理人法影响的美国个人和组织在 4 万至 5 万名之间。[①]

2017 年以来，每年新注册登记的外国代理人为 120 名左右；处于活动状态的登记在册外国代理人总体维持在 500 名左右，所代理人的外国势力为 700 名左右。2017 年以后，美国明显加强了外国代理人法的执法活动，因此在 2017 年每年新登记注册的外国代理人数量出现了显著增长。2010 年至 2016 年，每年新登记注册的外国代理人数量为 60 名左右；但从 2017 年开始，每年新登记注册的外国代理人数量均超过 100 名。2017 年至 2021 年五年期间，每年新登记注册的外国代理人数量平均为 121 名。[②] 相应地，处于活动状态的外国代理人数量也有明显增长。以每年 12 月 31 日为参照点，2010 年至 2016 年每年年底处于活动状态的外国代理人数量平均为 372 名；但 2017 年至 2021 年，每年年底处于活动状态的外国代理人数量平均为 428 名。[③] 但随着累积效应的积累，2021 年以来，处于活动状态的外国代理人数量基本维持在 500 名左右。

（二）监管机构执法情况

就刑事执法而言，司法部依据外国代理人法提出的刑事检控并不多：1938 年至 1945 年，美国针对 61 位个人和组织提出 19 件刑事检控，其中 36 人罪名成立；从 1946 年至 1966 年，美国针对 27 名个人和组织提出 12 件刑事指控，其中 13 人罪名成立；从 1967 年至 1987 年，美国只提出 2 件刑事指控，并都未成立；从 1988 年至 2017 年，美国针对 6 位个人和组织提出 5 件刑事指控；近些年，美国司法部官员明确提出通过刑事检控确保该法落实将成为最高优先级，因此刑事检控数量有所增加，2018 年有 4 起，2019 年有 2 起，2020 年有 2 起，并且基本成功定罪。[④]

监管机构提出的民事救济（即监管机构作为申请人向法院申请禁令等要求相关个人或组织作出或不作出特定行为）也不算多。据统计，1966 年到 2018 年，监管机构提出的民事救济总共是 17 件，其中 10 件司法部取得

①　6818 名外国代理人有个人和组织，43103 件简表均为个人，除去重复的部分，受影响的个人和组织大体在 4 万—5 万名之间。虽然外国个人和组织在美国法下亦可以成为外国代理人，但总体上数量不占主流，因此可以将受影响的个人和组织均视为美国个人和组织。

②　2017 年为 102 名，2018 年为 113 名，2019 年为 151 名，2020 年为 105 名，2021 年为 135 名。

③　以上数据根据司法部向美国国会提交的报告以及司法部电子登记数据库统计。司法部向国会提交的报告，可从以下网址获取：https：//www. justice. gov/nsd-fara/fara-reports-congress.

④　Criminal Enforcement Summaries, https：//fara. us/criminal-enforcement-summaries/.

胜诉，7 件相关个人或组织签署同意令（即相关个人或组织承认败诉而达成和解）。[①]

除此以外，监管机构开始大量使用通知函件的方式要求相关主体主动履行登记报告义务。虽然监管机构的函件没有法律约束力，但可以作为证明相关主体故意违反外国代理人法从而构成犯罪的证据，[②] 因此相关主体接到函件后大都主动登记报告。

二、澳大利亚外国代理人法的实施情况

澳大利亚在制定外国代理人法时，司法部曾提出，其根据美国外国代理人法的实施情况进行了测算，基于澳大利亚的人口规模等因素，受澳大利亚外国代理人法调整的外国代理人数量应在 500 名左右。[③] 从实际情况来看，数据远低于立法时的预计数。自外国代理人法于 2018 年 12 月实施至 2024 年 5 月 22 日，累计登记注册的外国代理人（含已经终止登记）共计 129 名；共涉及 371 个外国势力，575 件政治活动及其他应当登记的活动。[④]

129 名外国代理人中，个人外国代理人为 45 个，组织外国代理人为 84 个。45 名个人中，28 名为前内阁部长或前政府高官，包括前总理阿博特（Anthony John Abbott，2013—2015 年任总理）、前总理陆克文（Kevin Michael Rudd，2007—2010 年，2013 年担任总理）等人。[⑤] 371 个外国势力中，属于外国政府的有 70 个，外国政府相关组织 278 个（绝大部分是企业），外国政府相关个人 2 个，外国政治组织 21 个。从地域角度而言，371 名外国势力所属国家排名靠前的国家和地区是：中国 73（不含香港特别行

---

① https：//www. justice. gov/archives/usam/criminal-resource-manual-2062-foreign-agents-registration-act-enforcement. 关于民事救济部分案件的总结梳理，可参见：https：//fara. us/civil-enforcement-summaries/.

② *United States v. John Joseph Frank*（1959）；https：//www. justice. gov/archives/usam/criminal-resource-manual-2062-foreign-agents-registration-act-enforcement.

③ Official Committee Hansard of PARLIAMENTARY JOINT COMMITTEE ON INTELLIGENCE AND SECURITY on National Security Legislation Amendment（Espionage and Foreign Interference）Bill 2017，p. 4.

④ 详见澳大利亚司法部网站 https：//transparency. ag. gov. au/Registrants.

⑤ 根据司法部向社会开放的外国代理人数据库统计；https：//transparency. ag. gov. au/Registrants.

政区 2 个和台湾地区 6 个)、美国 37、日本 33、法国 31、英国 18、韩国 18、加拿大 19、挪威 11、新西兰 10、阿联酋 24、马来西亚 8、西班牙 10、德国 12、印度 7、以色列 8、东帝汶 6。值得注意的是,排名靠前国家和地区,与澳大利亚双边经贸金额靠前国家和地区具有高度相关性。2018—2019 年度,澳大利亚排名前十的贸易伙伴是中国、日本、美国、韩国、新加坡、新西兰、英国、印度、马来西亚、泰国。[①]

575 件政治活动中,143 件为议会游说活动,149 件为一般政治游说活动,21 件为政治捐赠活动,115 件为传播活动,147 件为前内阁部长或前政府高官代理外国代理人从事的活动。[②] 575 件政治活动,平均下来每年新发数在 70 件左右,其中 2024 年 1 月 1 日至 5 月 22 日共 32 件;2023 年全年共 52 件;2022 年共 93 件,2021 年全年 88 件,2020 年全年 61 件,2019 年全年 95 件,2018 年及以前共 154 件。政治活动涉及的领域,涉及三个特点:第一,传播活动以外国政府和外国非营利组织委托为主。在 115 件传播活动中,49 件是外国政府组织委托从事,其中主要是美国驻澳大使馆和日本驻澳大使馆;50 个是外国政府相关组织委托,这 31 个外国政府相关组织中,有一半左右是非营利组织,一半左右是从事商业活动的企业;另有 16 件是外国政治组织委托从事,主要是美国的政治组织委托从事。第二,从事商业活动的企业作为外国势力委托代理人从事活动时,主要是从事议会游说活动和政治游说活动。第三,前内阁部长或前政府高官从事的活动,有相当一部分是接受外国势力邀请进行演讲或接受采访等,并未实际从事对国内政治有影响的活动,因而相关制度受到前总理陆克文的猛烈抨击。

澳大利亚外国代理人法执行中,涉及中国的情形较多。在属于中国的 73 名外国势力中,有 2 名是所谓的"外国政府",即中国环境与发展国际合作委员会及中国驻澳大使馆,涉及的活动分别是中国环境与发展国际合作委员会邀请前总理陆克文为其提供专业咨询、驻澳大使馆聘请澳大利亚国际事务研究院 (Australian Institute of International Affairs,一家私立国际

---

① 根据司法部向社会开放的外国代理人数据库统计: https: //transparency. ag. gov. au/ForeignPrincipals.

② 根据司法部向社会开放的外国代理人数据库统计: https: //transparency. ag. gov. au/Activities.

关系研究机构）就"一带一路"举办与中国学者的圆桌对话以及驻澳大使馆在澳大利亚举办中澳文化交流时由澳洲大洋传媒（Pacific Media Group Pty Ltd）提供推广辅助等。而剩余的 68 名所谓外国势力，除北京大学、清华大学、人民大学、人民日报社、温州商学院等外，主要是我国在澳从事商业活动的企业，包括金风科技、蒙牛等企业（含其在澳子公司及与澳方成立的合资公司）；涉及的活动主要是与其经营活动有关的政策游说及与政府部门的沟通活动。属于中国的 73 名外国势力，聘请代理人共涉及 141 件活动，活动主要集中于政策游说及与政府部门的沟通活动。属于中国的 73 名外国势力，在澳聘请的代理人较为集中，聘请前总理陆克文 25 次，专业游说公司山兰咨询公司（Sanlaan Pty Ltd）10 次，职业游说人士大卫·加萨德（David Gazard）8 次，专业游说公司外国投资咨询公司（Foreign Investment Advisory Australia Pty Ltd）7 次，还有一些是通过子公司或其与第三人在澳成立的合资公司开展相关活动。

截至 2023 年 6 月 30 日，澳大利亚司法部的主动执法比较少见。五年多时间里，司法部仅尝试认定两起外国政府相关组织；仅发出一份要求疑似为外国代理人的个人或组织提供信息材料的指令；向其他相关个人或主体发出 23 份指令要求其提供信息材料（其中 13 份指令是 2020 年 7 月 1 日至 2021 年 6 月 30 日发出）；未向任何个人或组织提出刑事检控。[①] 后续主动执法会否增加，仍需进一步关注。

从澳大利亚外国代理人法实施情况来看，其大体呈现以下三个特点：第一，总体规模不大。外国代理人法实施 5 年多，涉及的活动总数仅 575 件，外国代理人数量仅 129 名（与立法时预想的 500 名相去甚远）。并且新发数量似乎在呈下降趋势。第二，为商业利益而从事政策游说是外国代理人申报的主要内容。在某种程度上，它与传统的游说监管有一定重合。第三，前内阁部长或前政府高官是该法实施的重点对象。在 129 名外国代理人中，前内阁部长或前政府高官占比达 21.7%（28/129），所从事的活动亦达 25.6%（147/575）。

---

① 根据司法部向议会提交的年度报告（2018—2019 年，2019—2020 年，2020—2021 年，2021—2022 年，2022—2023 年）整理，年度报告可见：https://www.ag.gov.au/integrity/reports-operation-foreign-influence-transparency-scheme.

三、俄罗斯外国代理人法的实施情况

俄罗斯自 2012 年首次制定外国代理人法至 2024 年 5 月 22 日，列入外国代理人名单的数量累计为 801 个。① 其中 493 个是依据《受外国影响者活动管控法》之前的四类外国代理人相关法律列入，其余 308 个是依据《受外国影响者活动管控法》列入；202 个已经因停止活动或其他原因被移出外国代理人名单，目前正处于外国代理人名单中的主体为 599 个。在总的 801 个外国代理人中，2013 年列入 1 个，2014 年 29 个，2015 年 81 个，2016 年 43 个，2017 年 25 个，2018 年 7 个，2019 年 14 个，2020 年 17 个，2021 年 110 个，2022 年 188 个，2023 年 227 个，2024 年截至 5 月 22 日 59 个。

各年列入外国代理人的数量，一方面受到外国代理人立法的影响。区别于其他国家，俄罗斯外国代理人法自 2012 年首次制定开始，一直处于修改扩充之中。因此，每次重大的立法行动均可能导致执法活动变得活跃从而增加当年列入外国代理人名单的数量。例如，2017 年刚建立媒体外国代理人制度时，俄罗斯司法部即将包括美国之声在内的 9 家外国媒体列入外国代理人媒体名单；随后又在 2019 年 11 月 15 日、2020 年 2 月 11 日、2020 年 12 月 21 日、2021 年 4 月 23 日、2021 年 5 月 14 日分别将若干家外国媒体列入外国代理人媒体名单。另一方面也受到俄罗斯面临的国际形势影响。2021 年后外国代理人数量显著增加，除了法律扩大外国代理人范围的影响因素外，与俄罗斯与西方关系进入较为紧张的状态亦有关。

除了列入外国代理人名单，俄罗斯针对外国代理人法中的其他制度执法力度是比较大的。2017 年年初至 2021 年中，法院审理了 229 件针对非营利组织外国代理人的罚款案件，其中 158 件支持了检方的罚款申请，共处罚 114 个组织，43 名组织负责人，共处罚 36245500 卢布，平均罚款从 2017 年的每起 19 万增长到 2021 年上半年的每起 35 万。② 2022 年，针对外国代理人作出了 223 件行政处罚。2023 年，针对外国代理人作出了 527 件

① 俄罗斯外国代理人名单详见俄罗斯司法部网站：https://minjust.gov.ru/uploaded/files/kopiya-reestr-inostrannyih agentov-12-04-2024.pdf.

② "Created and (or) distributed: Discriminatory aspects of the application of legislation on 'foreign agents'", *Ovd-Info*, https://inoteka.io/ino/created-and-or-distributed-en#1.

行政处罚。① 根据外国代理人法的规定，任何人提及外国代理人时，均应注明该主体的外国代理人身份。就该制度的落实，有人统计，2021 年 1 月至 10 月期间，仅莫斯科的法院就受理了 259 件罚款案件，其他地区也有不少于 136 件罚款案件。② 总的来说，俄罗斯针对外国代理人法的执法行动是比较积极的。

不过，俄罗斯在外国代理人法领域启动刑事程序的情形并不多见。2012 年外国代理人法制定后，媒体报道的第一起刑事案件是 2016 年 6 月提起。该案最终以检察官撤销案件结案。③ 目前，媒体公开报道的与外国代理人法相关的刑事案件有 3 起。④

四、新加坡外国代理人法实施情况

新加坡外国代理人法关于网络传播活动的各项规定于 2022 年 7 月 7 日生效。截至 2024 年 5 月，内政部尚未发布任何关于网络传播活动的指令；⑤ 亦未宣布任何网站禁止访问。⑥

不过，虽然具政治影响力者制度晚于网络传播活动制度于 2023 年 12 月 29 日生效，但新加坡已经依据具政治影响力者制度采取执法行动。在外国代理人法关于具政治影响力者的规定生效当日，内政部即指定了两个组织为指定具政治影响力机构：一是指定"思考中心（Think Center）"⑦ 为指定具政治影响力机构；二是指定"亚细安人权机制新加坡工作组（MA-

---

① "Cutting off the air supply"：how the authorities are persecuting so-called "foreign agents" in the face of war—an analysis of legislation，https：//en. ovdinfo. org/cutting-air-supply-how-authorities-are-persecuting-so-called-foreign-agents-face-war#1.

② "Created and（or）distributed：Discriminatory aspects of the application of legislation on 'foreign agents'"，*Ovd-Info*，https：//inoteka. io/ino/created-and-or-distributed-en#1.

③ https：//www. frontlinedefenders. org/en/case/case-history-valentina-cherevatenko.

④ "Cutting off the air supply"：how the authorities are persecuting so-called "foreign agents" in the face of war—an analysis of legislation，https：//en. ovdinfo. org/cutting-air-supply-how-authorities-are-persecuting-so-called-foreign-agents-face-war#1.

⑤ https：//www. mha. gov. sg/fica/directions.

⑥ https：//www. mha. gov. sg/fica/proscribed-online-locations.

⑦ 据"思考中心"官网介绍，其是新加坡的一个独立非政府组织。该中心最初于 1999 年 7 月 16 日作为商业实体注册，后于 2001 年 10 月 20 日作为社团重新注册，其目标是批判性地审视与政治发展、民主、法治、人权和公民社会相关的问题。"思考中心"的活动包括研究、出版、组织活动等。"思考中心"自 2001 年开始一直是亚洲论坛（Forum Asia）的成员。具体见 https：//www. thinkcentre. org/about-us/.

RUAH)"①为指定具政治影响力机构。随后不久，在 2024 年 2 月 24 日，内政部指定新加坡公民陈文平（Chan Man Ping Philip）②为指定具政治影响力人物。③

　　内政部在将三者列为指定政治影响力者时，同时依据外国代理人法明确其应当遵守的报告义务与行为义务。其中，对于两个指定具政治影响力机构，内政部同步向他们发出三个指令：一是新加坡《2021 年反外国干涉法》第 67 条规定的禁止接受捐赠指令④；二是新加坡《2021 年反外国干涉法》第 68 条规定的禁止接受匿名捐赠指令⑤；三是新加坡《2021 年反外国干涉法》第 69 条规定的禁止接受政治捐赠基金指令⑥。而对于陈文平，其在指定陈文平为指定具政治影响力人物的决定中，同时提醒陈文平被指定后其应当遵循特定的报告义务，即他每年应当向内政部报告以下事项：第一，收到并接受的 10,000 新元或以上的政治捐款。第二，其与外国势力之间的代理关系。报告时，应当披露外国势力的身份及其他具体信息，双方之间的具体安排，并声明报告内容完整而无遗漏。第三，移民利益，即外国政府赋予的该国荣誉公民身份、外国政府颁发的包括护照在内

---

　　① 据"亚细安人权机制新加坡工作组"官网介绍，其为新加坡的一家人权非政府组织。MARUAH"在马来语中意为尊严。该组织旨在：第一，在新加坡、东盟及其他地区，提高人们对人权及与其相关问题的认识、知识和理解；第二，从民间社会的角度出发，就人权及相关问题提供观点；第三，倡导并致力于按国际标准及其他规范尊重并维护人权；第四，促进国家间、区域间及国际间在人权及相关问题上的一切活动的协调与发展；第五，便利新加坡的个人、团体及组织在人权及相关问题上的教育、参与和投入。该组织是东盟人权机制工作小组的新加坡成员。详见 https：//maruah.org/about/.

　　② 陈文平出生在我国香港，其于 1990 年到新加坡，并于 1993 年成为归化公民。曾任新加坡香港商会会长（被列为指定具政治影响力人物后辞任）、九龙会会长，曾作为海外侨胞列席我国全国政协会议。

　　③ Individuals and Organisations Designated as Politically Significant Persons under FICA, Ministry of Home Affairs, https：//www.mha.gov.sg/fica/designations.

　　④ 《2021 年反外国干涉法》第 67 条规定的禁止接受捐赠指令是指，主管机关可向指定具政治影响力者发出含以下一项或多项内容的指令：（a）不接受来自未满 21 岁的新加坡公民的任何政治捐款；（b）不接受来自指令中指定的外国个人、外国企业、外国政治组织或外国公共企业的任何政治捐款；（c）退还自指令中指定日期起接收的、来自上述、（b）项中指定的外国个人、外国企业、外国政治组织或外国公共企业的任何政治捐款。

　　⑤ 《2021 年反外国干涉法》第 68 条规定的禁止接受匿名捐赠指令是指，主管机关可向指定具政治影响力者发出指令，要求其不得接受任何超过第 58（2）（d）条规定数额（5000 元或实施条例规定的其他数额）的匿名捐款。

　　⑥ 《2021 年反外国干涉法》第 69 条规定的政治捐赠单独建账指令是指主管机关可向指定具政治影响力者发出指令，要求其就指定的日期起收到的政治捐款单独建账。

的可以用于国际旅行时证明身份的证件、外国政府赋予其在该外国工作或居住（不含短期）的权益等。①

第二节　外国代理人法实施过程中的典型案例

为更直观地反映外国代理人法的实施情况和效果，本节将介绍有关国家在法律实施过程中出现的典型案例。

一、美国外国代理人法实施中的典型案例

1. 巴里未如实完整登记案（2024）：巴里·班纳特拥有一家名为 Avenue Strategies 的咨询公司，该公司与卡塔尔大使馆签订了合同，并根据 FARA 进行了注册。作为工作的一部分，班纳特先生和道格拉斯·瓦茨先生成立了一家名为 Yemen Watch, LLC 的实体，该实体开展了一项价值 77.3 万美元的公关活动，旨在负面描绘沙特阿拉伯王国，活动内容包括社交媒体帖子、公众意见文章、纪录片系列、直接邮件和对国会成员的电话联络。Yemen Watch, LLC 本身并未根据 FARA 注册，也未在 Avenue Strategies 的 FARA 申报文件中披露。美国司法部以未如实完整登记注册为由对班纳特先生和瓦茨先生进行刑事立案调查。二人于 2024 年 1 月与美国司法部达成了暂缓起诉协议。班纳特先生同意支付 10 万美元的罚款，修正 Avenue Strategies 的 FARA 申报记录，并在未来 18 个月内不再从事需要根据外国代理人法登记报告的行为。瓦茨先生同意支付 2.5 万美元的罚款，并在未来 18 个月内不再从事需要根据外国代理人法登记报告的行为。②

2. 世达律师事务所虚假陈述案。2012 年，世达律师事务所与乌克兰政府达成协议，将代表乌克兰政府在美国部分新闻媒体进行公关活动。面对司法部外国代理人法执法部门对其在该活动中的角色的询问，当时世达律师事务所的一名合伙人向执法部门作出了虚假和误导性的陈述，导致执法部门在 2013 年错误地认定该事务所没有登记注册义务。而事实揭露后表

---

① Designation of Chan Man Ping Philip as a Politically Significant Person Under the Foreign Interference (Countermeasures) Act 2021, Ministry of Home Affairs, https://www.mha.gov.sg/mediaroom/press-releases/designation-of-chan-man-ping-philip-as-a-politically-significant-person-under-the-foreign-interference-countermeasures-act-2021/.

② https://www.fara.us/resources-criminal.

明，世达律师事务所在 2012 年时本应进行注册。美国司法部因此提出刑事检控。最终世达律师事务所与司法部达成和解。作为和解的一部分，该事务所完成了注册，承认在回应 FARA 部门的询问时作出了虚假和误导性陈述，上缴收到的超过 460 万美元的费用，并同意确保其在应对任何联邦政府实体对其行为的查询时有正式且充分的应对程序，并就其代表外国客户所进行的工作确保符合外国代理人法的要求。①

3. RM Broadcasting 案（2019 年）。RM Broadcasting 是一家佛罗里达州的广播公司，负责在美国分发俄罗斯广播频道卫星通讯社。RM Broadcasting 在联邦地区法院提起民事诉讼，以获得法院声明性判决，确认 FARA 不适用美国外国代理人法。美国司法部在答辩时提出反诉，要求法院颁令强制 RM Broadcasting 按照外国代理人法要求登记注册。地区法院驳回了诉求。认为 RM Broadcasting "未播放任何广播节目" 的说法并不成立。实际上，该公司的服务协议明确提出该公司将无删减地播放广播节目，该公司实际亦受俄罗斯卫星通讯社的控制。相应地，联邦地区法院支持了司法部的请求。该案是 1991 年后司法部通过提出民事诉讼（虽然是被动地提出反诉）执行外国代理人法的第一起案件。随后，在 2022 年、2023 年，美国司法部均主动提出民事诉讼要求法院颁令相关组织或个人登记注册为外国代理人。②

4. 美国外国代理人法刑事第一案：1939 年，拉斐尔·拉什（Raphael Rush）、莫里斯·利斯金（Morris Liskin）和诺曼·温伯格（Norman Weinberg）三人被控违反外国代理人。三人为一个名为 "Bookniga" 的公司的管理层。Bookniga 公司销售苏联 Mezhdunarodnaya Kniga 组织出版的印刷材料。而 Mezhdunarodnaya Kniga 组织受苏联政府部分苏联人民对外贸易委员会控制。根据美国外国代理人法，Bookniga 公司应当主动登记注册为外国代理人。但三人合谋规避登记注册义务。为此，三人被控违反外国代理人法，最终均被定罪，最终量刑为 4 个月至 3 年监禁不等，同时均被处 500 美元罚金。③

---

①　https：//www. justice. gov/nsd-fara/recent-cases.

②　https：//www. fara. us/resources-civil.

③　https：//www. fara. us/resources-criminal.

二、澳大利亚外国代理人法实施中的典型案例

1. 陆克文"抱怨"案。陆克文（Kevin Rudd）曾于 2007 年 12 月 3 日至 2010 年 6 月 24 日及 2013 年 6 月 27 日至 2013 年 9 月 18 日担任澳大利亚总理，并在其他时期担任外交部部长等重要职位。他是澳大利亚具有较大政治影响力的人物。因此，不少海外大学、传媒机构等经常邀请陆克文前去讲学、接受采访等。根据澳大利亚外国代理人法，陆克文作为前内阁部长，即便其从事的活动不是政治活动，当其接受海外机构的邀请从事活动时，直接构成前内阁部长外国代理人而触发登记报告义务。因此，陆克文不得不就其接受海外机构邀请从事的讲学、接受采访等安排向澳大利亚司法部报告登记。截至 2024 年 5 月，陆克文一人已经申报登记了 86 项活动，占澳大利亚已经登记的外国代理人涉及的所有活动的 15%（86/575）。对此，陆克文表达强烈不满，并在每一份登记中均重申其"抱怨"："我本人并非外国势力的代理人，我坚决反对将我暗示为外国代理人。我在国际上参与活动时，是以个人、学者、评论员、前领导人以及非政府组织和联合国附属机构成员的身份进行，从未作为任何外国政府的代表……设想，接受 BBC 采访就能使某人成为英国政府的代理人是荒谬的，尤其是当我在 BBC 批评英国政府时（这是我常做的事）。鉴于这些采访在播出或发表时已对公众透明，再次在此处申报登记显得多余。因此，我曾向贵部门申请免除此项负担，但遭到拒绝。我完全支持外国代理人立法，当正确实施时，它有助于保护澳大利亚的核心利益，揭露潜在的外国势力的代理人。然而，贵部门的宽泛解释将会导致官员时间和纳税人资金的浪费。澳大利亚有数十甚至数百位在世的前内阁部长，他们现在都将被要求登记那些本质上已经公开的交往……"[①]

2. 悉尼大学孔子学院被认定为外国政府相关组织案。澳大利亚外国代理人法规定，司法部有权向相关主体发出"初步披露指令"认定相关主体为外国政府相关组织。2020 年 8 月，司法部依据外国代理人法第 46 条向悉尼大学孔子学院发出提供信息材料的指令，要求其提供是否构成外国政府相关组织的信息材料。悉尼大学孔子学院依据指令向司法部提交了相关

[①] https://transparency.ag.gov.au/Registrants/Details/4612496a-b15b-eb11-8147-0050569d2348.

信息材料。2021 年 2 月 26 日，司法部向悉尼大学孔子学院发出初步披露指令，认定悉尼大学孔子学院为外国政府相关组织。2021 年 3 月 5 日，悉尼大学孔子学院管理委员会主席向司法部提交申辩意见。申辩意见中提出，第一，悉尼大学孔子学院的管理机制已经发生变化。中国国家汉语国际推广领导小组办公室（与中国孔子学院总部、教育部对外汉语教学发展中心合署办公）已经将孔子学院相关业务转交性质为慈善组织的中国国际中文教育基金会。[①] 第二，2021 年 3 月 3 日，悉尼大学与复旦大学重新签订了孔子学院合作协议，中国国际中文教育基金会并不是合作协议一方。第三，不论是中国国际中文教育基金会还是复旦大学均不能对悉尼大学孔子学院施加控制，孔子学院由双方共同组建的管理委员会管理，其中悉尼大学和复旦大学各任命 3 名，第 7 名由掌握中文的澳大利亚公民独立担任。第四，除了复旦大学为派驻孔子学院的工作人员在孔子学院工作期间提供薪水和补贴外，不论是中国国际中文教育基金会还是复旦大学均不再为孔子学院提供额外的资金。第五，新的合作协议明确规定孔子学院只承担非学历教育的中文培训与文化交流合作，不得从事任何政治活动（即应当根据外国代理人法登记报告的活动）。[②] 司法部收到申辩意见后，于 2021 年 3 月 26 日作出决定，撤销其于 2021 年 2 月 26 日作出的初步披露指令，相应地悉尼大学孔子学院不再被认定为外国政府相关组织。[③] 不过，2024 年澳大利亚议会专门委员会在审查澳大利亚外国代理人法的得失时，明确提出孔子学院应当受到外国代理人法的额外关注。[④]

---

① 中国国际中文教育基金会是在中华人民共和国民政部注册的慈善组织，于 2020 年 6 月在北京成立。基金会由北京大学等 27 所高校、企业和社会组织联合发起，旨在通过支持世界范围内的中文教育项目，促进人文交流，增进国际理解，为推动世界多元文明交流互鉴、共同构建人类命运共同体贡献力量。详见中国国际中文教育基金会官网 https：//www.cief.org.cn/jj.

② Duncan Ivison：Submission regarding a provisional transparency notice，https：//www. sydney. edu.au/confucius-institute/about-us/our-partners. html.

③ Revocation of Provisional Transparency Notice issued in relation to the Confucius Institute at the U-niversity of Sydney，Attorney-General's Department，https：//www.ag.gov.au/integrity/publications/revocation-provisional-transparency-notice-issued-relation-confucius-institute-university-sydney.

④ Parliamentary Joint Committee on Intelligence and Security：Review of the Foreign Influence Transparency Scheme Act 2018，para.3.109，https：//parlinfo.aph.gov.au/parlInfo/download/committees/reportjnt/RB000097/toc_pdf/ReviewoftheForeignInfluenceTransparencySchemeAct2018.pdf.

三、俄罗斯外国代理人法实施中的典型案例

1. AllRusNews 主编未标示外国代理人行政处罚案。帕维尔·索夫罗诺夫（Павла Софронова）为出版物 AllRusNews 的主编。AllRusNews 网站刊发的两篇文章在提及两个已经被列入外国代理人名单的组织（一个叫 ОВД-Инфо 的组织）和"纪念"人权中心（Правозащитный центр 《Мемориал》）时，未按照外国代理人法要求标示两个组织为外国代理人。因此，2022 年 4 月和 5 月，当地法院对帕维尔·索夫罗诺夫处以 2000 布的罚款，共计 4000 卢布。索夫罗诺夫表示他不打算支付这些罚款，并认为行政处罚是非法的。不过，俄罗斯联邦通信、信息技术与大众传媒监督局明确告知索夫罗诺夫，如果其不及时缴纳罚款，则构成新的行政违法行为，最高可处 15 天行政拘留。[①]

2. 莫斯科州立大学副教授开除案。米哈伊尔·洛巴诺夫（Михаил Лобанов）是莫斯科州立大学的副教授。2023 年 6 月 23 日，司法部将其列为外国代理人。2023 年 7 月初，莫斯科州立大学建议米哈伊尔辞职。米哈伊尔在其社交媒体上表示，大学暗示他，根据外国代理人法，当他被认定为外国代理人后，不得从事教学工作，因此应当辞职。不过，米哈伊尔认为，根据俄罗斯劳动法，虽然他不能再从事教授工作，但大学应当为他安排其他职位，因此拒绝辞职。2023 年 7 月 7 日，莫斯科州立大学向米哈伊尔发送通知，决定开除他。米哈伊尔向法院起诉莫斯科州立大学构成违法。莫斯科州立大学在开庭时承认解除劳动合同构成违法，但根据外国代理人法其不能使用财政资金通过薪水形式资助作为外国代理人的米哈伊尔。法院最终未支持米哈伊尔恢复职位的请求。米哈伊尔现已经离开俄罗斯。[②]

3. 双重国籍记者未依法登记为外国代理人刑事追诉案：阿尔苏·库玛舍娃（Алсу Курмашева），是同时具有美国和俄罗斯国籍的常驻布拉格的

---

① https：//ovd. info/express-news/2022/12/16/glavreda-allrusnews-oshtrafovali-iz-za-upominaniya-na-sayte-organizaciy.

② 根据以下报道整理：https：//meduza. io/feature/2023/07/12/chtoby-v-rossii-mozhno-bylo-za-nimatsya-naukoy-nuzhno-zanimatsya-politikoy；https：//www. rbc. ru/politics/10/07/2023/64abe4c29a79 478311794eb5；https：//www. kommersant. ru/doc/6096331；https：//en. ovdinfo. org/cutting-air-sup-ply-how-authorities-are-persecuting-so-called-foreign-agents-face-war#4-4.

记者，就职于自由欧洲电台/自由电台的鞑靼-巴什基尔语服务部门。2023年10月18日，库玛舍娃被指控未依法登记为外国代理人。其被指"故意通过互联网有针对性地收集有关俄罗斯军事活动的信息，并将信息传输给外国势力。"库玛舍娃不认罪。2023年10月23日，喀山地区法院驳回了库玛舍娃提出的取保候审请求，而是决定羁押至2023年12月5日。2024年4月1日，俄罗斯法院将她的羁押期限延长至2024年6月5日。目前，该案尚未审结。[①]

4. 瓦任科娃（Важенкова）多次违反外国代理人法刑事案。瓦任科娃于2021年9月后被列为媒体外国代理人。2022年3月，瓦任科娃因在Instagram帖子中未标注自己的外国代理人身份而被罚款1万卢布；同年8月，又因在Telegram频道的帖子未进行标注而被罚款5万卢布。2023年2月，俄罗斯依据新修改后的外国代理人法，以瓦任科娃多次违反外国代理人法已构成刑事犯罪为由提出刑事检控，并对已经离开俄罗斯的瓦任科娃发出通缉令。[②]

四、新加坡外国代理人法实施中的典型案例

陈文平被列入指定具政治影响力人物案。陈文平出生于我国香港地区，1990年左右到新加坡并于1993年取得新加坡国籍。他主要从事房地产生意，曾担任新加坡香港商会会长、九龙会会长及其他一些基层社会组织的负责人。2023年3月，曾作为海外侨胞代表受邀列席全国政协十四届一次会议。2024年2月2日，新加坡内政部向陈文平发出通知，提出拟将其指定为指定具政治影响力人物，明确陈文平可以陈述申辩。2024年2月26日，陈文平被正式列为指定具政治影响力人物。新加坡内政部在相关声明中认定，陈文平具有受到外国势力影响的倾向，且愿意推动外国利益。有关专家分析表示，陈文平之所以作为第一个被列为指定具政治影响力人

---

① 根据以下报道整理：https://www.reuters.com/world/russian-court-extends-pre-trial-deten-tion-us-journalist-kurmasheva-2024-02 01/；https://cpj.org/2024/04/russia-extends-detention-of-journa-list-alsu-kurmasheva-by-2-months/；https://about.rferl.org/advocacy/imprisoned-journalists/alsu-kurma-sheva/；https://www.aljazeera.com/news/2024/4/1/russian-court-extends-detention-of-journalist-alsu-kurmasheva-until-june.

② 根据以下报道整理：https://mmdc.ru/blog/2023/02/08/v-rossii-vozbuzhdeno-pervoe-ugolov-noe-delo-za-neispolnenie-obyazannostej-inoagenta/；https://ovd.info/express-news/2023/02/07/na-ak-tivista-golosa-zaveli-pervoe-v-rossii-ugolovnoe-delo-o-narushenii；https://tass.ru/obschestvo/17168965.

物的自然人，原因有两个方面：一是陈文平明显地在为外国利益行事，陈文平多次公开表态，作为华人，应当为在世界范围讲好真实的中国故事而努力，要树立中国的正面形象，他不仅要自己这么做，还要团结更多的华人来宣传中国，其在 2019 年为新加坡政府定性为非法的讨论香港暴乱的集会提供便利。二是陈文平具有一定的草根动员能力，从事一些政治募捐，与一些政治人物有关联。二者结合，使得新加坡当局认为需要防范陈文平可能造成的潜在危害。[①]

第三节　外国代理人法的实施效果

外国代理人法的立法目的主要是通过信息披露制度等实现维护本国政治安全的目的。[②] 俄罗斯的经验能够较为直观地体现这一点。俄罗斯外国代理人法"出台几年后，其效果已经显现，'外国代理人非营利组织'的数量逐年下降"。[③] 基本从每年 40—80 个下降到目前每年不到 10 个。俄罗斯的媒体外国代理人制度也一样。2021 年 5 月 14 日，俄罗斯司法部将新闻网站 VTimes 的域名运行方列入媒体外国代理人名单后，2021 年 6 月 12 日该新闻网站即停止运行。[④]

---

① 根据以下报道整理：https：//www. channelnewsasia. com/singapore/philip-chan-fica-foreign-interference-china-singapore-analysis-4152431；https：//www. scmp. com/news/asia/southeast-asia/article/3253230/singapore-designates-ex-hong-kong-businessman-philip-chan-politically-significant-under-foreign；https：//www. thestar. com. my/business/business-news/2024/02/06/politically-significant-person-has-ties-to-china.

② 但近期，在澳大利亚，不少观点认为其外国代理人法实际只关注了不应关注的问题而没有真正解决政治安全面临的威胁。See e. g. , Patrick Hannaford, Liberal Senator condemns foreign influence laws for focussing on issues of 'no concern to the Australian community' while failing to address real threats, https：//www. skynews. com. au/australia-news/politics/liberal-senator-condemns-foreign-influence-laws-for-focussing-on-issues-of-no-concern-to-the-australian-community-while-failing-to-address-real-threats/news-story/56bbe27d4183eb3fe21d23c7e3aa3ff0；Leonid Andronov, Shutterstock, 'Abject failure'：why Australia's scheme to curb foreign influence doesn't work and can't be fixed, https：//theconversation. com/abject-failure-why-australias-scheme-to-curb-foreign-influence-doesnt-work-and-cant-be-fixed-228292.

③ 马强："俄罗斯《外国代理人法》及其法律和政治实践"，载《俄罗斯研究》2021 年第 1 期，第 157 页。

④ Tom Paskhalis etc. , "The Kremlin has a new toolkit for shutting down independent news media", *The Washington Post*, https：//www. washingtonpost. com/politics/2021/06/29/kremlin-has-new-toolkit-shutting-down-independent-news-media/.

外国代理人法在实现其立法目的的同时，同时产生了一些值得关注的附带效果：一是"外国代理人"产生了明显的污名化效应；二是外国代理人法客观上对本国政治异见具有明显的压制效应；三是外国代理人法成为外交斗争的工具。

一、"外国代理人"的污名化效应

外国代理人法的正当性，在于保障本国政府和公民的知情权。因此，在制度设计时，它是围绕身份披露和其他信息披露建构，通常并不直接禁止或限制任何人代理外国势力从事政治活动。然而，该制度在实际运行过程中，却起到了明显的禁止和限制外国代理人参与本国政治活动的效果。背后的主要原因在于"外国代理人"标签的污名化（stigmatization）效应。[1]

外国代理人普遍被当作不当干预本国政治活动的代名词，具有强烈的负面警示作用。[2] 正是因此，澳大利亚立法明确规定，任何人不得因监管机构将其列为外国代理人而提出名誉之诉。[3] 俄语中的"外国代理人"自苏联时期起就长期被认为有间谍、叛徒的含义，具有更明显的负面评价效应。[4] 当某一主体主动或被动地成为"外国代理人"后，本国政府、公民和其他组织与其打交道时，均将特别留意。因此，当被列为外国代理人后，合作伙伴减少是十分常见的现象。例如，俄罗斯的"萨哈罗夫院士遗产保护委员会"被列为外国代理人后，很快失去了合作伙伴，因为合作伙伴对与该组织合作感到紧张，不愿意与其产生任何财务往来。俄罗斯的

---

[1]　See eg. , Nick Robinson, , "'Foreign Agents' in an Interconnected World：FARA and the Weaponization of Transparency"，（2020）69 *Duke Law Journal* 1075，pp. 1081，1092 etc. ; Chris Draffen and Yee-Fui Ng，"Foreign Agent Registration Schemes In Australia And The United States：The Scope，Risks And Limitations Of Transparency"，（2020）43 *UNSW Law Journal* 1101，p. 1110；马强："俄罗斯《外国代理人法》及其法律和政治实践"，载《俄罗斯研究》2021年第1期，第163页。

[2]　在极少数情况下，外国代理人标签意味着"专业性"。参见马强："俄罗斯《外国代理人法》及其法律和政治实践"，载《俄罗斯研究》2021年第1期，第159页。

[3]　澳大利亚《2018年外国影响透明机制法》第14J条。

[4]　Nick Robinson，"'Foreign Agents' in an Interconnected World：FARA and the Weaponization of Transparency"，（2020）69 *Duke Law Journal* 1075，p. 1086；马强："俄罗斯《外国代理人法》及其法律和政治实践"，载《俄罗斯研究》2021年第1期，第161页。但是，俄罗斯联邦宪法法院认为，登记注册为外国代理人只根据是否受外国势力资助的客观事实判断，并不存在污名化问题。See The Decision of the Constitutional Court of the Russian Federation，No 10-P of 8 April 2014，para 3. 1，p. 22，available at http：//www. ksrf. ru/en/Decision/Judgments/Documents/2014% 20April% 208% 2010-P. pdf.

"远东公民创新和社会发展中心"也面临类似情况,其被列入外国代理人名单后,很快地方政府即中断与其合作,与其他伙伴的合作也变得异常困难。① 有些行业协会甚至在法律之外直接对外国代理人予以限制。例如,俄罗斯的今日俄罗斯美国频道被美国要求登记为外国代理人后,美国国会有关工作机构直接以其是外国代理人为由将其采访国会山的许可予以注销,对该机构的活动造成严重影响。②

二、外国代理人法压制本国异见的客观效果

外国代理人法在实施过程中,常被批评是压制本国政治异见的工具。美国《外国代理人注册法》因其措辞模糊而臭名昭著,其被选择性执法也不是什么新闻。③ 2017 年,美国要求今日俄罗斯美国频道登记为外国代理人时,大量批评意见认为,这一举措模糊了政治宣传与媒体报道的界限,是美国政府为压制不同声音而采取的做法。④ 还有评论指出,美国 1950 年代对杜波依斯(Du Bois)的刑事检控,是《外国代理人注册法》被用于压制本国政治异见的典型例证。杜波依斯是美国民权人士,是美国全国有色人种促进会(NAACP)的创始人之一。1949 年,他参与成立美国和平信息中心,致力于宣传不应首先使用核武器。1951 年,杜波依斯被起诉未按照《外国代理人注册法》登记,理由是他参与成立和运行的美国和平信息中心是为法国的一家公益组织服务,政府要求判处杜波依斯五年监禁和罚款 1 万美元。虽然最终法院并未支持政府的检控,但政府通过检控成功压制了杜波依斯及其同伴关于不首先使用核武器的宣传。⑤ 正是因此,学

---

① 马强:《俄罗斯〈外国代理人法〉及其法律和政治实践》,载《俄罗斯研究》2021 年第 1 期,第 158 页。

② Hadas Gold, "Congressional press office yanks RT's credentials", *CNN*, https://money.cnn.com/2017/11/29/media/rt-capitol-credentials-revoked/index.html.

③ Douglas Rutzen, "Aid Barriers and the Rise of Philanthropic Protectionism", (2015) 17 (1) *International Journal of Not-for-Profit Law* 5, pp. 24-33; Jacqueline Van De Velde, "The Foreign Agent Problem: an International Legal Solution to Domestic Restrictions on Non-Governmental Organizations", (2018) 40 *Cardozo Law Review* 687, pp. 706-715.

④ See Alexandra Ellerbeck & Avi Asher-Shapiro, "Everything to Know About FARA, and Why It Shouldn't Be Used Against the Press", *Colum. Journalism Rev.* (June 11, 2018), https://www.cjr.org/analysis/fara-press.php.

⑤ Nick Robinson, "'Foreign Agents' in an Interconnected World: FARA and the Weaponization of Transparency", (2020) 69 *Duke Law Journal* 1075, pp. 1118-1121.

者评论道，"外国代理人法为美国司法部提供了一种有效且低调的手段，以便在不引起批评性关注的情况下，清除美国政治舞台上的不受欢迎的政治思想"。①

因为意识形态和政治体制原因，西方国家及其代言人对俄罗斯外国代理人法的批评更甚。欧洲理事会的宪法问题咨询机构威尼斯委员会在2021年7月6日发布的报告认为：

本委员会对［俄罗斯外国代理人法］最近的修改对组织、个人、媒体和公民社会形成的影响表示特别关切。本委员会认为，近期的外国代理人监管改革将对人们自由地行使民主有至关重要作用的公民和政治权利产生寒蝉效应。最近的外国代理人监管立法，使得政府可以对社团的存在和运行施以掌控、对个人政治生活中的参与予以控制。本委员会建议俄罗斯全面放弃外国代理人监管制度，包括获得外国资助的社团、媒体和个人应当登记注册、报告和信息披露的制度，以及相关法律责任。②

而"大赦国际"认为：

俄罗斯的外国代理人法是为了阻挠、污名和禁言那些批评政府的非政府组织。它将大量非政府组织列为外国代理人，对个人权利和俄罗斯的公民讨论质量造成了严重伤害。最终的受害者不仅是非政府组织，还包括俄罗斯社会。③

并认为"俄罗斯政府正在有效地将那些'找茬'的组织清除而代之以听话的组织……只有那些支持而不质疑政府政策的非政府组织才能够与政府形成互利互惠的关系从而生存下去"④。

---

① Brett Gary, The Nervous Liberals: Propaganda Anxieties from World War I to the Cold War, Columbia University Press, 1999, pp. 215-16.

② European Commission for Democracy Through Law's Opinion on the Compatibility with International Human Rights Standards of a Series of Bills Introduced by the Russian State Duma between 10 and 23 November 2020 to Amend Laws Affecting "Foreign Agents", available at https://www. venice. coe. int/webforms/documents/? pdf = CDL-AD（2021）027-e.

③ "Russia: Four years of Putin's 'Foreign Agents' law to shackle and silence NGOs", https://www. amnesty. org/en/latest/news/2016/11/russia-four-years-of-putins-foreign-agents-law-to-shackle-and-silence-ngos/.

④ Amnesty International, "Four Years of 'Foreign Agents' Law in Russia: Consequences for the Society", available at /https://www. amnesty. org/download/Documents/EUR4651472016ENGLISH. PDF.

三、外国代理人法成为外交斗争的工具

污名化效应和额外成本负担，使得监管机构的主动执法能够明确地传达政府立场，也能够间接起到禁止和限制外国代理人参与本国政治活动的效果。因此，在实践中，有关国家并不满足于外国代理人法保证知情权的防御性功能，而更多地将其作为主动出击应对外国势力的武器。具体体现在两个主要方面：一是外国代理人法成为对外斗争的工具；二是外国代理人法被用于监管涉外国势力的传媒舆论。

1. 外国代理人法成为对外斗争的工具

近些年，有关国家为满足对外斗争的需要而针对具有特定国家背景的实体选择性地主动执法，即便外国代理人监管立法的立法初衷和制度设计不是本国在对外交往中主动出击的武器。2017 年，美国重拾《外国代理人注册法》的背景，就是希望利用该法对有俄罗斯和中国等背景的实体进行打压。2017 年，美国司法部要求在美国注册但主要由俄罗斯政府资助的今日俄罗斯美国频道①，以及在美国注册但播放俄罗斯卫星通讯社广播的一家电台（Reston Translator）②，登记为外国代理人。有评论认为，按照美国司法部的逻辑，像 BBC America 这样的实体同样应当登记为外国代理人。但美国司法部至今未采取任何执法行动，明显是服务于美国政府的政治目标而选择性地执法。③ 而 2018 年，美国司法部要求中国新华社、中国环球电视网等登记为外国代理人。这一举措是在美国宣布新的对华贸易战措施后第二天宣布，有人认为，很可能是为了服务于美国政府在贸易和政治上与中国斗争的需要。④ 就澳大利亚而言，有评论认为，其制定《外国代理

---

① Letter re Obligation of RTTV America, Inc. to Register Under the Foreign Agents Registration Act, https：//www. politico. com/f/? id = 00000160-79a9-d762-a374-7dfbebe30001.

② Mike Eckel, "U. S. Radio Station Registers As Foreign Agent´For Russian Sputnik Broadcasts", https：//www. rferl. org/a/us-russia-foreign-agent-sputnik-radio-station-washington-registration/28860508. html.

③ Nick Robinson, " 'Foreign Agents' in an Interconnected World：FARA and the Weaponization of Transparency", （2020）69 *Duke Law Journal* 1075, p. 1128.

④ Nick Robinson, " 'Foreign Agents' in an Interconnected World：FARA and the Weaponization of Transparency", （2020）69 *Duke Law Journal* 1075, p. 1128.

人透明机制法》的首要目的就是针对中国。① 虽然该法在 2018 年底开始实施后，澳大利亚司法部尚未采取主动执法行动虽然该法在 2018 年底开始实施后，澳大利亚司法部尚未采取主动执法行动。但数据显示，目前主动登记的外国代理人涉及的 206 个外国势力中，有 55 个与中国有关；涉及的 425 件政治活动中，118 件与中国有关。②

2. 外国代理人监管立法被用于监管受外国势力影响的传媒舆论

1966 年以前，美国《外国代理人注册法》的执法行动以针对政治宣传者为主。但此后相当长时期内，基于该法的刑事检控几乎停止。监管机构主要通过民事起诉和宣传等方式针对政府游说人员执法。伴随着《1995 年游说披露法》的制定而将相当一部分在该法下予以披露的政府游说人员予以豁免，依据《外国代理人注册法》登记的外国代理人数量锐减。③ 但局面在 2017 年前后发生了重大变化，美国司法部大大加强了该法的执行力度，刑事检控数量显著增加。而执法领域除延续之前针对政府游说人员外，最主要的领域即加强传媒领域的执法。④ 监管机构越来越重视利用其外国代理人法限制和打击外国势力在传媒领域的渗透和影响。这在 2018 年 2 月美国司法部针对 13 名俄罗斯公民和 3 个俄罗斯组织的刑事起诉中体现得最为明显。在这一史无前例的案件中⑤，美国司法部认为，这 13 名俄罗斯公民和 3 个俄罗斯组织，在 2016 年大选期间及之后，通过网络大量散布意图影响美国大选的信息和材料。根据《外国代理人注册法》，他们应予登记为外国代理人。⑥ 俄罗斯则通过修改法律将外国代理人法用于监管传媒舆论，其于 2017 年修改《大众传媒法》《信息、信息技术和信息保护

① Chris Draffen and Yee-Fui Ng, "Foreign Agent Registration Schemes In Australia And The United States: The Scope, Risks And Limitations Of Transparency", (2020) 43 *UNSW Law Journal* 1101, p. 1104.

② 根据司法部向社会开放的外国代理人数据库统计：https://transparency.ag.gov.au/Activities.

③ Joshua R. Fattal, "FARA on Facebook: Modernizing the Foreign Agents Registration Act to Address Propagandists on Social Media", (2019) 21 *Legislation and Public Policy* 903, p. 912.

④ Joshua R. Fattal, "FARA on Facebook: Modernizing the Foreign Agents Registration Act to Address Propagandists on Social Media" (2019) 21 *Legislation and Public Policy* 903, p. 912.

⑤ Joshua R. Fattal, "FARA on Facebook: Modernizing the Foreign Agents Registration Act to Address Propagandists on Social Media", (2019) 21 *Legislation and Public Policy* 903, p. 903.

⑥ Joshua R. Fattal, "FARA on Facebook: Modernizing the Foreign Agents Registration Act to Address Propagandists on Social Media" (2019) 21 *Legislation and Public Policy* 903, pp. 904-905.

法》明确受外国势力资助的机构媒体应登记为外国代理人媒体，接受与非营利组织外国代理人相同的监管。2019 年 12 月，俄罗斯再次对有关法律进行修改，明确受外国势力资助的个人媒体（博主等），亦应当登记为外国代理人媒体，接受与非营利组织外国代理人相同的监管。同时进一步规定，外国代理人媒体，应当在俄罗斯设立法人机构后才可开展活动。随着法律的修改，俄罗斯很快有针对性地开展了执法活动。2017 年 12 月 5 日，即 2017 年修法完成后 10 天内，俄罗斯司法部即将包括美国之声在内的 9 家外国媒体列入外国代理人媒体名单。随后，在 2019 年 11 月 15 日、2020 年 2 月 11 日、2020 年 12 月 21 日、2021 年 4 月 23 日、2021 年 5 月 14 日又分别将若干家外国媒体列入外国代理人媒体名单。另外，2020 年 12 月 28 日，俄罗斯将 5 位自然人列为外国代理人媒体。因外国代理人媒体散发任何材料都需要标示其外国代理人的身份，实际给这些媒体机构的运行带来很大负担，相应意味着列入外国代理人媒体后，一般均会达到立竿见影的效果。比如，2021 年 5 月 14 日，俄罗斯司法部将新闻网站 VTimes 的域名运行方列入外国代理人媒体清单后，该新闻网站已经于 2021 年 6 月 12 日停止运行。①

---

① Tom Paskhalis, Bryn Rosenfeld and Katerina Tertytchnaya, "The Kremlin has a new toolkit for shutting down independent news media", *The Washington Post*, https：//www.washingtonpost.com/politics/2021/06/29/kremlin-has-new-toolkit-shutting-down-independent-news-media/.

第九章　外国代理人法面临的问题与挑战

外国代理人法创设的信息披露制度及其他监管制度，不仅产生限制外国势力参与本国政治活动的客观效果，亦在很大程度上具有限制本国公民及其组织参与政治活动的效果。因此，外国代理人法的整体制度或其中的部分制度，常常面临舆论质疑，甚至在有些国家还引发骚乱；在众多质疑中，其中最主要的一项是被质疑与基本权利或人权[①]保护要求不符，有一部案件甚至进入了法律程序。截至目前，美国、澳大利亚和俄罗斯的合宪性审查机关，以及欧洲人权法院和欧盟法院等均已处理有关国家外国代理人法是否符合基本权利保护或人权保护要求的问题。本章将从舆论和基本权利保护两个方面介绍外国代理人法面临的问题与挑战。

第一节　外国代理人法面临的舆论挑战

就目前已经制定的外国代理人法而言，其在立法与执法过程中，或多或少地受到本国或国际负面舆论的挑战。在格鲁吉亚，负面舆论挑战甚至演变为大规模的社会骚乱。本节将对有关国家在立法与执法过程中遇到的负面舆论挑战进行简要介绍，并专门介绍格鲁吉亚在制定外国代理人法过程中出现的骚乱。

一、各国外国代理人法面临的舆论挑战

（一）美国外国代理人法遇到的负面舆论质疑

美国外国代理人法于 1938 年制定，后来在 1939 年、1942 年、1966 年和 1995 年等经历若干次修改。在立法过程中，以及立法后不久，它受到的

---

① 通常国内法（宪法）意义上称为基本权利，在国际法意义上称为人权，二者在很大程度上是一个问题的两个方面，本章将根据语境使用相关术语。

批评并不多。① 恰恰相反，有观点甚至认为它是先进的。相较于直接将煽动言论定为犯罪，它通过要求来自纳粹集权的政治宣传登记注册并标示来源从而间接地控制相关政治宣传，是更加民主和更加有利于保护自由的方式。②

当前对美国外国代理人法的质疑，主要是美国采取选择性执法策略造成的。20 世纪 40 年代末至 50 年代，美国麦卡锡主义盛行。美国外国代理人法被用于选择性执法。21 世纪后，美国政府又一次逐渐强化外国代理人法的工具属性，开始选择性执法。使得人们开始质疑外国代理人法的正当性与存在的问题。其中较为集中的质疑主要有③：第一，外国代理人法存在选择性执法问题。外国代理人法的表述过于宽泛，代理关系的认定、政治活动要素的认定均不明确，正是因此给予执法机关过宽的自由裁量权，使得执法机关选择性执法成为可能。第二，外国代理人法对表达自由构成不当侵犯。外国代理人法成为压制异见的工具，成为打压部分媒体的工具，对宪法第一修正案保护的表达自由形成了冲击。第三，外国代理人法对结社自由构成不当侵犯。外国代理人法宽泛且模糊的条款、其登记注册要求造成的负担，以及刑事起诉的威胁，共同构成了对民间社会组织采取活动的寒蝉效应，阻碍或停止了一些正常的有益的非营利组织与国外的活动。第四，外国代理人法成为其他国家外国代理人法的正当化理由。美国作为第一个制定外国代理人法的国家，过于宽泛和模糊的表述，以及实践中被选择性地用于压制异见、打击非营利组织、压制媒体等，成为像俄罗斯、格鲁吉亚等国家制定外国代理人法压制异见和打击民权运动等的正当性借口。

① 笔者在《纽约时报》《华尔街日报》《华盛顿邮报》历史报纸数据库及 Google 等搜索引擎进行检索，未发现相关负面报道。

② Institute of Living Law: Combatting Totalitarian Propaganda: The Method of Exposure, 10 University of Chicago Law Review 107, 1943 (2), 107-08, 138.

③ See e. g., The International Center for Not-for-Profit Law, The Danger of the Foreign Agents Registration Act (FARA) to Civil Society at Home and Abroad, https://www.icnl.org/wp-content/uploads/FARA′s-Danger-to-Civil-Society-at-Home-and-Abroad.pdf; Nick Robinson, Fixing the FARA Mess, Just Security, https://www.justsecurity.org/80690/fixing-the-fara-mess/; The Danger of the Foreign Agents Registration Act to Civil Society, ICNL, https://www.icnl.org/post/analysis/the-danger-of-the-foreign-agents-registration-act-to-civil-society; Alexandra Ellerbeck and Avi Asher-Schapiro, Everything to know about FARA, and why it shouldn't be used against the press, Columbia Journalism Review, https://www.cjr.org/analysis/fara-press.php.

美国在个案中采取的执法行动，有时亦受到国内和国际舆论的质疑。例如，2011 年 7 月，美国司法部对两名美国公民提出刑事指控，认定二人是巴基斯坦的代理人，长期为了克什米尔归属问题在美国进行宣传、游说活动。[①] 在 2011 年 8 月，美国的非营利组织"美国教育基金"（American Educational Trust）即发表文章对司法部的执法行为提出严厉批评。该组织详细分析了刑事公诉书中描述的事实细节，并将其与以色列相关组织和个人在美国的活动对比，认为如果针对与巴基斯坦有关的个人的执法行动成立，那么与以色列有关的组织和个人亦应采取执法行动。但美国长期以来对与以色列有关的组织和个人并未采取执法行动，存在明显的选择性执法。[②] 再如，2020 年 9 月美国司法部要求卡塔尔半岛传媒集团在美国的子公司（AJ＋）登记为外国代理人后，半岛传媒立即通过其控制的媒体进行舆论质疑，相关质疑被不少媒体转载或报道。半岛传媒认为，司法部的要求，实际是美国在调解达成阿联酋与以色列关系正常化过程中形成的一个前提条件，是将外国代理人法作为外交斗争工具的典型体现，同时构成了对媒体自由的打压。[③]

（二）澳大利亚外国代理人法遇到的负面舆论质疑

澳大利亚制定外国代理人法时，明确宣称以美国外国代理人法为模板。而此时，美国外国代理人法已经面临较大的负面质疑。相应地，澳大利亚在立法过程中也免不了被质疑。不过，不像俄罗斯等国在立法过程中面临一些国际上的非营利组织的指摘，澳大利亚立法过程中主要是本国非营利组织或相关产业发表了不同意见，有些不同意见被媒体作了报道。

而澳大利亚的非营利组织和相关产业等在立法过程中提出的反对意见，大部分对制定外国代理人法本身的必要性未提出颠覆性质疑，只是从自身立场出发希望得到豁免，希望相关调整范围能够更窄更清晰一些。具

---

① 其中一人在提出检控后因病去世，另一人在 2011 年 12 月认罪并于次年判处 2 年监禁。有关案情介绍和后续情况，参见 https：//www. justice. gov/opa/pr/two-charged-conspiring-act-unregistered-a-gents-pakistani-government；https：//www. propublica. org/article/2-year-sentence for-man-accused-in-paki-stan-spy-plot.

② GRANT F. SMITH，Selective FARA Enforcement：Pakistan's Alleged Agents Prosecuted，Israel's Ignored，Washington Report on Middle East Affairs，https：//www. wrmea. org/2011-september-october/selective-fara-enforcement-pakistan-s-alleged-agents-prosecuted-israel-s-ignored. html.

③ Al Jazeera condemns AJ＋ FARA registration order in US，Al Jazeera，https：//www. al-jazeera. com/news/2020/9/17/al-jazeera-condemns-aj-fara-registration-order-in-us.

体而言，有意见认为，外国代理人法将对媒体报道自由构成不当限制。在外国代理人法制定过程中，澳大利亚 News Corp Australia 及其他媒体机构联合发布措辞强硬的声明，认为外国代理人法草案存在根本缺陷，其调整范围过于宽泛，任何在澳大利亚运营并拥有海外主体的行业组织或公司，如果未能对其可能被某些人视为"影响"政府或政治的运营活动进行全面持续的披露，都将面临刑事指控。这将影响媒体的商业运营和编辑运营。因此，议会应当停止审议外国代理人法草案，重视审视其立法目的和具体运行机制。① 还有意见认为，外国代理人法将对非营利组织的业务开展造成不当影响。澳大利亚工会联合会提出，工会组织与海外工会组织合作，工会组织为在澳短期工作的人员提供帮助等，是工会组织的正当活动，却受外国代理人法调整，将产生不必要的限制。② 还有其他非营利组织提出，外国代理人法调整的活动范围过宽，将使得很多没有代表外国势力游说政府的非营利组织承担额外的负担，影响这些非营利组织的活动能力。同时，那些以行业从业单位或个人为会员的非营利组织，其为产业政策游说本身具有正当性，不登记报告并没有太大问题。如果这些要求登记，可能会造成不必要的负面影响。此外，外国代理人法设定的刑事责任也明显不合比例。③ 另有意见认为，外国代理人法将对大学及研究机构的科研合作产生影响。澳大利亚 8 所顶尖大学组成的联盟认为，外国代理人法草案将会严重限制澳大利亚学者进行必要的学术活动的能力，限制他们在公共领域提供专家意见的能力，影响大学的学术活动开展。④ 还有意见认为，外国代理人法的调整范围过大，构成对言论自由的不当限制。⑤ 还有意见认为，外国代理人法似乎是针对华人社区，是对华裔澳大利亚公民对国家忠

---

① Charles Miranda, Why you could be jailed for doing your job? https：//www. news. com. au/national/why-you-could-be-jailed-for-doing-your-job/news-story/ad7e826609fea7984e328e7a5af7587f.

② Review of Foreign Influence Transparency Scheme Bill 2017, https：//www. actu. org. au/policy/review-of-foreign-influence-transparency-scheme-bill-2017/.

③ https：//afma. com. au/Site/media/Media/Documents/2018/Policy/R01-18-Foreign-Influence-Bill-Joint-committee. pdf? ext = . pdf.

④ https：//go8. edu. au/go8-submission-foreign-influence-transparency-scheme-bill-2017.

⑤ Paul Karp, Coalition's foreign agents bill attacked for overreach and curtailing 'freedoms of expression', https：//www. theguardian. com/australia-news/2018/jan/19/coalitions-foreign-agents-bill-attacked-for-overreach-and-curtailing-freedoms-of-expression.

诚的质疑。①

截至 2024 年 4 月，除了一次拟认定悉尼大学孔子中心为外国政府相关组织的尝试外，澳大利亚执法机关鲜有主动执法行动。因此，舆论总体上没有对执法行动的质疑。不过，值得关注的是，近两年来，越来越多的舆论认为，外国代理人法没有有效应对外国干涉（特别是来自中国的干涉），包括 13 个大学的孔子中心一直未登记为外国代理人或外国政府相关组织，存在不足，应修改外国代理人法以更有效地应对。②

（三）俄罗斯外国代理人法遇到的负面舆论质疑

不像美澳立法过程中面临的负面舆论相对较小，俄罗斯每次制定和修改外国代理人法均会引起国际舆论的广泛关注，引发大量负面评价。大部分的负面舆论集中在：第一，俄罗斯外国代理人法违反了俄罗斯在国际条约下保护人权和基本权利的承诺。2021 年欧洲法治民主委员会（威尼斯委员会）、2022 年欧洲人权法院对此做出了明确判断。③ 第二，俄罗斯外国代理人法是压制异见和打压民间社会组织与媒体的工具。④ 外国代理人法对民间社会组织的打压，已经快使存在异见的民间社会组织在俄罗斯消失。⑤ 第三，俄罗斯外国代理人法对独立媒体构成打压，政府长期滥用外国代理人法，导致了自我审查的盛行，并引发了国内外媒体机构大量撤离俄罗斯的现象，同时迫使剩余的独立媒体组织转入地下状态。⑥

---

① Michael Walsh and Jason Fang，Why do some Chinese-Australians feel targeted by the Government's new foreign influence laws? https：//www. abc. net. au/news/2019-03-29/chinese-australians-confused-over-foreign-influence-laws/10936524.

② See. e. g.， https：//www. atc. org. au/confucius-institutes/； https：//thediplomat. com/2019/07/should-australia-be-worried-about-chinese-influence-on-university-campuses/； https：//hongkongfp. com/2019/07/26/australian-universities-face-probe-deals-chinese-state-run-confucius-institutes/； https：//apnews. com/general-news-796ec0c9c5c84f5bbb3e41171ec34cce.

③ Council of the EU，Russia：Declaration by the High Representative on behalf of the EU on the 10th anniversary of the introduction of the Law on Foreign Agents，https：//www. consilium. europa. eu/en/press/press-releases/2022/07/20/russia-declaration-by-the-high-representative-on-behalf-of-the-eu-on-thc-10th-anniversary-of-the-introduction-of-the-law-on-foreign-agents/.

④ RFE/RL's Russian Service，Putin Signs Off on Harsher 'Foreign Agent' Law，https：//www. rferl. org/a/putin-signs-off-harsher-foreign-agent-law/31943645. html.

⑤ RUSSELL Martin，'Foreign agents' and 'undesirables'：Russian civil society in danger of extinction？https：//www. europarl. europa. eu/thinktank/en/document/EPRS_BRI（2022）729297.

⑥ Daniel Salaru，Ten years of Russia's foreign agent law：Evolution of a press freedom crackdown，https：//ipi. media/ten-years-of-russias-foreign-agent-law-evolution-of-a-press-freedom-crackdown/.

与制定修改引发的舆论质疑一样，俄罗斯采取外国代理人法执法措施，特别是针对一些知名机构和知名人士，亦引发大量负面舆论。例如，2023 年底，俄罗斯执法机构针对《普斯科夫州报》的主编丹尼斯·卡玛利亚金（Denis Kamalyagin）提出刑事指控，认定其未遵循外国代理人法标示身份、报告活动等。随着该执法行动的提出，大部分西方媒体均跟进报道，批评俄罗斯外国代理人法压制异见、打压独立媒体，应立即撤销对卡玛利亚金的刑事检控。[①]

（四）新加坡外国代理人法遇到的负面舆论质疑

新加坡外国代理人法亦遭遇了负面舆论质疑，相关质疑主要包括：第一，外国代理人法赋予政府权力强制互联网服务提供商和社交媒体平台披露用户信息、封锁内容以及移除疑似被用于外国干预的应用程序。这种权力可能被任意使用，以对抗外国影响为名，压制合法的政治讨论和公民社会活动。[②] 第二，外国代理法将司法监督限制在程序性事项上，而将实体性事项的复核交由政府另行设立的机制处理，这种安排引发了人们对制衡缺失及人民行动党作为执政党滥用权力的担忧。[③] 第三，人权观察和国际特赦组织等人权组织谴责新加坡外国代理人法，称其为"人权灾难"和对言论自由的"残酷攻击"。他们认为，如果该法律被认为涉及外国影响，其宽泛的定义可能会将包括学术合作和新闻报道在内的多种活动定为犯罪。[④] 第四，外国代理人法将成为压制民间非营利组织的工作。[⑤] 第五，外国代理人法以国家安全、公共利益等宽泛概念为工具，扩展政府权力的干预，将威胁国际化与全球化。[⑥]

新加坡目前仅采取了两次执法行动，将两个组织和一个个人列为指定

---

① See. e. g.， https：//cpj. org/2024/02/exiled-russian-journalist-denis-kamalyagin-charged-with-viola-ting-foreign-agent-law/； https：//www. nhpr. org/2023-11-20/independent-russian-journalism-persists-from-lat-via； https：//www. rferl. org/a/russia-journalist-turns-tables-foreign-agent-law/31241129. html.

② https：//www. voanews. com/a/singapore-passes-powerful-foreign-interference-law-stirring-fears-of-abuse/6273407. html.

③ https：//thediplomat. com/2021/10/singapore-passes-foreign-interference-bill-amid-criticism/.

④ https：//www. hrw. org/news/2021/10/13/singapore-withdraw-foreign-interference-countermeasures-bill； https：//www. amnesty. org/en/latest/news/2021/10/singapore-foreign-interference-law-dissent/.

⑤ https：//www. dw. com/en/singapore-foreign-interference-law-who-will-it-affect/a-68385346.

⑥ https：//www. aljazeera. com/opinions/2021/10/18/singapores-foreign-interference-law-will-crush-people-power.

具政治影响者。其中将陈文平列为指定具政治影响力人物引起媒体广泛关注，但更多只是描述性报道，未对执法行动本身给予负面评价。针对两个组织的执法行动，媒体报道很少。

（五）英国立法过程中遇到的负面舆论质疑

英国在制定外国代理人法过程中，亦遭到了一些负面质疑：第一，法律草案过于宽泛，未区分友好国家和敌对国家的影响，造成了额外的负担；第二，法案可能会妨碍新闻自由和合法的新闻活动；第三，法案可能对国际关系和商业投资产生潜在影响，威胁到了与英国进行高质量、高水平国际合作的氛围，可能直接导致投资流失；第四，法案并不能实现其声称的目的，反而将大量个人、慈善机构、学者、企业及其他组织的公开且无害的行为定为犯罪。①

（六）其他国家外国代理人法遇到的负面舆论质疑

世界范围内任何一个国家制定或实施外国代理人法，均不可避免地会受到负面舆论质疑，只是程度问题。综合来看，因为美英等西方国家对国际舆论的掌握，美英等西方阵营国家制定和实施外国代理人法，受到的国际负面舆论质疑相对较少。相较之下，非西方阵营的国家，在制定和实施外国代理人法过程中，遇到的舆论质疑明显更多，并且往往是美国外交机构率先发难引领负面舆论。本节第二部分介绍的格鲁吉亚的骚乱情况，亦是类似情况。

以吉尔吉斯斯坦为例，2023 年 5 月，外国代理人法草案在议会提请审议。随即引发大规模的负面国际舆论。美国国务卿安东尼·布林肯、联合国人权事务高级专员、欧洲安全与合作组织、保护记者委员会等提出了措辞激烈的批评。2024 年 3 月，议会以 66 票赞成 5 票反对的表决结果通过后。大量舆论要求议会撤回，要求总统不予批准。2024 年 4 月 2 日，吉尔吉斯斯坦总统批准签署外国代理人法后，又一次引发大规模的负面国际舆论。国际舆论攻击吉尔吉斯斯坦外国代理人法以俄罗斯外国代理人法为蓝本，旨在压制异议并阻碍批评政府的组织的工作，赋予政府过于宽泛的权

①　See e. g.，https：//www.herbertsmithfreehills.com/insights/2023-03/uk-government-gives-ground-on-controversial-foreign-influence-registration-scheme；https：//www.politico.eu/article/uk-narrow-scope-political-influence-criticism-national-security-bill-foreign-influence-registration-scheme/；https：//www.cov.com/en/news-and-insights/insights/2020/07/uk-government-considers-new-foreign-agents-registration-act.

力来管控非政府组织，破坏了公民社会，限制了言论自由，违反了吉尔吉斯斯坦的国际人权义务。① 但实际上，吉尔吉斯斯坦外国代理人法，与2012 年俄罗斯最早针对非营利组织制定的外国代理人法比较相似，调整范围实际比较有限，只是明确那些接受外国资助的非营利组织为外国代理人，规定它们的报告义务与传播信息时的披露身份义务，法律责任实际较俄罗斯和其他国家外国代理法轻很多，亦没有规定刑事责任。

再如，尼加拉瓜于 2020 年 10 月制定外国代理人法。在制定过程中及制定后，其都面临国际舆论的质疑。欧盟议会专门就此作出谴责决议；② 美国国务卿发表了措辞严厉的声明。负面舆论认为，该法是丹尼尔·奥尔特加总统政府进一步镇压异议的工具，它对依赖外国资金运作的该国反对党、非政府组织、人权组织和独立媒体构成压制。③ 尼加拉瓜根据其外国代理人法采取执法行动后，亦引起西方舆论质疑。例如，在 2021 年年初尼加拉瓜采取一项执法行动后，美国国务院发表公开声明，"美国对尼加拉瓜总统丹尼尔·奥尔特加政府不断升级的镇压深表关切。该政权根据所谓的'外国代理人法'采取的行动上周迫使两个言论自由堡垒关闭：国际笔会尼加拉瓜分会（the Nicaragua chapter of PEN International）和维奥莱塔·巴里奥斯·德查莫罗基金会（the Violeta Barrios de Chamorro Foundation）。这些事态发展进一步窒息了尼加拉瓜的民间社会，并使该国距离 11 月的自由公正选举更加遥远。奥尔特加正在将尼加拉瓜推向独裁。这将进一步将他的政权与国际社会隔离。拜登政府致力于支持尼加拉瓜人民及其对民主的要求。我们致力于增强民间社会的权能并改善对人权的尊重。我们敦促奥尔特加总统立即改变方针"。④

---

① https://cpj.org/2024/04/kyrgyzstan-president-signs-russian-style-foreign-agents-law/；https://www.rferl.org/a/kyrgyzstan-foreign-representatives-agents-law-signed-japarov-president/32887665.html；https://eurasianet.org/kyrgyzstan-plows-ahead-with-foreign-agent-law-ignores-foreign-critics；https://www.jurist.org/news/2024/03/kyrgyzstan-adopts-bill-modeled-after-russia-foreign-agents-law/；https://24.kg/vlast/288980_zakon_obinoagentah_jogorku_kenesh_prinjal_dokument_vtretem_chtenii/.

② https://www.europarl.europa.eu/doceo/document/TA-9-2020-0259_EN.html.

③ https://www.dw.com/en/nicaragua-passes-controversial-foreign-agent-law/a-55291712；https://afgj.org/nicanotes-nicaraguas-foreign-agents-law-explained；https://cof.org/news/new-nicaraguan-legislation-impacts-foreign-foundation-grantmaking；https://www.independent.co.uk/news/nicaragua-passes-controversial-foreign-agent-law-national-assembly-daniel-ortega-nicaragua-law-law-b1056242.html.

④ https://www.state.gov/nicaraguas-foreign-agents-law-drives-nicaragua-toward-dictatorship-silencing-independent-voices/.

二、格鲁吉亚外国代理人法制定过程中的骚乱

各国制定外国代理人法或多或少都会遇到国内外的负面舆论质疑，其中非西方阵营国家遇到的负面质疑尤其多。而这样的负面质疑，在格鲁吉亚最后演变为骚乱，引发全球关注。

（一）立法与骚乱过程

2023 年 2 月 14 日，格鲁吉亚人民力量党部分议员联名向议会提请审议"外国影响透明法（草案）"。人民力量党是从格鲁吉亚梦想党独立出来的小党，但仍与梦想党联合组成议会多数党。梦想党当天表示，其支持人民力量党提交的外国代理人法草案。很快，国际国内出现反对声音，指责"外国影响透明法（草案）"借鉴俄罗斯外国代理人法，将对国内非政府组织和媒体造成压制。为回应反对声音，人民力量党于 2 月 22 日向议会提请审议另一版本的外国代理人法草案，即"外国代理人注册法（草案）"；并明确提出，该版本的外国代理人法草案是美国《外国代理人注册法》的"直译"。

虽然国际国内质疑声音较大，但人民力量党和梦想党依然强力推进立法进程。3 月 7 日，议会对"外国影响透明法（草案）"进行一读并获通过。当日，格鲁吉亚首都，特别是议会大楼附近，出现了大规模游行和骚乱，警察拘留了至少 66 名参与骚乱的人。3 月 8 日，骚乱持续。警察和骚乱人群爆发大规模冲突。面对骚乱持续扩大，3 月 9 日，梦想党和人民力量党发布声明，将无条件撤回外国代理人法草案。3 月 10 日，议会以二读表决不通过（35 票反对，1 票赞成，102 票弃权）的方式终止了外国代理人法草案的审议。

一年后的 2024 年 4 月初，格鲁吉亚梦想党再次在议会提出外国代理人法草案。只是这次将术语从"外国影响的代理人"改为"为外国势力利益的实施组织"，但法案的核心内容没有改变。① 该法案的再次提出，引发了第比利斯的重大抗议活动。抗议者认为，该法案深受俄罗斯外国代理人法影响，通过削弱公民社会和媒体自由，将损害格鲁吉亚加入欧盟的前景。不过，虽然存在抗议，议会反对党亦明确反对，但议会仍于 2024 年 4 月

---

① https：//www.icnl.org/post/analysis/draft-law-of-georgia-on-foreign-influence-transparency.

18 日通过一读。① 格鲁吉亚首都的抗议活动一直在持续进行，但议会仍于 2024 年 5 月 14 日三读通过外国代理人法草案。呈报总统后，总统因为与议会多数党梦想党并非同一政党，其于 5 月 18 日否决了外国代理人法草案。随后，美国制裁推动该法案通过的梦想党议员，声称"该法案会压制结社自由和表达自由的行使，使服务于格鲁吉亚公民的组织被污名化，并阻碍独立媒体的工作。"欧盟亦威胁格鲁吉亚，如果该法案成为法律，其将重新考虑是否接纳格鲁吉亚为欧盟成员。2024 年 5 月 28 日，梦想党面对国内抗议和国外施压，仍然在议会再次审议外国代理人法草案，以 84 票赞成、4 票反对的表决结果推翻了总统的否决。总统将有 5 天时间决定是否签署该法律；如果总统不签署，议会议长将有权签署使其正式成为法律。② 目前，格鲁吉亚已经在国内抗议与西方施压的双重背景下成功制定外国代理人法。

（二）骚乱原因分析

格鲁吉亚议会通过审议外国代理人法草案造成大规模骚乱，是复杂的国际国内因素综合作用的结果，其中较为重要的因素包括：

第一，国内政治分裂。人民力量党提出外国代理人法草案后，格鲁吉亚总统、议会反对党第一时间表达了强烈反对。2023 年 3 月 6 日议会法律委员会审议草案时，反对党议员与多数党议员甚至出现肢体冲突。2024 年再次审议时，反对党议员与多数党议员亦有一定的肢体冲突。更有反对党议员直接呼吁群众通过游行示威反对法案。而格鲁吉亚总统明确表态将动用否决权，并刻意强调总统否决权无法阻止外国代理人法草案的通过（梦想党和人民力量党组成的多数党足以在议会推翻总统的否决），需要人民发声对议会多数党施压。2024 年 5 月 18 日，总统亦实际行使了否决权。

第二，以"俄罗斯法"污名化外国代理人法。带有"颜色革命"色彩的大规模骚乱，通常有较为显著的"符号"。而格鲁吉亚此次骚乱的核心符号则是"不要俄罗斯法"。俄罗斯自 2012 年制定外国代理人法后，不断扩大调整范围、强化管制手段。西方世界对俄罗斯外国代理人法予以污名化，反复宣传其严重侵犯人权（特别是表达自由、新闻自由、结社权等）。2022 年欧洲人权法院裁决俄罗斯外国代理人法与欧洲人权公约不符，更是

---

① https://www.dw.com/en/georgia-lawmakers-pass-foreign-agent-law-in-first-reading/a-68853447.

② https://www.aljazeera.com/news/2024/5/28/georgian-parliament-overrides-presidential-veto-of-foreign-agent-bill.

强化了俄罗斯外国代理人法的负面色彩。因为各种原因，格鲁吉亚采取了倒向西方的策略，国民中的反俄情绪较高。因此，一旦与俄罗斯沾边，即容易激起群众的反对情绪。在这样的背景下，将格鲁吉亚外国代理人法草案宣传为俄罗斯外国代理人法的翻版，极大地触动了格鲁吉亚群众的神经。在西方舆论的强势引领下，虽然人民力量党和梦想党反复强调格鲁吉亚外国代理人法草案没有受到俄罗斯外国代理人法影响，并强调外国代理人法在美国、澳大利亚、英国、以色列等国均已实施或正在立法，甚至直接"翻译"美国外国代理人法重新提请审议，但仍然无法阻止群众以"不要俄罗斯法"为由反对外国代理人法草案。

第三，西方势力的多维介入与推波助澜。美国和欧盟官方，第一时间发声反对格鲁吉亚外国代理人法草案。美国驻格鲁吉亚大使馆发表声明提出该法案是源自俄罗斯外国代理人法，污名化该法案，并反复强调格鲁吉亚应当有独立身份认同，应当与俄罗斯切割融入欧洲。欧盟则在其官方声明中提出，该法案与欧盟价值不符，并暗示该法案通过后将影响格鲁吉亚加入欧盟的进程。爱沙尼亚甚至召见格鲁吉亚大使，提出该法案对格鲁吉亚的民主前景构成威胁，与格鲁吉亚融入欧洲的计划相左。西方的一些人权组织或非营利组织，第一时间对法案进行分析指出其"危害"。例如，美国国际发展署资助"非营利法国际中心"和"非营利法欧洲中心"于2023 年 3 月 7 日发布报告，认定法案不仅不能实现多数党声称的目的，还可能给大量格鲁吉亚民众带来额外负担，侵犯其隐私权。非营利组织"国际新闻协会"则提出，该法案侵犯结社权，构成对新闻自由的压制。西方资助的格鲁吉亚非营利组织和媒体亦对法案进行负面评价和报道。美国国家民主基金会资助的"公民网（civil. ge）"，在报道第二版法案时，只字未提第二版法案以美国外国代理人法为蓝本，而是重点强调第二版法案更为严厉，将可以成为外国代理人的主体从组织扩大到个人，法律责任从罚款增加到最高5 年有期徒刑。2024 年重新立法期间，类似的舆论亦充斥媒体。

第二节　不符合基本权利保护要求的理论质疑

目前已经制定外国代理人法的国家，在制定和实施过程中，均被质疑与宪法保护的基本权利不符。有关质疑涉及表达自由、结社自由、隐私权、公共事务参与权、平等权等各类基本权利，而其中以表达自由和结社自由的质疑最为集中和典型。

一、表达自由质疑

表达自由（freedom of expression），又称言论自由（freedom of speech）①，在现代国家的宪法及保护人权的国际公约中十分常见。② 有的国家以明示列举的方式予以规定，例如美国宪法第一修正案规定"国会不得制定关于下列事项的法律：确立国教或禁止信教自由；剥夺言论自由或出版自由；或剥夺人民和平集会和向政府请愿申冤的权利。"再如，俄罗斯宪法第二十九条规定："任何人的思想和言论自由均受保护。"还如，新加坡宪法第十四条规定，新加坡每位公民均享有言论和表达自由，但国会可依法对该权利施加其认为必要的或权宜的限制以维护新加坡或其任何部分的安全、与其他国家的友好关系、公共秩序或道德，以及旨在保护议会特权或防止藐视法庭、诽谤或煽动任何犯罪行为的限制。有的国家则以默示的方式予以保护。例如，澳大利亚宪法并没有对表达自由有明文规定，但其高等法院自 20 世纪 90 年代开始通过一系列的案件明确，澳大利亚宪法隐含着政治传播自由，该自由与表达自由中所涵盖的政治言论几近一致，只是未包括其他国家表达自由所保护的商业或文学言论。③ 英国没有成文宪法，但有一些法律规定的事项被认为具有宪法重要性，而在实质意义上被视为宪法，其中《1998 年人权法》即其中之一。而《1998 年人权法》第 12 条对如何落实《欧洲保障人权和根本自由公约》（European Convention for the Protection of Human Rights and Fundamental Freedoms，亦称《欧洲人权公约》，下文均称《欧洲人权公约》）保护的表达自由做了明确规定。而就国际公约而言，《公民权利和政治权利国际公约》以及《欧洲人权公约》等均明确规定了对表达自由的保护。

---

① 表达自由与言论自由不存在本质区别。一般来说，普通法系国家更倾向于使用言论自由这一术语，而大陆法系国家则更倾向于使用表达自由，详见 Eric Barendt，"Freedom of Expression"，in Michel Rosenfeld and András Sajó eds.，*The Oxford Handbook of Comparative Constitutional Law*，Oxford University Press 2012，p. 893.

② Larry Alexander，Freedom of Speech，in Larry Alexander ed.，*Freedom of Speech（Volume 1：Foundations）*，Routledge 2018，p. 249.

③ Eric Barendt，"Freedom of Expression"，in Michel Rosenfeld and András Sajó eds.，*The Oxford Handbook of Comparative Constitutional Law*，Oxford University Press 2012，p. 892.

各国宪法和国际公约在如何规定表达自由方面存在差异，表达自由的内涵亦不完全一致，在实践中受到的保护程度亦不完全一致。即便这样，对表达自由的认识，仍然存在一定程度的共识：首先，表达自由对于国家政治生活具有重要意义。一个社会中，不同的人和不同的人群，难免有不同的诉求、不同的观点。① 通过充分的表达和沟通，使信息和思想在社会中的流动，有利于社会共识的形成，既能解决国家治理的正当性，亦有利于保证国家治理的有效性。其次，表达自由属于宪法所保护的权利，对国家机构的权力行使，包括立法权的行使，构成限制。再次，表达自由不是绝对的，国家针对特定情形可以通过法律形式对表达的方式和内容予以规制，但相关规制应当符合比例原则或者其他针对基本权利保护设定的合宪性审查标准。最后，不同国家的表达自由的内涵并不一致，针对表达自由中的一些问题存在不同认识，例如表达自由是否包含积极权利（即国家应当主动作为）各国认识并不一致。

针对外国代理人法构建的监管制度，常常有人质疑其对表达自由构成了不合理限制。就美国的外国代理人法，美国学者认为，其违反了美国宪法中的言论自由条款，构成违宪。根据美国最高法院对美国宪法言论自由条款的解释，如果政府对发言人的强制披露要求使得发言人不敢发表言论，那么政府的强制披露要求构成对言论自由条款的违反。而美国外国代理人法具有污名化效应，其规定的披露要求使得人们对外国代理人与外国势力之间的关系产生误解，因而使得外国代理人不敢参与相关政治活动，不敢进行表达，这种寒蝉效应与宪法保护的言论自由不符，构成违宪。②

在澳大利亚外国代理人法制定过程中，澳大利亚法律委员会（Law Council）③ 明确提出，表达自由既是澳大利亚普通法所保护的权利，亦以政治传播自由形式隐含于澳大利亚宪法中，同时是澳大利亚作为缔约国的《公民权利和政治权利国际公约》所保护的人权，对表达自由的限制应当

① 习近平：《国家主席习近平发表二○二三年新年贺词》，载新华网，http://www.news.cn/politics/2022-12/31/c_1129248100.htm.

② Nick Robinson, "'Foreign Agents' in an Interconnected World：FARA and the Weaponization of Transparency", （2020）69 *Duke Law Journal* 1075, pp. 1132-1133.

③ 澳大利亚法律委员会是由澳大利亚法律职业人士（律师）组成的全国性组织，关于该组织的相关介绍可以参考该组织的网站 https://www.lawcouncil.asn.au/about-us，澳大利亚法律委员会网站。

符合合理、必要和成比例的要求。而该法案拟规定的措施将使大量个人或组织可能因为担心触发该法案规定的义务，而不再发表意见或向有关政府部门提交自己的意见，将对正当的和有建设性的游说、公共辩论和讨论产生寒蝉效应，法案覆盖的范围过宽以及设置过于严厉的刑事处罚，将对法案调整的个人和组织及其他个人和组织的表达自由构成不合理的限制，不符合必要和成比例的要求。① 除此以外，澳大利亚已退休资深外交官凯文（Anthony Charles Kevin）亦对外国代理人法侵犯表达自由提出了激烈批评。②

新加坡外国代理人法通过前后，亦有大量声音质疑其违反了表达自由的保护要求。联合国人权委员会促进和保护意见和表达自由权特别报告员，在新加坡外国代理人法通过后提出的特别报告中认为，第一，新加坡外国代理人法与表达自由所要求的"合法性（legality）"要求不符。《公民权利和政治权利国际公约》第19条第3款规定，对表达自由的限制，必须以法律规定，且限于"尊重他人权利或名誉；保障国家安全或公共秩序、或公共卫生或风化"的目的；而以国家安全为目的限制表达自由时，相关限制措施与国家安全目的应当具有紧密和以事实为基础（close and concrete）的联系。但新加坡外国代理人法中对表达自由的限制，与国家安全目的并不具有紧密和以事实为基础的联系；对国家安全、代理等采取宽泛的定义并赋予执法机关以过大的自由裁量权，将使得该法可能被武断地执法，从而对表达自由构成限制。第二，新加坡外国代理人法将对正当的言论构成限制。新加坡外国代理人法在草案阶段曾明确规定该法并不适用于以公开、透明及可确定发言人的方式进行的公开出版与评论，即使相关出版与评论是对新加坡及其政府的批评。但最终通过的文本并没有类似的规定。因此，该法可能不当地限制很多正当言论，包括对政府、政党领袖及其他公共人物的新闻报道与批评，以及不受欢迎或属于少数的意见的表达。此外，该法可能会对媒体及个人之间的网上讨论构成不当限制。第

---

① 参见澳大利亚法律委员会向负责外国代理人法案审议的两院议会情报与安全联合委员会提交的意见，相关意见载于两院议会情报与安全联合委员会网站 https：//www. aph. gov. au/Parliamentary_Business/Committees/Joint/Intelligence_and_Security/TransparencySchemeBill/Submissions.

② 参见凯文向负责外国代理人法案审议的两院议会情报与安全联合委员会提交的意见，相关意见载于两院议会情报与安全联合委员会网站 https：//www. aph. gov. au/Parliamentary_Business/Committees/Joint/Intelligence_and_Security/TransparencySchemeBill/Submissions.

三，该法不符合比例原则。新加坡外国代理人法设置了十分严厉的刑事处罚，该等设置将使得个人不得不进行自我审查，并决定尽可能不参与跨境网络讨论，包括不与联合国人权事务专员进行讨论。同时，该法亦在很大程度上赋予行政执法机关作为是否属于合法言论的判断权，而不是赋予司法机关以合法与否的判断权（即该法排除司法救济而设置特殊的救济机制），与联合国人权委员会促进和保护意见和表达自由权前任特别报告员提出的言论自由的保护要求亦不符。① 除引以外，大赦国际、人权观察等国际组织及新加坡国内的非营利组织亦对新加坡外国代理人法不当限制表达自由提出了批评。②

俄罗斯于从 2012 年第一次制定外国代理人法开始，每次修改外国代理人法或有重大的执法行动，均会遭到不少合宪性质疑，其中以欧洲委员会（Council of Europe）的咨询机构欧洲法治民主委员会（European Commission for Democracy through Law，一般简称"威尼斯委员会（Venice Commission）"）的质疑批评最为典型。③ 俄罗斯在 2012 年第一次制定外国代理人法后，威尼斯委员会于 2014 年 6 月 27 日发布咨询意见，对俄罗斯外国代理人法进行了全面评论，其认为该法中的制度与表达自由的保护不符：《欧洲人权公约》④ 第 10 条禁止对表达自由进行事前限制，俄罗斯 2012 年制定的外国代理人法将剥夺非营利组织设定其目标和宗旨的权利，从而对非政府组成成员的表达自由构成了事前限制；同时，授予执法机构将非营

---

① 联合国人权委员会促进和保护意见和表达自由权特别报告员等关于新加坡外国代理人法的专题报告，见 https：//spcommreports. ohchr. org/TMResultsBase/DownLoadPublicCommunicationFile? gId = 26699.

② See Access Now etc.，"Singapore：Withdraw Foreign Interference（Countermeasures）Bill"，https：//forum-asia. org/wp-content/uploads/2021/10/SG-FICA-Joint-Statement-FINAL. pdf，*Forum-Asia*.

③ 欧洲委员会（Council of Europe）是以维护欧洲的人权、民主和法治为宗旨的国际组织，为联合国观察员，其区别于隶属于欧盟的欧盟委员会（European Commission），欧洲理事会（European Council）和欧盟理事会（Council of the European Union）。欧洲委员会不隶属于欧盟，它目前有 46 个成员国；俄罗斯曾于 1996 年加入欧洲委员会，但 2022 年 3 月 15 日宣布退出，欧洲委员会随后作出决议开除俄罗斯的会籍。

④ 俄罗斯于 2022 年 3 月退出欧洲委员会后，其自 2022 年 9 月 16 日起不再是《欧洲人权公约》的缔约国。但欧洲委员会认为，欧洲人权法院对发生于 2022 年 9 月 16 日以前的涉及俄罗斯的事享有管辖权，俄罗斯仍应执行欧洲人权法院的相关裁决。详见欧洲委员会的媒体公告"Secretary General：Millions of Russians no longer protected by the European Convention on Human Rights"，欧洲委员会网站，https：//www. coe. int/en/web/portal/-/secretary-general-millions-of-russians-no-longer-protected-by-the-european-convention-on-human-rights.

利组织列入外国代理人名单的权力，构成了对非营利组织成员表达自由的不成比例的干涉。[①] 针对俄罗斯 2020 年就外国代理人法提出的修改，威尼斯委员会提出的意见认为，要求被列入外国代理人名单中的相关个人在参与选举时披露外国代理人身份，将使得投票人无法支持甚至无法考虑那些原本可以最好地代表他们利益但被列入外国代理人名单中的候选人，因为披露"外国代理人"身份与选举本身并不直接相关，相关披露只能是片面的。因此，这样的要求将使得投票人通过选举进行表达的自由被侵犯。[②]

二、结社自由质疑

结社自由对于民主至关重要，对其他基本权利的实现亦至关重要，因而广泛见于现代国家宪法与保护人权的国际公约中。不过，结社自由不像表达自由那样在 18 世纪即被宪法所认可，而是在 20 世纪逐渐被接受的。18 世纪的美国宪法和法国人权宣言，并未提及结社自由。像法国，深受卢梭个体主义的民主思想影响，因而认为个体与国家之间的中间组织可能导致公意并不纯粹。1901 年以前，结社受到严格的限制。直到 1971 年，法国宪法委员会才在案件中认可，结社自由是法国法所认可的基本原则。美国的情况虽然复杂一些，但结社自由被认为属于宪法保护的基本权利实际也是 20 世纪以后的事。德国亦是在 20 世纪的魏玛宪法以后才有结社自由。20 世纪第一次世界大战结束后，西方主要大国选民基础大大扩展，下层百姓和妇女取得选举权，从而需要有的新的机制实现人民的政治参与。大众民主赖以存在的政党与工会组织逐渐广泛出现。在这样的背景下，第二次世界大战后的立宪，将结社自由逐渐纳入宪法文本。1947 年意大利宪法规定了结社自由，随后的 1949 年德国基本法亦作了类似规定。自此，结社自由逐渐成为现代国家宪法的标配。第二次世界大战后保护人权的国际公约亦认可和保护结社自由。1948 年联合国人权宣言，《公民权利和政治权利

[①] Para 63 of Opinion on Federal Law N. 121-Fz On Non-Commercial Organizations etc. , adopted by The Venice Commission at its 99th Plenary Session（Venice，13-14 June 2014），available at https：//www. venice. coe. int/webforms/documents/? pdf = CDL-REF（2014）026-e.

[②] Para 75 of On the Compatibility with International Human Rights Standards of a Series of Bills Introduced by the Russian State Duma between 10 and 23 November 2020 to Amend Laws Affecting "Foreign Agents", adopted by the Venice Commission at its 127th Plenary Session（Venice and online，2-3 July 2021），available at https：//www. venice. coe. int/webforms/documents/? pdf = CDL-AD（2021）027-e.

国际公约》以及《欧洲人权公约》等均有所规定。[①]

　　一般认为，结社自由包括积极权利和消极权利两个方面。就积极权利而言：一方面是个人有权创设、加入组织及保留组织会籍；另一方面是组织有权存续及自决，包括有权决定吸纳或开除成员，就成员的权利和义务建立内部规则，有权自主地决定自己的宗旨，有权解散或与其他组织合并等。就消极权利而言，是指个人有权自主地退出某一个组织，并且不因退出或未加入某一特定的组织（如政党、工会或科学学会等）而被剥夺机会和其他利益。[②]

　　外国代理人法中有相当一部分制度是针对非营利组织设立的，与结社直接相关，因而往往被质疑与结社自由的保护要求不符。以俄罗斯为例，威尼斯委员会除了以表达自由质疑俄罗斯外国代理人法外，另一个主要理由即结社自由。威尼斯委员会认为，俄罗斯于 1996 年加入的《欧洲人权公约》及 1991 年加入的《公民权利和政治权利国际公约》均规定了结社自由；俄罗斯宪法亦对结社自由及相关基本权利有所规定。2012 年制定的外国代理人法关于"政治活动"的定义过于宽泛，使得非营利组织实际无法判断自己的哪些活动属于政治活动、哪些活动不属于政府活动，因而不符合对结社自由的限制应当满足"由法律规定"的要求。[③] 2020 修改外国代理人法时，要求列入外国代理人名单的非营利组织在组织活动前向司法部报告，构成了对结社自由的不合理限制；虽然法律规定司法部禁止相关活动时应当给出理由，但法律未给出司法部考虑的因素及指南，使得相关非营利组织无法确定应当如何设计活动才不会被禁止，亦不符合结社自由的保护要求。[④]

---

　　① 关于结社自由的历史起源与发展，可参见：Ulrich K. Preuß, "Associative Rights (The Rights to the Freedoms of Petition, Assembly, and Association)", in Michel Rosenfeld and András Sajó eds., *The Oxford Handbook of Comparative Constitutional Law*, Oxford University Press 2012, pp. 953-958.

　　② See Ulrich K. Preuß, "Associative Rights (The Rights to the Freedoms of Petition, Assembly, and Association)", in Michel Rosenfeld and András Sajó eds., *The Oxford Handbook of Comparative Constitutional Law*, Oxford University Press 2012, pp. 959-960.

　　③ Para 81 of Opinion on Federal Law N. 121-Fz On Non-Commercial Organizations etc., adopted by The Venice Commission at its 99th Plenary Session (Venice, 13-14 June 2014), available at https://www.venice.coe.int/webforms/documents/? pdf = CDL-REF (2014) 026-e.

　　④ Para 67 of Opinion on Federal Law N. 121-Fz On Non-Commercial Organizations etc., adopted by The Venice Commission at its 99th Plenary Session (Venice, 13-14 June 2014), available at https://www.venice.coe.int/webforms/documents/? pdf = CDL-REF (2014) 026-e.

新加坡的外国代理人法亦被质疑与结社自由的保护要求不符。在新加坡外国代理人法审议期间，人权观察（Human Rights Watch）、大赦国际、人权与发展亚洲论坛（Asian Forum for Human Rights and Development）、东盟人权议员联盟（ASEAN Parliamentarians for Human Rights）等10家组织公开呼吁新加坡政府撤回外国代理人法的议案。在他们的公开呼吁中，此10家组织认为，新加坡的外国代理人法中，像政治目的活动、代表外国势力等类似的措辞过于宽泛和不清晰，赋予执法机关过多的自由裁量权，规定了过严的刑事责任，缺乏独立的司法救济等，构成了对结社自由及其他基本权利的不当限制，不符合结社自由的保护要求。[①]

除此之外，还有人质疑外国代理人法与隐私权、参与公众事务权、平等权等宪法或国际公约规定的基本权利（人权）的保护要求不符。

第三节　涉基本权利挑战典型案例

从基本权利角度对外国代理法进行质疑，不仅存在于舆论和理论之中，已经有一些挑战进入了正式的法律程序。本节将对其中的部分典型案例作简要的梳理总结和分析。

一、美国"基恩"案

美国是最早制定外国代理人法的国家，但因为它在相当长时间内并不活跃，因而在司法程序中对它的合宪性进行挑战的情形并不多见。近些年虽然相关执法活动较为活跃，但目前尚未有具有影响力的司法案件挑战其合宪性。只是学术界有不少学者认为，按照表达自由在美国的发展，相关挑战成功可能性较大。历史上，美国最高法院于1987年裁决的米斯案[②]是较有影响力的案件。该案虽然是针对修改以前的美国外国代理人法作出，但对当下仍有一定的参考价值。

（一）基本案情

基恩是一名律师兼加州参议院参议员，拟公开展览三部加拿大制作的

---

① see Access Now etc.，"Singapore：Withdraw Foreign Interference（Countermeasures）Bill"，https：//forum-asia. org/wp-content/uploads/2021/10/SG-FICA-Joint-Statement-FINAL. pdf，*Forum-Asia*.

② *Meese v. Keene*，481 U. S. 465（1987）.

关于核战争与酸雨的电影。根据当时的外国代理人法，该三部电影应当标注为"政治宣传材料"（political propaganda）。① 基恩以将三部电影标示为政治宣传材料将侵犯其表达自由为由向联邦地区法院申请禁令，禁止司法部将外国代理人法适用于基恩将三部电影进行展览的行为，即不允许司法部将三部电影标示为政治宣传材料，亦不允许司法部要求基恩向司法部进行登记报告。地区法院认为，"政治宣传材料"的表述带有明显的贬义与负面评价，将三部电影标示为政治宣传材料后，将使得个人无法将它们用于表达自己的观点和态度等，而国家在其中并不存在任何必要的（compelling）的利益以必须将它们标示为政治宣传材料，因此构成对表达自由的不当限制。司法部不服地区法院的裁决上诉至最高法院。

（二）法院裁决及其理由

最高法院以5∶3（斯卡利亚大法官未参与该案审理）的多数推翻了地区法院的裁决，其认定外国代理人法规定的将三部电影标示为政治宣传材料及相关报告义务，并不违反宪法规定的表达自由。其核心理由有三点：

第一，外国代理人法要求将相关材料标示为政治宣传材料并不会对人们通过相关材料表达观点或态度等构成障碍。外国代理人法的要求只是一种披露，要求代表外国势力而发表的具有政治或公共政策内容的材料将其中的代理关系予以披露。这种披露既不改变相关材料的内容，亦不限制相关材料的发表。实际上，相关当事人在发表相关材料时，除依法标注为政治宣传材料外，可以同时注明相关材料是准确的，具有说服力的。例如，在本案中，当事人可以在电影放映过程中和之后，均可以说明，加拿大在反对核战争和酸雨过程中的获益，并不会导致相关电影的说服力，美国亦可以从反对核战争和酸雨过程中获益。进一步地，外国代理人法的披露要求实际有利于表达自由的行使。因为它可以为政治宣传材料的受众提供更多信息，使受众可以作出更准确的判断。在这个意义上，地区法院的禁令实际构成了对表达自由的限制。因为地区法院假设国家需要为受众考虑哪些信息可以接收、哪些信息不可以接收，是一种父权式的希望公众不接收过多的信息，是一种隐形的审查心态。这种做法一直被最高法院的先前判例所禁止。

---

①　关于"政治宣传材料"到当前外国代理人法表述的"信息材料"的演变，参见第四章第一节第一部分相关介绍。

第二，地区法院的论证逻辑与历史相悖。从一般用法来说，"政治宣传材料"既有贬义的含义亦有中性的含义。外国代理人法的历史表明，政治宣传材料在外国代理人法中是中性含义而不是贬义含义。如果政治宣传材料是贬义的，可以想象几十年以来在美国放映的外国电影都会受到影响。但实际并不是这样。也许可能有一部分人会将电影标注政治宣传材料视为负面，但这部分人的观点并未达到一旦标注即为负面的程度。因此，地区法院认为电影标注政治宣传材料将使人们从负面进行理解，将限制相关当事人的表达自由，并不成立。

第三，法院应当遵从国会对字词的选用。立法机关在制定法律时有选择字词的自由。对法律的理解，应当按照立法机关所选择的含义进行理解。本案中，立法机关选择"政治宣传材料"是中性的含义，并没有贬义。因为标注为"政治宣传材料"只是为了披露目的，使得受众能够获得准确的信息，它并没有禁止标注为政治宣传材料的信息的发表和传播。当事人实际亦可以进行额外的说明。如果立法机关未在贬义意义上使用"政治宣传材料"一词，那司法机关理解时亦不能赋予其贬义。实际上，如果大家都严格按照立法机关所使用的含义来理解政治宣传材料，那么本案即不可能存在。

二、俄罗斯"并肩同行"国际同性恋电影节等案

俄罗斯于 2012 年制定外国代理人法后不久，随着各地执行外国代理人法，不少非营利组织及其负责人因违反外国代理人法被处罚。部分当事人因不服处罚而在穷尽正常诉讼程序的救济后挑战外国代理人法相关条款的合宪性。俄罗斯宪法法院经审理后，认定相关规定符合俄罗斯宪法。

（一）基本案情

本案是由俄罗斯人权专员提出的案件与一家非营利组织及三名俄罗斯公民分别提出的五件案件合并而成。俄罗斯人权专员受理一家非营利组织和三名俄罗斯公民侵犯人权的申诉后，依据俄罗斯宪法第 125 条和俄罗斯联邦人权专员法第 29 条向俄罗斯宪法法院提出合宪性审查请求。① 向俄罗

---

① 根据俄罗斯法律，俄罗斯人权专员可以受理俄罗斯公民、外国公民和无国籍人等关于侵犯人权的申诉，并向俄罗斯宪法法院提出合宪性审查申请。关于俄罗斯人权专员制度的详细介绍，可参见刘秋岑：《俄罗斯人权专员在俄国家权力体系中的地位及其人权保障实践》，载《人权》2020 年第 6 期，第 167—180 页。

斯人权专员申诉的非营利组织是"'并肩同行'国际 LGBT 电影节"（Международный ЛГБТ-кинофестиваль《Бок о Бок》）。该组织在 2011—2013 年一直接受外国资助，它在对外散发的宣传材料中明确提出要通过影响公众意见进而影响公开政策的制定，但在 2012 年外国代理人法出台后，该组织并未依照该法要求向司法部登记。为此，圣彼得堡市的治安法官依据外国代理人法对该组织处以 50 万卢布的行政罚款；经上诉后，罚款减到 40 万卢布。该组织仍不服，向俄罗斯人权专员提出了申诉。向俄罗斯人权专员申诉的三位俄罗斯公民分别是扎马里亚诺娃（А. П. Замарянова）、卡里尼娜（Н. В. Калининой）和芝巴诺娃（Л. В. Шибановой）。其中扎马里亚诺娃是基金会"科斯特罗马公民倡议支持中心"的负责人。该基金会于 2011—2013 年持续地接受外国资金资助，并举办了影响政治决策的活动，包括针对俄美关系举办圆桌论坛、在 2013 年选举期间相关候选人等发表演讲。但该基金会未按照外国代理人法登记注册。科斯特罗马第 1 司法区的治安法官决定依据外国代理人法对扎马里亚诺娃处以 10 万卢布的罚款，该处罚被科斯特罗马的斯维尔德洛夫斯克区法院维持。扎马里亚诺娃不服向俄罗斯人权专员提出申诉。卡里尼娜是一个环保领域的非营利组织的负责人。该组织在 2011 年接受德国资助并从事政治活动。布拉戈维申斯克的检察官向卡里尼娜发出通知，要求其不得违反外国代理人法，应向司法部申请登记列入外国代理人名单。卡里尼娜对该通知不服，经一系列诉讼程序失败后向俄罗斯人权专员提出申诉。芝巴诺娃是一家非营利组织的负责人。该非营利组织就选举事务与欧盟机构组织了围桌论坛及其他政治活动。因此，莫斯科相关执法机构认定该组织应当向司法部登记为外国代理人。因该组织未登记，相关执法机构对芝巴诺娃处以 10 万卢布罚款。芝巴诺娃不服该处罚而向俄罗斯人权专员提出申诉。

除此以外，非营利组织科斯特罗马公民倡议支持中心像其负责人扎马里亚诺娃一样因同样事由被处罚而经相关程序直接向宪法法院提出合宪性审查申请。另有三位公民库兹米娜（Л. Г. КУЗЬМИНОЙ）、斯米仁斯基（С. М. СМИРЕНСКОГО）和尤克切夫（В. П. ЮКЕЧЕВА）亦因类似事宜而提出合宪性审查申请。宪法法院以五个案件涉及的问题相同而合并审理。审理过程中，对斯米仁斯基的处罚被有关法院认定不合法而撤销，因此斯米仁斯基的申请不具有原告资格而中止审理。

（二）法院裁决及其理由

案件中，俄罗斯人权专员等申请人提出，依据 2012 年第 121 号法律修改后的《非营利组织法》第 2 条第 6 款及第 32 条第 7 款和《公共联合组织法》第 29 条第 6 款（二者规定了接收外国资助的非营利组织如从事政治活动应登记为外国代理人）以及《行政处罚法典》第 19.34 条的第 1 款（未登记为外国代理人时对组织处 30 万—50 万卢布罚款，对组织的负责人处 10 万—30 万卢布罚款），违反了俄罗斯宪法保护的基本权利。申请人认为，外国代理人法相关条款以接收外国资金为标准选出一部分非营利组织规定特殊的登记报告义务，将使接受外国资金的非营利组织无法有效行使结社权和言论自由权，构成歧视；同时，将接受外国资金的非营利组织列入"外国代理人"名单，因为"外国代理人"长期地被等同于"间谍"或者不忠于俄罗斯的代名词，具有明显的污名化效应，因此相关规定与宪法保护的人格尊严权、无罪推定原则、不自证其罪的权利等不符；此外，外国代理人法相关规定中的"政治活动"和"外国资金"等概念过于宽泛和模糊，且没有相关支撑性的文件，因此非营利组织无法作出准确的预期，容易导致恣意执法，与宪法规定的法治原则不符；外国代理人法针对未登记为外国代理人的组织和负责人规定的处罚，规定的最低处罚金额过高，使得作出处罚的基层法院无法根据案件实际情况进行权衡，且规定的整体处罚金额过高，造成过罚不当，因而违反了宪法规定的比例原则。

法院除认定外国代理人法规定过高的最低处罚金额构成违宪外，并未支持申请人的其他主张。法院认为：首先，结社权不是绝对的。实际上结社需要依赖国家制定法律明确规定组织的结构、治理要求等。国家在保护结社权的同时，需要权衡各种公的和私的要素，在不侵犯结社权本质的情况下，可以规定相应的组织结构、治理要求、登记报告等规则。《非营利组织法》和《公共联合组织法》针对接受外国资助并从事政治活动的非营利组织规定特殊的注册登记要求，具有使接收外国资金的非营利组织从事政治活动能够透明的功能，从而能够确保政治决策者不被误导，属于正当的目的，且符合保护国家主权的宪法原则。同时，接收外国资金的非营利组织登记为外国代理人后，仍然可以正常从事相关政治活动。政治活动既可以是支持政府政策的，也可以是反对政府政策的。如果非营利组织认为相关执法部门错误地将其认定为外国代理人，可以依法寻求司法救济。因此，要求接收外国资金的非营利组织登记为外国代理人，并未侵犯非营利组织及其成员的结社自由。

其次，"外国代理人"是依据非营利组织实际收到外国资金的事实予以判定，基于收到外国资助的事实而确定的范围；同时，认定为外国代理人本身并不是为了判定其构成特定的危害，换句话说，被认定为外国代理人与对俄罗斯构成危害之间并不能画等号。因此，"外国代理人"这一标签本身并没有负面含义。同时，登记为外国代理人的非营利组织从事政治活动，并没有区别于其他非营利组织的不同条件；亦不限制其继续接受外国资助。因此，外国代理人法相关规定不构成对非营利组织及其成员的歧视，亦不因申请人所主张的"污名化"而对非营利组织及其成员的言论自由、结社自由等基本权利构成侵害。

再次，俄罗斯宪法第1条、第4条、第6条、第15条和第19条明确要求法律规范应当准确、清楚而不模糊。外国代理人法中的相关定义并不存在模糊之处，其清晰地要求应当是非营利组织、从事政治活动且从外国接受金钱或其他形式的资助。法条中的相关规定是清晰的。因此，申请人认为外国代理人法中的相关规定过于宽泛和模糊的主张并不成立。

最后，外国代理人法针对组织和个人设定最低罚款数额违宪。罚款是国家针对违法行为设置的惩罚和威慑机制，以使当事人及其他人不重复违法行为。因此，罚款数额的设定应当与违法行为的性质、社会危害程度相关，并且与威慑重复违法合理地关联。罚款的适用时亦应当遵循相当的原则。外国代理人法设置了较高的最低罚款数额，但没有其他机制（包括减轻处罚的机制及选择其他处罚的机制等）以确保在应当低于最低罚款数额予以处罚的情况下，外国代理人法的规定违反了宪法所保护的财产权及法治原则等。因此，立法机关应当予以调整。①

---

① Постановление по делу о проверке конституционности положений пункта 6 статьи 2 и пункта 7 статьи 32 Федерального закона 《О некоммерческих организациях》, части шестой статьи 29 Федерального закона 《Об общественных объединениях》 и части 1 статьи 19. 34 Кодекса Российской Федерации об административных правонарушениях в связи с жалобами Уполномоченного по правам человека в Российской Федерации, фонда 《Костромской центр поддержки общественных инициатив 》, граждан Л. Г. Кузьминой, С. М. Смиренского и В. П. Юкечева, 10-П/2014, available at http://doc. ksrf. ru/decision/KSRFDecision158063. pdf, 该裁决的官方英文版见 http://www. ksrf. ru/en/Decision/Judgments/Documents/2014% 20April% 208% 2010-P. pdf.

三、欧盟委员会诉匈牙利案

2017 年，匈牙利制定了一项称为《受外国资助组织透明法》的法律。该法律规定，匈牙利的非营利组织如果在一个财年内接受外国资助金额累计超过 720 万福林（案件审理时大概合 20800 万欧元），则该组织应当向当地注册部门提交声明。注册部门将相关声明提交负责全国非营利组织监管的人力资源部后，由人力资源部统一在其网站上公布受外国资助组织的名单及相关信息。受外国资助组织则应当在其网站主页及其他散发的任何公开材料上注明其为受外国资助组织。如果受外国资助组织未遵守该法规定的相关监管措施，则依法给予处罚。该法制定过程中，匈牙利就该情况与威尼斯委员会紧密沟通，威尼斯委员会亦发表了相关意见并提供了部分修改建议。① 但整体舆论仍质疑该法与国际公约保护的表达自由及结社自由等人权不符。

2017 年 7 月，该法制定后不久，欧盟委员会正式向匈牙利致函，认为《受外国资助组织透明法》违反了《欧盟运作条约》第 63 条规定的资本流动自由及《欧洲联盟基本权利宪章》（*Charter of Fundamental Rights of the European Union*）第 7、8 和 12 条规定的私人和家庭生活受尊重权、个人数据权及结社自由。但匈牙利不认可欧盟委员会的意见。双方经过多轮磋商未达成一致意见。2017 年 12 月 7 日，欧盟委员会正式向欧盟法院起诉，2018 年 2 月瑞典作为第三人加入诉讼程序。欧盟法院经审理后于 2020 年 6 月作出裁决，认定欧盟委员会的主张成立，匈牙利的《受外国资助组织透明法》违反了《欧盟运作条约》第 63 条和《欧洲联盟基本权利宪章》第 7 条、第 8 条和第 12 条。2021 年 5 月，匈牙利为执行欧盟法院的裁决废除了《受外国资助组织透明法》。② 欧盟法院认定《受外国资助组织透明法》违反《欧盟运作条约》和《欧洲联盟基本权利宪章》的主要理由如下：

首先，欧盟法院认为《受外国资助组织透明法》违反了《欧盟运作条

---

① 威尼斯委员会在该法制定过程中提供的评估意见和改进建议见 Opinion on the Draft Law on the Transparency of Organizations Receiving Support from Abroad Adopted by the Venice Commission at its 111th Plenary Session（Venice，16-17 June 2017），https：//www. venice. coe. int/webforms/documents/default. aspx？pdffile = CDL-AD（2017）015-e.

② Vlad Makszimov，"Hungary repeals NGO law but civil rights group deem replacement is unconstitutional"，EURACTIV with Telex，https：//www. euractiv. com/section/politics/short_news/hungary-repeals-ngo-law-but-civil-rights-group-deem-replacement-is-unconstitutional/.

约》第 63 条规定的资本流动自由。根据《欧盟运作条约》第 63 条的规定，成员国不得限制成员国之间及成员国与第三国之间的资本流动，除非具有欧盟法所允许的正当理由。《受外国资助组织透明法》规定受外国资助的非营利组织应当登记报告、提交声明及向社会公众公布，并规定相应的法律责任，构成了对资本流动自由的限制。而该等限制并不具有欧盟法所允许的正当理由。匈牙利将《受外国资助组织透明法》的正当性建立在外国资助即可能影响本国利益的假设之上，但这种假想的威胁并不成立。非营利组织从外国接受资助，并不必然损害本国利益。因此，不加区分地要求从外国接受资助的非营利组织均承担报告及其他披露义务，不具有正当性。即使匈牙利假想的威胁确实存在，相关监管措施也应与威胁的程度相匹配。但《受外国资助组织透明法》只是简单地划定 700 万福利的金额作为是否存在威胁的标准，与威胁的程度并不必然相关。因此，《受外国资助组织透明法》对资本流动自由的限制，不具有正当性。

其次，欧盟法院认为《受外国资助组织透明法》违反了《欧洲联盟基本权利宪章》第 7 条、第 8 条和第 12 条规定的私人和家庭生活受尊重权、个人数据权及结社自由。一方面，《受外国资助组织透明法》规定受外国资助的非营利组织应当登记报告、提交声明及向社会公众公布，并规定相应的法律责任，构成了对私人和家庭生活受尊重权、个人数据权及结社自由的限制。《受外国资助组织透明法》规定的制度，将使得非营利组织不再接受外国资助，将妨碍非营利组织的充分活动，妨碍非营利组织追求自己设定的目标，因此构成对结社自由的限制。同时，《受外国资助组织透明法》要求非营利组织披露给予资助的外国自然人的姓名、国籍和居住城市等，构成对外国自然人的私人和家庭生活受尊重权及个人数据权的限制。另一方面，《受外国资助组织透明法》对基本权利的限制并不具有正当基础。如前述，匈牙利将《受外国资助组织透明法》的正当性建立在外国资助即可能影响本国利益的假设之上，但这种假想的威胁并不成立。非营利组织从外国接受资助，并不必然损害本国利益。因此，《受外国资助组织透明法》对基本权利的限制缺乏正当性。[①]

---

① European Commission v. Hungary，Case No. C-78/18. 判决书全文见欧盟法院网站：https：// curia. europa. eu/juris/document/document. jsf？ text ＝ &docid ＝ 227569&pageIndex ＝ 0&doclang ＝ EN&mode ＝ lst&dir ＝ &occ ＝ first&part ＝ 1&cid ＝ 71351.

四、澳大利亚自由厂案

2020 年 2 月，澳大利亚外国代理人法制定实施后不久，一家称为"LibertyWorks Inc"的非营利组织（下称"自由厂"）向澳大利亚高等法院（即澳大利亚的最高法院）提出司法复核申请，要求确认《2018 年外国影响透明机制法》关于传播活动的注册要求侵犯了原告的政治传播自由因而无效，并给予相应的救济。高等法院经审理后于 2021 年 6 月 16 日作出判决，认定《2018 年外国影响透明机制法》关于传播活动的注册要求符合政治传播自由的保护要求，因而驳回自由厂的申请。本案是澳大利亚外国代理人制定实施后的第一起，亦是截至目前唯一一起，针对外国代理人法的合宪性挑战，受到广泛关注。随着高等法院作出合宪的确认判决，后续以基本权利挑战外国代理人法的合宪性成功的可能性将很小。

（一）本案基本案情

自由厂是依据昆士兰州《1981 年组织注册法》成立的私人智库，截至案件审理时有 1290 名会员。其宗旨是以增进个人权利和自由，包括表达自由及政治传播自由为目的失去公共政策的改变。其主要活动方式是在澳大利亚组织政治性会议，向议会提交相关意见；它在维护一家促进公民意识的网站，并运营相关社交媒体账号。2019 年 8 月，自由厂与美国一家称为"美国保守联盟"（American Conservative Union）的组织合作，在澳大利亚举办了美国保守联盟旗下的称为"保守政治行动论坛"（Conservative Political Action Conference）的会议。会后，双方决定于 2020 年 11 月在澳大利亚再次举办一次类似会议。在 2019 年 8 月会议前夕，澳大利亚司法部向自由厂发函，认为美国保守联盟属于外国政治组织，而双方合作举办的保守政治行动论坛，构成传播活动。依据澳大利亚外国代理人法，自由厂应当向司法部登记注册。随后，澳大利亚司法部进一步依据《2018 年外国影响透明机制法》第 45 条要求自由厂提供相关信息材料以帮助司法部判断自由厂是否应当登记注册。但自由厂未按照司法部的要求提供信息材料，亦未向司法部申请登记，而是向高等法院申请宣告《2018 年外国影响透明机制法》关于传播活动的相关规定（即以第 21 条为主体包括第 16 条和第 18 条规定的传播活动登记义务）因违反澳大利亚宪法所隐含保护的政治传播自由而无效。

（二）法院裁决及其理由

高等法院经审理后，以5∶2的多数裁决《2018年外国影响透明机制法》关于传播活动的相关规定并未侵犯澳大利亚宪法所隐含保护的政治传播自由。其主要论证逻辑如下：

第一，虽然澳大利亚宪法未明确规定表达自由，但已有判例已经明确澳大利亚宪法隐含着政治传播自由。该自由虽不构成个人的权利，但构成对澳大利亚政府行使立法权的限制。澳大利亚政府行使立法权限制政治传播自由时，首先相关限制应当有与代议制政府的体制相符的正当目的，如果相关限制不存在正当目的，则无需另外讨论而可以认定不合宪。其次，相关限制与目的之间应当符合比例原则。在判断是否符合比例原则时，应通过适当性（suitability）、必要性（necessity）和充分性（adequacy）测试。

第二，外国代理人法针对传播活动的登记要求及其他相关披露要求具有正当目的。从外国代理法的立法背景以及条文内容，可以看出该法针对代理外国势力开展传播活动提出登记要求及其他相关披露要求的目的，在于使那些在政府中的决策者、那些作出政治决策的人，还有那些参与议员选举的人以及其他相关方，能够准确地知道涉及政治事务的主张或信息是由谁提供的，背后真实的利益主张方是谁。这样的目的，不仅是正当的，实际也与宪法所规定的代议制政府体制相符，是为了保证代议体制能够正常运作。

第三，外国代理人法针对传播活动的登记要求及其他相关披露要求，能够通过比例原则的适当性测试。比例原则中的适当性测试，要求对基本权利的限制与限制目前之间具有合理的联系。就本案要求，则是要求外国代理人法针对传播活动的登记要求及其他相关披露要求与外国代理人法追求的"透明"目的具有合理联系。而不证自明的是，登记和其他披露要求显然都是服务于"透明"目的，因此二者具有合理联系不具有疑义。

第四，外国代理人法针对传播活动的登记要求及其他相关披露要求，能够通过比例原则的必要性测试。比例原则中的必要性测试，要求相比于被审查法律对基本权利的限制，是否明显存在其他的替代手段既可以实现被审查法律要实现的目的，同时产生的限制效果又更轻。如果存在，则被审查法律不符合比例原则的必要性要求。就本案而言，原告提出，外国代理人法已经要求代理人在从事传播活动时披露代理人与外国势力之间的代理关系，已经能够实现外国代理人法所追求的透明目的，因而额外的登记注册义务是不必要的，因此针对传播活动的登记要求不符合比例原则。法院则认为，代理人在从事传播活动时披露与外国势力之间的代理关系，并不足以实现外国代理人法所追求的透明目的。原因在于，代理人从事的传播活动有很多种，在有的情形下，代理人从事传播活动时虽然披露了代理身份，但传播活动所产生的信息可能通过其他方式被进一步传播，例如新闻媒体对传播活动的报道，再如传播活动的受众通过自己的社交媒体再次进行传播，而进一步传播中并不披露代理身份。如果代理人未向司法部登记注册其与外国势力之间的代理关系，那么传播活动衍生出的信息传播将无法及时有效地向政治决策参与主体提供警醒，从而使得外国代理人法所追求的透明无法实现。因此，在传播活动时披露身份与代理人登记注册其与外国势力之间的代理关系，并不存在替代关系，二者功能并不完全一致。因此，原告的挑战并不成立。总的来说，没有发现其他替代措施，因此外国代理法的已有规定符合比例原则中的必要性要求。

第五，外国代理人法针对传播活动的登记要求及其他相关披露要求，能够通过比例原则的充分性测试。澳大利亚宪法中关于基本权利保护的比例原则，要求对基本权利采取限制措施所造成的负面效应不会明显超过对基本权利采取的限制措施所实现的益处。本案中，外国代理人法对政治传播自由所采取的限制措施，只是单纯的注册和披露义务，并没有禁止相关传播活动。而限制措施的目的是维护代议体制，是为了保证澳大利亚的政治过程和选举过程的纯洁性。两相权衡，限制措施产生的负面效应并不会明显超过限制措施产生的益处。

因此，总的来说，外国代理人法针对传播活动的登记要求及其他相关披露要求不构成对宪法所保护的政治传播自由的不合理限制，是合宪的。①

---

① *LibertyWorks Inc v Commonwealth of Australia*，［2021］HCA 18，pp. 1-30.

五、欧洲人权法院环保卫士等诉俄罗斯案

俄罗斯于 1996 年加入《欧洲人权公约》,[①] 因此俄罗斯的公民、法人及其他组织可以依据《欧洲人权公约》向欧洲人权法院起诉俄罗斯国家侵犯《欧洲人权公约》保护的人权。俄罗斯于 2012 年制定实施外国代理人法后,就不断有非营利组织或其负责人向欧洲人权法院起诉俄罗斯,他们认为,俄罗斯外国代理人法侵犯了《欧洲人权公约》第 10 条和第 11 条保护的表达自由与结社自由。欧洲人权法院对 2013 年至 2018 年由环保卫士等非营利组织提出的共 61 件案件[②]进行了合并审理,并于 2022 年 6 月作出了一份统一裁决。

（一）基本案情

本案合并的 61 件案件中的申请人的情况大同小异,大多是接受外国代理人法执法相关调查,因违反外国代理人法而被处罚,亦有一些非营利组织虽然没被处罚但因外国代理人法实施后无法取得资助或无法开展活动而不得不清算注销。以申请人环保卫士为例,环保卫士（俄文全称为 Калининградская региональная общественная организация "Экозащита! -Женсовет"）是注册于加里宁格勒的一家环保组织,其宗旨为提高人们的环境保护意识。该组织受海因里希·波尔基金会等境外资金的资助,从事了反对波罗的海核电站建设等事务,因而被认定属于接受外国资助而从事

---

① 但 2022 年俄罗斯决定退出欧洲委员会,欧洲委员会亦决定开除俄罗斯。相应地,俄罗斯决定退出《欧洲人权公约》,欧洲委员会亦决定终止俄罗斯《欧洲人权公约》的缔约国身份。不过,欧洲委员会发布声明,依据相关规定,欧洲人权法院对发生于 2022 年 9 月 16 日以前的涉及俄罗斯的事享有管辖权,俄罗斯仍应执行欧洲人权法院的相关裁决。详见欧洲委员会的媒体公告 "Secretary General: Millions of Russians no longer protected by the European Convention on Human Rights",欧洲委员会网站,https://www.coe.int/en/web/portal/-/secretary-general-millions-of-russians-no-longer-protected-by-the-european-convention-on-human-rights。本案实体审理和裁决早于俄罗斯退出《欧洲人权公约》,相关事实也发生于 2022 年 9 月 16 日,因此俄罗斯全程参与了本案的审理。然而,2022 年 6 月 11 日,俄罗斯总统签署 2022 年第 183 号法律。该法律规定,俄罗斯将不再执行欧洲人权法院于 2022 年 3 月 15 日以后作出的裁决。2022 年第 183 号法律文本参见:http://actual.pravo.gov.ru/text.html#pnum=0001202206110028。因此,俄罗斯将不会执行欧洲人权法院在本案中作出的裁决。

② 其中 2013 年 1 件,2014 年 4 件,2015 年 21 件,2016 年 20 件,2017 年 13 件,2018 年 2 件,共 61 件案件,参见 https://hudoc.echr.coe.int/eng# {%22fulltext%22:[%22ecodefence%22],%22sort%22:[%22kpdate%20Descending%22],%22documentcollectionid2%22:[%22JUDGMENTS%22],%22itemid%22:[%22001-217751%22]}.

政治活动的组织。2014年7月，俄罗斯司法部将其列入外国代理人名单。2014—2017年，该组织因违反外国代理人法规定未申请列入外国代理人名单，未依法提供会计报告等而被处罚。

再以莫斯科赫尔辛基组织（俄文全称为 Региональная общественная организация《Московская группа содействия Хельсинским соглашениям》）为例，该组织是注册于莫斯科的一家非营利组织，其宗旨是在不同领域保障人权、观察监测侵犯人权的行为、提供人权教育以及支持人权倡议。2013年，该组织获得一家外国组织的捐赠。随后，相关执法部门要求其提供材料以配合调查。该组织向执法部门提交材料后，将外国组织的捐赠退回并不再接受外国资助以避免外国代理人法的适用。但该组织认为其经营活动受到极大影响，亦向欧洲人权法院提起诉讼。

因61件案件情况的法律问题一致，因此欧洲人权法院予以合并审理。

（二）法院裁决及其理由

本案中，当事人认为俄罗斯外国代理人法同时违反了《欧洲人权公约》第10条（表达自由）和第11条（结社自由）。不过，欧洲人权法院只审了俄罗斯外国代理人法是否违反结社自由。欧洲人权法院认为，在现代国家，只有存在能够自由地表达意见和观点的组织，多元社会才有可能。根据欧洲人权法院之前的判例可以确定，确保表达意见和观点的自由，是《欧洲人权公约》第11条保护的结社自由的目标。因此，就本案的审理，只需要结合第10条来解释第11条，并判断外国代理人法是否违反了结社自由即可，而无需再另行判断外国代理人法是否违反了表达自由。

经审理，欧洲人权法院判定，俄罗斯外国代理人法违反了第11条保护的结社自由。其主要理由如下：

第一，俄罗斯外国代理人法构成对结社自由的限制。欧洲人权法院认为，俄罗斯外国代理人法规定的执法机构有权对非营利组织进行调查，要求非营利组织主动或被动地登记为外国代理人，违反外国代理人法的相关处罚，对资金来源与活动性质的限制等，使得非营利组织及其负责人不得不实质性地调整其行为以降低违反外国代理人法的风险，有些甚至造成非营利组织不得不进入清算程序，构成对非营利组织及其负责人结社自由的限制。虽然对结社自由的限制本身并不当然违反《欧洲人权公约》第11

条对结社自由的保护，但相关限制应当满足具有正当目的、由法律规定及符合比例原则的要求。①

第二，俄罗斯外国代理人法具有正当目的。根据《欧洲人权公约》第11条，缔约国可以基于（1）国家安全或公共安全；（2）防止混乱或犯罪；（3）保护健康或道德；（4）保护他人的权利和自由等目的对结社自由进行限制。俄罗斯外国代理人法确保非营利组织资金来源透明的目的，符合《欧洲人权公约》第11条规定的对结社自由予以限制的正当目的要求。②

第三，俄罗斯外国代理人法对非营利组织结社自由的限制，不符合法律规定的要求。根据《欧洲人权公约》第11条，对结社自由的限制，应当由法律规定。"由法律规定"并不是简单地具有法律依据，而同时要求规定限制的法律满足特定标准。首先，法律应当足够清晰和可预期以使受法律影响的人能够获得足够的指示；其次，规定限制的法律，应当为可能受影响的人面对国家机关的恣意执法有权获得救济，使公约保护的结社自由得到救济。而俄罗斯外国代理人法中，存在两个核心概念不清晰的问题。第一个不清晰的概念是"政治活动"。欧洲人权法院认可"政治活动"作为日常用语并不是一个精准概念，其边界并不清晰。但当法律将其纳入作为法律概念时，不能继续像日常用语那样过于宽泛和模糊，其含义应当保持稳定、连续和可预见。证据表明，俄罗斯国家机关在执法司法活动中对政治活动的解释过于宽泛和不可预见，常常将一些被外国代理人法明确排除的科学、艺术和学术等活动认定为政治活动，有时将非营利组织负责人以个人身份从事的活动视为非营利组织的活动，有时将非营利组织不以影响国家政策为目的但有一定附带影响效果的活动亦认定为政治活动。这样的做法，造成了不连续、不一致和不确定，使得非营利组织，特别是那些与人权保护、环境保护、慈善工作等相关的非营利组织无法准确判断哪些是政治活动哪些不是政治活动。因此，外国代理人法关于政治活动的规定并不清晰，不符合"由法律规定"的要求。第二个不清晰的概念是"外

---

① 详见判决书第78—87段，判决书原文可从以下地址获取：The Judgment of *Ecodefence and Others v. Russia*［2022］ECHR 470，The European Court of Human Rights，https：//hudoc. echr. coe. int/eng？i＝001-217751.

② 详见判决书第119—122段。

国资助"。欧洲人权法院认为，外国代理人法关于"外国资助"的概念亦不清晰，它未能就什么样的资助及来源于哪儿的资助构成外国资助提供足够清晰的可预见的判定标准。概念本身过于宽泛，在实践中的解释常常出现不可预测的结论。例如，外国代理人法并未将资助目的作为"外国资助"的判断标准，在实践中造成十分荒谬的结论。某一起案件中，俄罗斯的一家非营利组织在挪威首都的酒店举办活动，因为预付款过多，酒店将多余款项返还该非营利组织，却被执法机关认定构成外国资助。因此，外国代理人法中"外国资助"的概念亦不符合"由法律规定"的要求。①

第四，俄罗斯外国代理人法对非营利组织结社自由的限制，不符合比例原则中的必要性要求。欧洲人权法院认为，欧洲各国情况迥异，因此应当承认各国在确定本国民主形式和目标方面享有一定的自主权。但是，人们可以创设组织并通过组织参与公共辩论，这是结社自由的核心内容。对结社自由的限制，应当具有急迫性，只有这样，相关限制才符合必要性要求。但是俄罗斯外国代理人法设置的各项制度，并不符合必要性要求：首先，外国代理人法将那些从外国实体接受资助并从事政治活动的非营利组织标示为外国代理人，是不恰当且有损害的，它们具有强烈的阻吓作用和污名化效果。这样的标签，让人感觉这些非营利组织是受外国控制的，而忽略了它们在人权、法治和人的发展等方面对本国可能作出的贡献。标示为外国代理人的非营利组织，其继续开展活动的能力因为"外国代理人"标签的负面评价和法律中设置的相关监管要求而受到限制。但俄罗斯并没有证明该要求有充分且相关的理由必须这样做，甚至未证明这样做有利于提升透明度。因此，将接受外国资助并从事政府活动的非营利组织列为外国代理人不符合限制的必要性要求。其次，外国代理人法要求接受外国资助并从事政府活动的非营利组织承担额外的报告和审计义务，不符合必要性要求。俄罗斯针对非营利组织已经规定了相关的报告义务及其他措施，在很大程度上能够实现透明目的。外国代理人法规定的额外报告和审计义务，以及执法机关的随机检查等，给非营利组织增加了明显的额外负担，然而政府却未提供充分和相关的证据以证明这种额外的负担更有利于实现

---

① 详见判决书第 90—112 段。另外，申请人还认为外国代理人法中的关于代理关系的规定也不清晰而不具有预见性，但欧洲人权法院认定外国代理人法中的规定是清晰的，不存在不可预见的问题。详见判决书第 113—118 段。

透明目的。因此，额外的报告和审计义务不符合必要性要求。此外，外国代理人法虽然未直接禁止或限制非营利组织从国外获取资金，但外国代理人法规定的登记注册义务及额外报告义务，以及相关负面评价等，使得非营利组织不敢接受外国资助。外国代理人法规定的严厉的法律责任，加重了非营利组织的担忧。这些都使得外国代理人法针对接受外国资助并从事政治活动的非营利组织设定的各项制度，不单纯地只是为了实现透明目的，而是具有打压非营利组织的目的和效果，相关寒蝉效应明显，严重限制了非营利组织及其负责人的结社自由，不符合必要性要求。①

---

① 详见判决书第 123—187 段。

后　记

外国代理人法是一项新兴且持续发展的法律制度。本书对世界范围内主要的外国代理人法进行了比较研究，作了一些资料性的介绍。笔者亦作了一些总结与提炼，提出了一些粗浅看法。囿于水平，书中内容难免存在错漏，还请方家指正。

本来拟在书中附上中国外国代理人法的建议稿，但受限于篇幅且文本建议稿需要不断更新调整，最后放弃了这一计划。感兴趣的读者可以联系笔者。

本书写作过程中，得到了很多人和机构的帮助和支持，包括语言方面的支持，在此一并致谢。中国民主法制出版社编辑周冠宇，为本书的出版做了大量工作，在此谨表谢意。

最后，我想特别感谢我的爱人李昕泉、孩子小白和润润。他们的支持，是我持续奋斗的动力。

江　辉
2025 年 2 月 6 日